品味荒佃庄

——一个有传说与梦想的地方

肖沛昀　主编

燕山大学出版社
·秦皇岛·

图书在版编目(CIP)数据

品味荒佃庄：一个有传说与梦想的地方 / 肖沛昀主编. -- 秦皇岛：燕山大学出版社，2024.2
ISBN 978-7-5761-0653-4

Ⅰ. ①品… Ⅱ. ①肖… Ⅲ. ①乡镇－地方史－秦皇岛 Ⅳ. ①K292.25

中国国家版本馆CIP数据核字(2024)第063513号

品味荒佃庄
——一个有传说与梦想的地方
PINWEI HUANGDIANZHUANG

肖沛昀　主编

出　版　人：陈　玉	责任编辑：孙亚楠
责任印制：吴　波	封面设计：刘馨泽
出版发行：燕山大学出版社	电　　话：0335-8387555
地　　址：河北省秦皇岛市河北大街西段438号	邮政编码：066004
印　　刷：秦皇岛市昌黎文苑印刷有限公司	经　　销：全国新华书店
开　本：700 mm×1000 mm　1/16	印　张：23.75
版　次：2024年2月第1版	印　次：2024年2月第1次印刷
书　号：ISBN 978-7-5761-0653-4	字　数：342千字
定　价：95.00元	

版权所有　侵权必究
如发生印刷、装订质量问题，读者可与出版社联系调换
联系电话：0335-8387718

《品味荒佃庄——一个有传说与梦想的地方》
编辑委员会

主　编：肖沛昀
副主编：王志勇　田　静
执行副主编：赵丽丽　梁　坤
编　委：马焕义　马志鸿　王恩霖　王玉梅　王文会　王有春　王占君
　　　　王来雨　王志勇　王德光　母幼平　冯　选　冯文忠　孙洪滨
　　　　孙立刚　杜伟伟　肖雪静　张玉万　张建文　李凤英　周宏仁
　　　　金丽彬　邵　丹　杨梦凤　赵润明　郭洪印　黄金城　董宝瑞
　　　　靳文珍　蒋宏新
摄　影：费明建
排　版：焦永红

前　言

　　乡村振兴，文化为魂。乡愁里装着风土人情，是文化基因的传承。文化能够浸润心灵，慰藉情绪，开拓眼界，增长智慧，为乡村振兴提供强大的精神力量。

　　河北省秦皇岛市昌黎县荒佃庄镇是一个经济强镇，更是一个文化大镇。《品味荒佃庄——一个有传说与梦想的地方》图书的出版，显示了荒佃庄党委镇政府对传统文化的重视程度，让更多的人看到，文化建设不只在鳞次栉比的高楼大厦、钢铁丛林里，更在阡陌纵横的广阔乡野、青山绿水间。

　　知古鉴今，传承文明，促进发展。《品味荒佃庄——一个有传说与梦想的地方》全方位、多角度展示荒佃庄镇的历史文化和时代特征，历史含量富足，文化品位高档，集历史性、现实性、文学性及时代性于一体，具有相当的社会认可度和可读性。全书约34万字，以"珍珠链"的形式，有序展示古今各个历史时期荒佃庄镇在历史文化、红色文化、乡村文化、民俗文化等方面鲜为人知的真实史料，它的出版必将为今人乃至后人了解、认识、研究荒佃庄镇，借鉴荒佃庄镇的宝贵历史经验提供不可多得的第一手资料。同时，对于充分反映荒佃庄镇的历史文化，展示荒佃庄镇丰富独特的地域优势，以及借助历史文化品牌之力推动荒佃庄镇经济社会的全面发展也具有十分重要的意义。

一个社会，缺少不了文化精髓的滋养。在荒佃庄镇，不论是古人类文化遗址的倾情诉说，滦河的蜿蜒流淌，双阳塔的默默守护，赤崖的代代相传，还是神秘悠远的传说，兴盛一时的弯针、皮毛产业，抑或是春华秋实之中的古朴村落，都在以不同的方式，阐述着一个赓续与振兴的梦想。这，就是这本书要告诉读者的荒佃庄镇最真实的故事，一个延续了几千年的荒佃庄人的梦想。

读文以励志，掩卷绘蓝图。在乡村振兴的道路上，出版《品味荒佃庄——一个有传说与梦想的地方》一书，对进一步挖掘乡镇历史文化资源，弘扬优秀传统文化，激发人们热爱家乡、建设家乡的自豪感和自信心，更好地宣传、展示荒佃庄镇必将发挥不可替代的作用。

编者
2023年12月16日

目　　录

概述 / 1

岁月留痕

遥远的历史记忆 / 7
韩氏后裔及《韩氏家谱》/ 11
韩氏列祖墓碑重见天日 / 18
赤崖集和赤崖水旱码头 / 21
双阳塔历史探究 / 28
赤崖古井 / 33
信庄史话 / 36
韩氏家谱发掘与研究 / 49
欧坨村的七圣祠、五圣祠 / 54
老稻子沟与新稻子沟 / 57

红色记忆

滦水河畔一英魂——张其羽 / 63

郝炳南在荒佃庄的战斗足迹 / 66

第一次赤崖暴动 / 79

第二次赤崖暴动 / 86

赤崖抗日中学 / 90

在赤崖创办的大众剧社 / 92

活动在荒佃庄一带的昌黎县文艺宣传队 / 94

华北抗日联军昌黎支队司令丁万有 / 97

抗日英杰韩立平 / 100

解放战争时期的革命中学 / 103

特色经济

"中国缝纫机弯针之乡"荒佃庄 / 107

滦河岸边的"中国养貉之乡" / 125

绿色村庄

荒佃庄村:全国最大皮毛交易中心所在地 / 131

冷各庄不"冷" / 134

"豆腐西施"陈青坨村 / 139

会君坨村:建一汪莲池,赐幸福万年 / 143

大营村:有古槐庇护的幸福乡村 / 147

人淡如菊刘各庄 / 150

韩营村：一个韩愈后人生活的村庄 / 153

南小营村：文雅小村故事多 / 158

后双坨村：小弯针挑出致富路 / 163

绿色韭菜撑出一片新天地 / 166

郭青坨村：一个朴实、有底气的小村 / 169

西腾远往事 / 174

前双坨村，一个凤凰栖落的地方 / 177

腾飞致远东腾远 / 181

张青坨：生活在淳朴恬淡的日子里 / 184

一个以"皇后"命名的村庄 / 186

养貉之源新家寨 / 191

从"换头庙"到"黄土庙" / 197

那些时间深处的故事 / 200

文明香风飘满院 / 204

欧坨村：那些永远的记忆和怀念 / 209

信庄：传统文化和红色血脉双重洗涤之地 / 212

西坨村：滦河岸边的一棵柳 / 216

历史悠久的赤崖村 / 219

走近北坨村 / 222

豆军庄不姓"窦" / 225

袖珍小村——前齐儿 / 228

古往今来话后齐儿 / 230

新桃园村出过一个史铭堂 / 234

民风淳朴老君坨 / 239

人物春秋

"中兴"之臣韩超 / 245

油画家韩景生 / 248

血洒长空周春富 / 252

进步商人周庆恩 / 255

"共和国勋章"获得者李延年 / 259

民风民俗

荒佃庄一带的衣食住行 / 269

岁时节日习俗 / 276

祝寿习俗 / 278

新旧婚嫁习俗 / 280

过去与现在的丧葬习俗 / 286

庙会 / 290

民间传说

皇后寨的传说 / 297

双阳塔 / 299

黄土庙古槐 / 301

六月六的传说 / 303

赤崖古井的传说 / 306

张家坟的传说 / 308

会君坨的故事 / 310

北坨村曾有个二郎坨 / 312

姑娘坟的传说 / 314

对哑诗 / 316

老财主钉橛子 / 318

荞麦 / 320

智斗老财迷 / 323

傻子见客 / 325

老头和狐狸 / 327

滦河絮语

古槐开花 / 331

走近滦河 / 334

家乡有座石拱桥 / 338

乡路协奏曲 / 341

童年的引滦河 / 345

儿时的年 / 349

我与村庄 / 354

附录：荒佃庄人物谱 / 358

后记 / 365

概　　述

　　荒佃庄镇地处河北省秦皇岛市昌黎县南部，总人口约29000人，行政区域面积71.22平方千米，下辖30个行政村、33个自然村。该镇历史悠久，人文积淀深厚，是著名的"中国缝纫机弯针之乡"，也是全国著名的毛皮动物养殖基地。凭借特色产业皮毛产业，荒佃庄镇于2019年入选第九批全国"一村一品"示范村镇名单。

　　这里历史悠久。源远流长、仁厚温润的滦河见证了历史的兴衰。这里曾有距离滦河入海口最近的繁华、兴旺的水运市镇——赤崖村。该村起源于隋唐，有1000多年村龄。村里有呈红色的土崖，土质坚硬，日久天长，自然而然地就形成了得天独厚的水运码头，从而使赤崖成为距离滦河入海口最近的通商市镇。据记载，当时能够停泊大帆船的赤崖码头异常繁忙，出入码头的商船络绎不绝，一派"风静千艘稳，波澄两岸平"的繁华景象。荒佃庄镇政府驻地东北约4.8千米处的河南庄，因位于古漕运河以南而得名，为明朝前期山东梁姓移民建立，是东周、战汉遗址的发现地。古树是自然历史变迁的见证者，荒佃庄镇内有四棵著名古槐，最古老的两棵已有约400年的树龄，均为省级重点保护对象。位于镇域内陈青坨村南的双阳塔始建于明代，

1992年荒佃庄乡政府拨款修葺，2009年被河北省人民政府公布为第五批省级文物保护单位。

这里是红色革命的发祥地。荒佃庄是昌黎县第一位共产党员、1938年抗日大暴动的组织者和发动者张其羽的故乡，也是新中国成立前的中共昌黎县委驻地。1938年夏天，冀东抗日大暴动在滦县、迁安等地爆发，昌黎县第一位共产党员张其羽会同一帮热血青年，以荒佃庄为中心组成了一支武装队伍"抗日第十路军"，组织了第一次、第二次抗日暴动。抗日战争期间，抚昌联合县在赤崖设立抗日中学，为革命事业培养了一批干部，输送了大量人才，对昌黎县解放区群众的抗日斗争起到了极大的宣传动员作用。到解放战争时期，荒佃庄一带逐渐成为昌黎解放区的中心区域。中华人民共和国成立前一两年，中共昌黎县委和昌黎县人民政府的驻地选在了荒佃庄。"共和国勋章"获得者李延年、空军英雄周春富、抗日英杰韩立平……在艰苦的岁月里，这片土地见证了无数英雄儿女前仆后继、英勇奋战、用鲜血和生命谱写的光辉篇章。

这里是崇文尚学的传承地。昌黎是唐宋八大家之一韩愈的郡望所在，"百代文宗"种下的崇文重教基因，成为荒佃庄镇文化传承最鲜明的标识。位于滦河之滨的韩营村，是一个古老而又神秘的村庄，韩氏后裔世世代代在这里生存繁衍。1999年，昌黎荒佃庄乡韩营村、河北盐山以及辽宁营口先后发现记载着韩愈祖籍河北昌黎的《韩氏家谱》，引起各地专家学者和各级新闻媒体高度关注。这里也是晚清重臣张之洞的老师、清道光年间曾任贵州巡抚的二品大员韩超的故里，其事迹载入《清史稿》《永平府志》《昌黎县志》《中国人名大辞典》，康有为在《公车上书》中将其归入"中兴"之臣。理学家张国祥、著名进步商人周庆恩、西南政法大学教授林向荣、河北省农业劳动模范蒋雨江、油画家韩景生……一个个农村学子从这里走出去，成为各行各业的精英。

这里是民风民俗的沿袭地。滦河水蜿蜒流淌，孕育了荒佃庄镇"尚节义，勤稼穑"的淳厚民风。自元明以来，荒佃庄一带在服饰、发型、食品、民居、行旅、用具等方面形成了自己的生活习俗。民俗文化历经岁月和时代的洗涤流传至今。如今的荒佃庄镇，除了春节、清明、端午等传统节日，还保留着正月二十五添仓节，逢农历二、七日赶大集，农历二月十九和六月二十四赶庙会等民俗。随着社会的发展，便利舒适的现代化生活使一些民俗文化渐渐被人们忽视，但在荒佃庄，依然有大批民间文化守望者，通过各种方式努力传承、保护着乡土文化。

这里是规模化养殖的汇聚地。昌黎县是北方著名的毛皮动物养殖大县，是国内外著名的貉子、狐狸等动物的毛皮产地。荒佃庄镇作为皮毛产业龙头镇，经40余年培育，初步形成了集养殖、贸易、加工、服务于一体的产业集群，有"中国养貉之乡"之称。2006年，昌黎皮毛交易市场由昌黎佳朋集团筹建，使传统的集镇荒佃庄一跃成为北方著名的动物皮毛交易中心。经过近20年发展，如今已是我国最大的生皮交易市场。昌黎裘皮城自2016年投入运营以来，始终保持裘皮服装单位面积销量全国第一的业绩，年销售裘皮服饰7万余件。2018年，"昌黎貉皮"获批国家地理标志证明商标，"昌黎皮毛"获批省"二十大"农产品区域公用品牌，产业知名度和影响力不断提升。通过多年的发展，与养殖业相关的饲料、兽药、养殖器具、人工输精、毛皮经纪人等一条完整的产业链条逐渐显现出来，形成了以乡镇产业、规模化养殖场为主体的集群化发展格局，皮毛产业已成为带动荒佃庄镇人民脱贫致富的主导产业。

这里是特色产业的示范地。仅有300多户人家的荒佃庄镇后双坨村，祖辈以种田为生。自20世纪70年代开始，这个小村却因一个缝纫机上用的小小弯针在世界的缝纫机配件行业中逐渐出了名，如今已成为中国最重要的缝纫机配件产业基地之一。1992年，中国改革开放的"第二个春天"到来后，荒佃庄乡的个体、私营缝纫机零件生产企业越办越多，这里迅速成为全国有名的缝纫机零件生产基地。2003年，占地369亩、有标准厂房的产业园区落成,吸引有发展潜力的企业入驻,并帮助企业发展壮大。如今的荒佃庄镇拥有大、小企业100余家,吸纳从业人员4000多人,产品涉及弯针、压脚、针板、送布牙、链杆、直针等缝纫机零部件近7000个品种,其中弯针类产品的国内市场占有率达90%以上,国际市场占有率达70%以上。荒佃庄镇成为名副其实的"中国缝纫机弯针之乡"。

　　望得见山水,看得见乡愁。荒佃庄镇必将凭借优越的生态环境和丰富的产业优势,开启村美业兴人欢唱的美好画卷,奏响乡村振兴的华丽乐章。

岁月留痕

和每一个孩子都会追问他们来自哪里一样，物质和精神水平达到一定程度的人们，也会在某些灵光一现的时刻，情不自禁地追溯起先辈们的故事。这种追问，自然归属于一个人的精神世界，却需要真实的物质作为佐证。这样，一座古庙、一块古碑、一座古墓、一棵古槐、一个画在书页间的古渡口、一条被人们描述了无数次的古河道……就在越来越多有思想的人们的注视中清晰起来，亲切起来，温暖起来。即使它们外表残破，却依然具有永恒的生命力；即使它们被定格为史书中的铅字，也依旧生动逼真。

每一个人都真实地体验过，世界上再没有一种情感深沉过仰望一座矗立在家乡原野上的古塔。那种岁月为空、天人合一的悲悯，那种昨日的你就是今日的我的共情，那种偶然与必然相互包含的释然……毫无疑问，这是一种巨大的凝聚力，是一种不可忽视的向心力，它既是根基，又是载体，既可以传承文明，又可以触接未来。

伫立在荒佃庄镇阡陌的双阳塔

遥远的历史记忆

在我的了解中,昌黎历史遗迹很多,比如古人类文化遗址、战汉文化遗址,还有之后的辽金元明清文化遗址等。根据目前的考古发掘来看,昌黎地区早在旧石器时代晚期、新石器时代早期就有人类繁衍生息,是渤海沿岸人类文明最早的发源地之一。

遗址,是人类文明最真实的诉说,是人类文化最显著的展示。每当我一次次踏足这些历史遗址的时候,便会在内心深处产生一种敬畏、一种亲切、一种激动,往往在自己的内心深处,复活了几千年前人类祖先劳动生活的场景,或把自己当作了其中的一分子,与他们生活在一起,劳作在一起,喜怒哀乐在一起。

河南庄东周、战汉遗址,位于荒佃庄镇河南庄村南约700米处,东西长约250米,南北宽约100米,面积约2.5万平方米,地势低洼,北临一条东西向的田间路,东距沿海高速公路约300米,北约500米处有一条东西向河道。20世纪70年代,河南庄农民耕作翻地的时候,曾在这里发现战汉时期的刀币;2005年,河北省文物研究所配合沿海高速公路建设对河南庄遗址做了考古调查,文物专家们又发现了大量战汉时期的文物;后来在县文化旅游部门组织的文化行活动中,专家们继续寻找依然散落在这里的大量遗存,收获颇丰。当时发现了外饰附加堆纹的夹砂红褐陶盆口沿、泥质夹陶罐、腹片、泥质灰陶罐口沿、泥质灰陶瓮口沿卷唇等。历史,向今人打开一本厚重的线装书页;祖先,又一次将含情的目光投向这块多彩的土地。

  河南庄位于荒佃庄镇政府驻地东北约4.8千米处,为明朝前期山东梁姓移民建立。因为村址位于古漕运河以南,故称"河南庄"。如今的河南庄战汉遗址,被一片绿油油的韭菜覆盖着。韭菜,是河南庄蔬菜种植的一大特色,远近闻名。当我们在韭菜地的田埂上仔细寻觅的时候,尚能发现很多陶片散落其间。经过漫长的岁月,历史的残迹像一本精致的线装书一样,让我们依然能够读到它的断章残句,读到它的波澜起伏,读到它的人间烟火。

  昌黎境内有许多古人类文化遗址,如晾甲山古人类文化遗址、杏黄山古人类文化遗址、条子峪古人类文化遗址、朱各庄古人类文化遗址等,每每走近,就像探亲访友一样,即便是相隔12000年的细石器时期,也如轻轻叩响了一扇门扉,开门迎接我们的,或是素不相识的邻家女孩,或是似曾相识的隔壁老爹,或是与我们有着血脉赓续关系的先辈长者,相隔遥远,却近在咫尺。

河南庄东周、战汉遗址

  一次,在十里铺葡萄沟调研的时候,找到了几枚旧石器时期打制的切割器和一柄新石器时期磨制的石斧。切割器十分锋利,不小心,尚能划破手指;石斧明显经过了精细的加工,完整的对称形式和美丽的色泽,使石斧具有很高的审美价值。

  旧石器时期和新石器时期古人类使用的工具,同时出现在一个地点,又同时被今天的我们发现,只能说明,在此区域,人类文明历史是相互交叠的,不论经过了多少年的岁月，人们都在同一个居住点上，一代一代地繁衍，一代一代地生活，一代一代地死亡，一代一代地新生。从远古到近古，再到现在，是一个承续的过程。

就像河南庄今天的人们，虽然先祖来自山东，但他们对于生活环境的选择、对于生活习俗的认定、对于生活节奏的把控，也许更可能的是赓续着战汉时期先祖的血脉，延续着同一种生存的方式。2000多年，很漫长，也很短暂，但其实通俗地说，2000多年前的人和现代的人，其思维方式和生活取向，又有什么大的区别呢？

就拿河南庄普遍种植的韭菜来说，它在我国已经有超过3000年的悠久历史。《山海经》和《诗经》中都有关于韭菜的记载，《山海经》中有"丹熏之山，北单之山（今内蒙古）、崃山（今四川），鸡山（今湖南或云南），边春之山，视山，其山多韭"的说法；《诗经》中有"四之日其蚤，献羔祭韭"的诗句，说明当时人们已经把韭菜作为祭祀大典上重要的祭品。在栽培技术方面，2000多年前的汉朝，就已经发明了利用温室生产韭菜的技术。虽然我们可以确定，那时候的温室不可能是现代河南庄的塑料大棚，但其温室栽培的方式，也是同源同理了。特别是在战汉遗址上茂盛生长的这一片韭菜，扎根于古人类生活的土地上，伴着遍散的陶器碎片，与2000多年前的韭菜汲取的是同一片阳光雨露，这样的情景，也足够让人透过现代的环境，了解熟悉战汉时期我们先祖的生活了。

在荒佃庄镇，还有一处黄土庙村的辽金遗址。黄土庙位于荒佃庄镇政府驻地西北约4000米处，为明朝山西耿姓移民建立。传说当年在皇后寨村被选中的娘娘，乘坐步辇路经此地，在小庙前小憩，微风吹起布帘，人们发现，丑姑娘变成了仙女，故得村名"换头庙"。因为村庄建在黄土丘上，后改村名为"黄土庙"。

黄土庙辽金遗址，位于荒佃庄镇黄土庙村东北约2000米处的农田内。遗址南部有一条东西向的土路穿过，遗址东西长约400米，南北宽约300米，面积约1.2万平方米。我们曾在此地地表发现过很多泥质灰陶陶片。陶片陶制较软，素面，基本为器物腹部残片。战汉距离辽金也有1700多年的历史，如此我想到，在昌黎约1200平方千米的土地上，我们就是这样，穿越空间，穿越时间，紧抱这里的山川河流、海洋沃野，与我们的历史对视着，与我们的

黄土庙辽金遗址

现在对视着，与我们的未来对视着。有人说遗址是一本书，告诉我们遥远的过去。在我看来，哪里有过去、现在和未来呀，在这片沃土上，过去、现在和未来已经成为一体，我们与祖先与后辈，就是这样紧密地衔接在了一起，完成着同一个生存、繁衍、赓续的使命！

韩氏后裔及《韩氏家谱》

1998年以来，河北昌黎荒佃庄乡韩营村、河北盐山以及辽宁营口先后发现记载着韩愈祖籍为河北昌黎的《韩氏家谱》，引起各地专家学者和各级新闻媒体的高度关注。

《昌黎县韩氏家谱·序》（明崇祯十五年韩祚昌撰）记载：韩愈的远祖韩颓当，西汉文帝时封弓高侯，韩颓当的后裔韩寻为后汉陇西太守，"由颍川徙昌黎，积德累仁，子孙昌大"。韩寻的儿子韩棱为司空。到了后魏，有常山太守、武安成侯韩耆。韩耆儿子韩茂（韩寻元孙）为文成帝时的尚书令、征南大将军，卒谥桓。韩茂有两个儿子，一为韩备，一为定州刺史韩均，袭爵安定公，卒谥康。韩均之子为雅州都督韩俊，韩俊之子为唐朝曹州司马韩仁泰，韩仁泰之子为桂州长史韩睿素。韩睿素之子有四，一为秘书郎、赠尚书左仆射韩仲卿，一为"感慨重然诺，死于节义"的韩少卿，一为礼部郎中韩云卿，一为扬州录事参军、迁泾阳令韩绅卿。韩仲卿之子有三，一为起居舍人韩会，一为率府参军韩介，一为"登进士第，官至吏部侍郎，赠礼部尚书，谥曰文，追封昌黎伯，从祀孔子庙"的韩愈。"会祖之孙湘登唐穆宗长庆三年（823年）第，愈祖之子昶登长庆四年（824年）第。昶子长曰绾，登唐懿宗咸通四年（863年）第；次曰衮，登咸通七年（866年）第，科名累世，可云盛矣。然自仲卿祖次邓州,卒于官,还柩不果,而会祖等之支流,因有家于邓州河阳者。"

《昌黎县韩氏家谱·序》(明崇祯十四年贾重隆撰)记载:"长庆四年(824年),公以疾免吏部侍郎,归居河南,俾其孙绾守昌黎祖墓。"至宋元丰年间,韩愈被封为昌黎伯,"建祠于邑闉闠中",韩元亨世奉公祀。明代"迁建公祠于邑中东北隅,予公十九代孙夔授锦衣千户俸,以奉公祀"。"后百有余岁,山永督师范公给公二十八代孙法祖正祀儒士,付札世袭。"《昌黎县韩氏家谱·宗子世表》记载:"二十九代,旬,正祀儒士,中康熙乙酉举人,官江西吉水知县;秀,旬弟,因兄子幼袭正祀儒士。三十代,胃,袭正祀儒士奉祀。三十一代,晟,袭正祀儒士奉祀。三十二代,世臣,袭正祀儒士奉祀。三十三代,振先,敕授修职郎,晋赠奉直大夫,广宁县训导,捐升州同加盐提举衔,道光甲辰举人,奉祀正儒士。三十四代,恩逢,奉祀正儒士。三十五代,锦荣,奉祀正儒士。三十六代,宝琳,奉祀正儒士。"传至如今,韩营村为韩愈后裔的颇具影响的聚居地。

《昌黎县韩氏家谱·先代遗迹》记载:"韩氏祖墓,城西南五里,文公高祖以上之葬地。"《昌黎县韩氏家谱·序》(清康熙五十七年吴士玉撰)进一步记载:"邑西南五里为公先世葬地,旧有石坊,今废,然土阜若丘山者一一尚存。"明弘治十四年(1501年)《永平府志》卷之六《冢墓》亦云:"韩氏祖墓,在昌黎县西五里,唐韩愈高祖以上,皆葬于此地。"《昌黎县韩氏家谱·先代遗迹》还记载:"韩昌黎书院,静安社南,旧刻……文公子小字。莲花池,静安堡南,即公书院处。夷齐读书处石刻,在城西书院山,系公遗笔。"

附:昌黎韩文公祠

历史上,我国河南孟州、广东潮州、台湾屏东

韩营村发现的《韩氏家谱》

12

韩营村韩氏祖坟碑座

等各建有一座韩文公祠,而河北昌黎建有5处韩文公祠。

第一处:据存于浙江宁波天一阁孤本、明弘治十四年(1501年)《永平府志》卷五《祠庙》记载:"韩文公祠,在昌黎县治北二百步,洪武六年(1373年)县丞李良因旧址重建。"《昌黎县图》清晰地绘制了其方位:北临古塔,西南角通城西门,南与县治相望。遗憾的是,这里没有提到始建时间。明崇祯十四年(1641年),昌黎县举人贾重隆为《昌黎县韩氏家谱》所撰序中说:"宋元丰七年(1084年),封公为昌黎伯爵,建祠于邑闉阓中。"而清康熙二年(1663年)修、十八年(1679年)续《永平府志》卷十二《先贤》则说:"及宋元丰七年封公为昌黎伯,迨元末,而今之昌黎有祠。"

那么,最早的宋元丰七年之说有无其合理性呢?虽然宋元丰七年时的昌黎县叫广宁县,为辽的属地,但在当时的政治、历史、文化背景下,建祠是非常有可能的。因为对恢复儒学的正统地位作出了巨大贡献,宋神宗追封韩愈为"昌黎伯",将韩愈的灵位从祀于孔子庙,以示对韩愈倡导的儒学复兴运动所作出的独特贡献的褒扬。这时的辽也大力尊孔,辽太祖耶律阿保机下旨建了孔庙。而据《宋史·神宗本纪》记载:"元丰七年……四月乙亥,辽遣萧洟等来贺同天节",可见,当时宋、辽的关系是很好的,使者来往不断,对于从祀于孔孟的、"功齐亚圣"的韩愈,其祖籍地建祠祀之,也是顺理成章的事。就是说,辽道宗大康十年(宋元丰七年)是有可能按宋朝的皇封,允许有人在辽国境内韩愈祖籍之地给韩愈建立庙宇的,不仅会大力支持,还会引以为荣耀。而元朝刚刚对昌黎的韩愈后代进行了"几至灭族"的诬构和残害,仅韩全一人因"隐匿得免",是不太可能在昌黎"始建"韩文公祠的。同时,从时间上推断,明朝朱元璋不太可能在韩文公祠才建成几年就下诏重建的,而且李良还是"依旧址重建"。更何况"迨元末,而今之昌黎有祠",只是对弄不清始建年代的一种下限的约略说法。

第二处:明万历二十七年(1599年)《永平府志》记载:"韩文公祠,旧在县治北,嘉靖五年(1526年),知县秦廷锐迁于县治东北隅,万历知县石之峰重修。"

明嘉靖三年(1524年),副使江瑞态"以宪事至昌黎。见其山水之胜,雄冠京东,有蜀之奇,有浙之丽。骇而问之,乃知韩子之先,自晋历唐,咸居于是",于是谒韩文公祠,然而其"不称","卑隘浅陋,不足以展祀肃人心",便慨然倡导重修韩文公祠。经请示孟都宪、王侍御,"求材之良,与工之善者",历时两个春秋,刘都宪又"亲往督之",终于在明嘉靖五年,由知县秦廷锐主持,乐亭知县苏某协助,将县治北韩文公祠迁建于县治东北隅(今县城观音阁东街县委机关院内东南)。

明嘉靖十六年(1537年),山西柱史景溱到昌黎拜谒韩文公祠,觉得此祠还是"规制卑隘,享祀弗称","遂属永守刘君隅、郡宪柯君乔,拓地易材,鼎新其制,越数月而告成"。

自昌黎建起韩文公祠,凡是涉足昌黎的京官和地方官,无不瞻拜韩文公祠。如明弘治年间卢龙县义官张琦、工部侍郎沈义、昌黎县学教谕陈玮、太仆寺丞朱裡、永平府同知邵逵、滦州儒学学正吴祺等都曾瞻拜并题咏韩文公祠。又如明嘉靖二十九年(1550年)提学阮鹗"受圣人命督畿辅之学政","夏五月东巡至昌黎",特意瞻拜韩文公祠,并"偕昌黎士登仙台山之观海亭,将以求先生之所自来也"。

县治东北隅韩文公祠又经明万历十六年至二十年(1588—1592年)昌黎知县石之峰主持、清嘉庆十三年(1808年)、清咸丰二年(1852年)等多次重修。20世纪60年代后期,此祠被拆除。

第三处:五峰山韩文公祠,坐落在碣石山仙台顶东侧五峰山平斗峰前半山腰一块平台上,西南距县城约7.5千米。

范志完在任山海关山石道时,于明崇祯十四年(1641年)春,由卢龙调孤竹城古迹归来,途经昌黎,瞻拜韩文公祠,登临碣石山。他见到碣石山中五峰山一带"峰峦屏列,瑞气环缭",因此,大加赏识:"奇哉!此天成文笔峰也。昌黎文气全萃于斯,宜建韩文公祠以镇之。"范志完回忆自己过去读昌黎文,想见其为人,眼下"亲拜韩文公祠,观文公庙堂,瞻礼其遗像",了解到"其邑为昌黎,乃文公之故里",果真寻访到了韩愈后裔韩祚昌、韩学贤及其子侄韩法祖、韩养性。于是,由范志完主持,在五峰山平斗峰前圆通寺旁建成又一座韩文公祠,随后范志完应邀为《昌黎县韩氏家谱》撰序。范志完还与山海督师朱国栋联名上奏崇祯皇帝,使韩愈二十八世孙韩法祖得授昌黎韩文公祠,世袭"奉祀正儒士",并令其看守韩文公祠,代代奉祀。当时所建的五峰山韩文公祠,有正祠献殿共六楹,另有斋室、厨房以及品墙、碑楼,"可谓焕然壮观"。

五峰山韩文公祠韩愈塑像

清康熙十年(1671年),圆通寺住

持济存"发愿会修"五峰山韩文公祠。康熙十三年（1674年），将其"举梵宇而新之，移祠堂而右之，撤庭舍而茸之"，"又以院基迫狭，不能盈武，拓其前厅而广筑之"。清同治十三年（1874年）春，韩愈三十三世孙韩振先"以妥神之余，大启尔宇"。其所主持的五峰山韩文公祠更加古朴典雅。然而，五峰山韩文公祠因年久失修，无人看管，到1948年仅剩房屋基址。经多方集资，共筹集建设资金18万余元，昌黎人民于1987年7月30日基本恢复了五峰山韩文公祠原貌。2000年，五峰山韩文公祠被定为河北省重点文物保护单位。

第四处：据清代乐亭人张舒锦《七五闲谈》（见清光绪五年《永平府志》卷七十一）记载："嘉庆十五年（1810年）滦河史家口开决，流入昌界，昌黎知县何公（何安澜，广东东莞县举人）筑史家口大堰，长数里，高丈余，欲于堰上修韩文公祠以镇之。"

五峰山韩文公祠

清嘉庆十五年,汛期到来,滦河水从史家口开决,流入昌黎县境内。为治理滦河水患,昌黎知县何安澜抽调民工,在史家口筑了几里长、一丈多高的大坝,他还准备工料,要在大坝上修韩文公祠"镇水患"。乐亭东乡人也想堵东开之口,西南乡人见知县赵某与昌黎知县争相以邻为壑,就在西河两岸修几十里大堤。河水为众堤所束,于是溃决泛滥,开河十余道,都通向渤海,史家口大坝、乐亭西南乡人修的大堤全部溃决,由于大量泥沙冲积,河道东移。鉴于乐亭县城处于"十年河东,十年河西"的窘境,以及河水泛滥给乐亭百姓造成的灾难,昌黎知县何安澜虽已完成了在史家口堰上修韩文公祠的劝募、准备工料的工作,出于恻隐之心,再也无意主持修这一处的韩文公祠了,但他无憾,因为他已于前两年(嘉庆十三年)主持重修过城东北隅韩文公祠。第二年(嘉庆十六年)何安澜卸任了,由汤承恩(浙江仁和县举人)接任。

第五处:张溪秋的《河北昌黎因韩愈闻名》(见1999年11月29日《世界日报》)中说:"距昌黎城南五十里,滦河之北有韩家营,乃韩氏族人家居之所。村中悬有'文公世家'匾额,并祀有韩文公祠,祠中文公塑像端庄肃穆,旧时终年香火不绝。"韩营韩愈后裔证实,"文公世家"匾额被人称"宝二奶奶"的文公三十七代孙韩印福之母收藏,可惜20世纪50年代初,韩母因生活窘迫将此匾卖掉了,今已下落不明。

韩氏列祖墓碑重见天日

韩氏列祖墓碑旧时被人为毁坏,砌筑于韩营村东南小桥内,虽经有关村民回忆过碑文,但始终不敢断言其回忆是否符合碑文原貌,这对昌黎县乃至全国韩愈文化研究造成诸多不便。直至秦皇岛市人民政府出资协助,重建了韩营村东南小桥,在全国韩愈文化研究中占有重要地位的韩氏列祖墓碑重见天日。

韩氏列祖墓碑已碎裂成若干块,但经拼接后碑文清晰可辨。碑正面记载了立碑时间、墓主、立碑人;碑背面详细记载了韩愈后裔三十一世至三十五世名录,其中包括现存清嘉庆、光绪年间修订的《昌黎县韩氏家谱》中缺失的大量名录,如三十一世廷杨,三十三世培正、培身、三桂、三富、培天、培仁、培阴、培性、自立、自明、成巳、成义、成科、成业、永宁、复诗、三魁、三泰、三畏、三谟、三思、万宝、万禄、万礼、万千、万成、万增、万城、万庆、万春、辑符、辑先、辑典,三十四世惠、忠、恕、悫、进孝、昇东、深、沉、沐、泳、进思等。

碑之正面原文如下:

大清道光贰拾伍年岁次乙巳拾月谷旦

唐昌黎伯韩文公嫡裔世袭锦衣千户俸列祖之墓

三十二代首事裔孙郡庠生桂馨、邑庠生桂芳、学孟、铢,三十三代首事裔孙甲午科副榜现署贵州都匀府独山州州同超、生员青云、培元、光祖,三十三代嫡裔孙道光甲辰恩科举人世袭奉祀生振先暨合族人等敬立

道光贰拾伍年岁次乙巳:即1845年。岁次也叫年次,是中国传统的表示年份的用语。中国传统纪年农历的干支纪年中一个循环的第42年称"乙巳年"。自当年立春起至次年立春止的岁次内均为"乙巳年"。

谷旦:晴朗美好的日子。旧时常用为吉日的代称。

千户:金初设置,为世袭军职,即女真语猛安之意译。统领谋克,隶属于万户。元代相沿,其军制千户设"千夫之长",亦隶属于万户。千户所统领百户所,统兵七百以上称上千户所,兵五百以上称中千户所,兵三百以上称下千户所,各设"达鲁花赤"一员,千户一员。明代卫所兵制亦设千户所,千户为一所之长官。驻重要府州,统兵1120人,分为十个百户所。

首事:谓为首主持其事。《公羊传·庄公元年》:"正月以存君,念母以首事。"何休注:"礼,练祭取法存君,夫人当首祭事。"徐彦疏:"言夫人当为首而营其祭事也。"

甲午:道光甲午(1834年)。

副榜:科举考试中的一种附加榜示。亦名备榜。即于录取正卷外,另取若干名之意。乡试副榜起于明嘉靖时,清因之,每正榜五名中取一名,名为副贡,不能与举人同赴会试,仍可应下届乡试。会试副榜始于明永乐时,不能参加殿试,仍可应下届会试。

唐昌黎伯韩文公嫡裔世袭锦衣千户俸列祖之墓碑

署：代理、暂任或试充官职。《明史·海瑞传》："署南平教谕。"《后汉书·范雎传》："太守宗资先闻其名,请署功曹,委任政事。"

贵州都匀府独山州：明弘治七年(1494年)设置,今为贵州独山县。

州同：官名。清代知州的佐官。属于直隶州的,相当于同知；属于散州的,则与州判分掌督粮、捕盗、海防、江防、水利诸事,均从六品官。

道光甲辰：即1844年。

奉祀生：也称香火秀才。因其为"贤圣"之后,不经科举考试,便被赐予秀才功名,以管理先祖祠庙的祭祀。

通过解读,我们明白了这样一个历史事实：170多年前的清朝道光二十五年,在任官员韩超和新中举人韩振先等率领族人,为唐朝韩愈嫡传后裔并曾世袭官俸荣耀的韩氏列祖建造了高大的墓冢,并立了雕制华贵气派的五眼透龙碑,碑文内容清晰地反映出韩愈后裔对韩愈治国、治学、治家思想的传承。

韩氏列祖墓碑中,碑文所涉史实,既与明、清、民国的《永平府志》《昌黎县志》互为印证,又透露出翔实的历史信息,对韩愈文化研究具有重要意义。

赤崖集和赤崖水旱码头

清代,在昌黎县内说到集镇,流传有"上数蛤泊(集),下数套(套里集),靖安(集)也不弱"之说。1810年以后,套里街道被滦河逐渐吞噬,赤崖集取代了套里集的繁华。赤崖集镇逐渐成为滦河下游通衢、通商重镇,名气越来越大。

一、赤崖集的来历

赤崖集始于清同治年间。民国二十二年(1933年)版《昌黎县志》记载:"到同治六年(1867年)夏,滦河泛滥,滦河河道又向东北移动由昌黎甜水沟入海。甜水沟原是流经赤崖村南的一条河,称甜水河,于道光三十年(1850年)淤塞,至1867年大水冲通。"故相传,甜水沟在赤崖老村村南约300米处,河道不宽,横沟搭块长木板,就可以南北通行。从此,西北—东南流向的由乐亭县老米沟入海的滦河主河道,改由赤崖村西约1500米的渤河寨村南东折,由现河口直入渤海。

1867年以前,赤崖隶属石各堡。明朝嘉靖年间的行政区划是县辖堡。昌黎县设立6个堡,分别是裴家堡、蛤泊堡(现划归卢龙)、靖安堡、莫各庄堡、套里堡(现塌入滦河)和石各堡。"堡"是当地政治、经济中心,都建有集市。

清代沿用。石各庄位于赤崖村东约1500米处。石各庄原本是东西长约1500米的片村，史称"九个半村"。清同治六年，洪水泛滥，冲毁了老石各庄。今天滦河南北两岸的石各庄，是当年村民内迁所建。《昌黎地名资料汇编》一书对此有准确的记述。当年，石各庄人坚持集镇仍定在内迁所建的石各庄，赤崖村人坚持将集镇西迁至赤崖。至今，还流传着两村为争取集镇打官司的传说。传说是最后县衙裁定：以土为鉴，土重的取胜。老赤崖村人在呈上去的土中做了手脚，土中掺入了铁砂，单位体积的铁砂土的重量远远大于石各庄的耕土，赤崖取胜。

据传，赤崖老村很大。原村址在南部，东西向布列6条长长的街道。由于滦河主河道的迎水面不断北移，蚕食北岸，北岸村民不得不内迁。至清末民初，由东至西分别形成孙立庄、街上和街西三部分，街道形似汉字"弓"字形。

栽下梧桐树，引来筑巢凤。从此，各地商户纷纷落户赤崖经商，慕名通商重镇赤崖而来的外地人不计其数，不仅有来自周边各县的，还有远从山东、山西、河南等地而来的商民，携家带口、千里迢迢来赤崖落脚谋生。鼎盛时期，赤崖的常住人口达2000多人。

赤崖集为逢农历一、六大集，三、八小集。集日里车水马龙，人流不息；非集日，出入赤崖经商购物的人流络绎不绝。入夜，还有夜市，沿街灯火辉煌，叫卖声此起彼伏。北坨村在赤崖街北800米之外，村中老人回忆，清晨，在被窝里，就能听到赤崖街里的喧闹声；白天，喧哗的吆喝声不绝于耳；入夜，悠长的叫卖声连绵不断，传至深夜。

孙立庄为粮食交易市场。孙立庄之南建有古老的娘娘庙。庙南、庙西辟有阿拉伯数字"7"形的广场。广场南半部是牲畜交易市场和建材市场，北半部是杂货市场。宽大的娘娘庙院内，是专营针头线脑的地方。集日里，出入娘娘庙的人川流不息，挤得娘娘庙的南门大门和西门便门嘎嘎作响。

街上也称正街。正街绵长，笔直宽阔，路面坚实，由赤色土铺成，近似今天的水泥路，流水冲不出沟，车轮碾压不出辙印，雨后能在干道行走。集日里,街面能摆下三道售货摊案,供四路人流穿梭赶集。街面之所以宽阔,因为主要街道占用了北街人家的前宅基地。街面上的人家很少有耕地,世代靠收取"摊儿费"和临街的门市房房租为生。街南、街北全是雨搭迎街。临街的门面房整齐漂亮,多数是外地商户建造的,乐亭的大商户营建的居多。沿街望去,道南路北满布货栈、旅店、钱庄、当铺、铁匠铺、金银店铺、烧锅房、饭馆、茶馆、理发馆、照相馆、药堂、邮局、赌场、大烟馆、地下窑子等。很多店铺都是前店后厂,即前门市、后库房的形式。家家店面都高高悬挂着醒目的木制广告招牌和生意幌子,放眼望去,鳞次栉比,家家相连,繁华昌盛。进入民国,街内还设有警察分驻所。日伪统治时期,驻有日伪警备小队。正街的中间路段还设有昌黎至赤崖的汽车终点站。

  街西的东头是坐西朝东的一排烧锅房。日伪统治时期,烧锅房曾经是警察分驻所。1938年8月4日,昌黎县第一位共产党员张其羽发动领导的抗日暴动就发生在这里。烧锅房的东面是赤崖镇小学的南操场,赤崖镇小学是1903年在当地影响很大的关帝庙的基础上建立的。学校的南操场也称"庙头里"。庙头里是鱼市。集日里,人声鼎沸,远近鱼贩占尽整个操场,影响着学生们的户外活动。鱼商们很理解,每次上市都带些茬子或者劈柴放到学校南门口,供学校生火用。学校不得已另开辟了个东便门,门外置有1000多平方米的东操场。

  八方来客云集赤崖,极大地促进了赤崖集镇的繁荣,自然产生了具有地方风味的名吃。民国时期赤崖集市的名吃有:赤崖村人张天佐的油炸饼、康老树的烧饼、张玉福的油茶、西坨村人绰号拐老盛的猪头肉、丰南县人王友凤的大饼和馅饼、滦县人李寿云的熟食、河南省内黄县人董海田和刘春仲的大麻花。

  人多,事多。云集赤崖街市的各色人员良莠不齐,有很多无德无赖乡民常年靠吃集、喝集、偷集来过活。集日里,一拨接一拨的叫花子敲击着叫花子的标志——牛胛骨,堵着商铺、货摊案子不停地呼叫、乞讨,影响生意。搞得主人没有办法,伤不起,惹不起,不得不掏出小钱打发叫花子走人。常有欺行霸市的混混们无事生非，打架斗殴。赤崖村东偏北约3.5千米的韩营村，是晚清重臣张之洞的老师、清道光年间曾任过贵州巡抚的二品大员韩超的故里。韩超后裔家室富足，人们多称其为"老爷"。赤崖村中老人们叙说过，"韩老爷"们在赤崖集上霸气十足，滋事较多。集上管事的问其是哪里人，"韩老爷"们便扬声回答道："你说是哪里人？"不用往下问，都知道是来自韩营村的"老爷"在此，不敢深究。遇有打架互相指骂者，"韩老爷"便呵斥："不许口朝东北骂！"怒气正盛的骂人者只好改了口向。"韩老爷"们财大气粗，也很仗义。有很多人在饭馆里酒足饭饱后，手一扬说"记下某某韩老爷的账"，拔腿走人，年终老板们找"韩老爷"们结账，"韩老爷"们从不计较。据村民张积存生前讲述，民国年间，更有胆大妄为的"韩老爷"，竟然开枪击毙了前来抓赌的王警长。

二、赤崖水旱码头的兴衰

赤崖之所以能够形成滦河下游繁华的通商重镇，源于得天独厚的赤崖水旱码头。

1945年以前，赤崖水旱码头在村南约百米之处。河岸陡峭，处于迎水面，是天然水旱码头。当年，结队泊岸的商船比比皆是，船只最多时，排不上号靠岸的商船，只得锚泊在水中等候靠岸。落下船帆的商船，桅杆林立，远远望去，宛如等待检阅的列队方阵布满河道。急于过河的青年人，能跳跃过一艘艘泊水商船，到达南岸。可见，那时水运发达，商船多，河道并不宽。1992年版《昌黎县志》记载："本县明清时期水路运输相当发达……每年有结队帆船运载大批粮食和各种杂货，如瓷器、红白糖、纸张、海菜，从蒲河口、甜水沟、狼窝口、洋河口入口，再用大车运至境内。口外（长城以外）的木材草香等物资则从滦河输入。滦河水浅流急，不能行大船，运货者皆系小船，船夫二人，多者三四人。沿河一带如会里（今属乐亭县）、赤崖等处均有卸货栈房。"但是，史实超越县志所载。大小帆船，逆航可达口外，下航可到天津港、营口港和烟台港等港口。北坨村赵景泉老人生前多次讲述，他的原籍是乐

光绪三十二年至宣统元年(1906—1909年)间渡河的马车

亭县马头营镇滨海的李各庄村,12岁来赤崖商号为"海顺兴"的店铺学徒、当店员,亲历了诸多往事。经他手售出的有来自辽宁、山东、浙江、福建的干海鲜货物,宁波的腐乳,广州的蔗糖,锦州、青岛的棉布,苏州、杭州的丝绸,景德镇瓷器等远地舶来的商品,不胜枚举。可以说是:物流陆地遍冀东,海上环渤海。

源源不断的上下游水运货物,卸载于赤崖码头。街内家家店铺、货栈尽纳源源不断的各地货物,批发、零售或者转运外地。北坨村的张宝俊老人说,他家祖籍赤崖,因为塌河,1933年迁居北坨村,祖上世代以卖席为生。专供他家的商船,因为运载的席子多,货船漂轻,为了防止船身侧翻,船舱内装有很多磨刀石,船舷之上,再装上高高的席子,一运两得利。村内和邻近村庄的不少居民以装卸为生,家境宽裕一点的人家还购置牲口车辆,以运输为业。

村内设有两家木局。一家商号为"昌盛木局",另一家商号为"玉发木局",两家木局竞争营商。除批发零售原木外,聪明的外籍木匠们还能应客户需求制作各种家具和生产用具。村南和村西约500米处设有两家石料货栈,货栈的全部青石料都是由滦县水运而来的。灵巧的石匠们根据客户需求,凿制、刻制出各种造型的陡板石、镂花石、上马石、门当、门枕、镇宅用的雌雄石狮……这些能工巧匠多为外地人。纵观赤崖周边的晚清和民国时期的民宅,其所用木料、石料无不源自赤崖码头,室内装饰、家居也多为赤崖两家木局所制。

清末民初时期的赤崖码头被河霸独霸。河霸黄品三,人称黄老爷,其祖上是1644年随清军入关的满族人,也称旗人,世袭"庄头"之职,统治汉人,管理着赤崖镇一带的政事,独霸税收,世代靠贪污税银和盘剥汉人享受荣华富贵。袭传到黄品三这一辈,清朝灭亡。百足之虫,死而不僵;虎死,威尚在,他还在作威作福。气势凌人的黄老爷精于权谋,盘算过人,他掌管着镇内的邮局。外出闯关东的赤崖一带的平民逢年过节汇入家中的保命钱,都被他纳入私囊,无人敢问津。20世纪20年代初,直奉交战,奉军的一个团长曾带兵入住赤崖。黄品三巴结奉军团长,与其结拜为把兄弟,送长子于奉军团长麾下,当了奉军的连长。连长连长,半个皇上。黄老爷如虎添翼,更没人敢惹。村中老人屡述,黄老爷雁过拔毛,过往大小船只停泊在赤崖码头,黄老爷也要对大船强收四毛钱,对小船收取两毛钱,名曰"泊岸锚眼钱"。据老人们讲述,民国年间的二三十年代,物价很实惠,买卖货物是以"分"为单位计算的。可见河霸的盘剥之重,收入之丰。黄老爷每天手持文明棍沿河埠巡视,人人见其都得点头哈腰,问安问好。村民张玉升说过,小的时候,他在河岸边玩耍,妨碍了黄老爷收取"锚眼钱"的美事,屁股上被黄老爷狠狠地抽了一棍,吓得他赶紧溜走了。偏偏就有不服气的,西坨村的酒鬼刘凤,人称"刘老二",孤身一人,天不怕,地不怕,在街里酒馆喝完酒,就溜达到滦河岸边滋事,敢指着黄老爷鼻子骂街。黄老爷也不计较,每次都是掏出两毛钱,打发他走完事儿。1938年,赤崖爆发抗日暴动。黄老爷担心家财被红军

光绪三十二年至宣统元年(1906—1909年)间滦河之上的渡船

队伍征去,暗中把金银细软转移到了在昌黎城内大户马家做小妾的二闺女家。风声过后,黄老爷向马家索取财物,马家根本不承认有这回事,气得他中了风。不久,黄老爷离开了人世。

前门死了虎,后门又进来了狼。黄老爷升天以后,赤崖码头改由乡绅把持。那个年代,滦河中甲鱼很多,根本没有人食用,人们也不知道甲鱼富有滋补作用,甚至视其为河中"元神",不得伤及。赤崖西街西面有一座张家的家庙,名为"元神庙",逢节日祭祀元神。庙西史称"太平坨",太平坨是张家的菜园子,园中有一口浇灌菜地的水井。1940年前后,滦河上游有一位船工,见到井内甲鱼很多,顺手操起撑船杆子戳出一只肥大的甲鱼。不得了,大祸临头。乡绅们被触怒了,硬是惩罚他请唱连宿皮影谢罪。可怜的船工,上身裸露,肩披了一块蓝布遮身,下身穿件破裤衩子,连内裤也没有,打着赤脚,身无分文,家中老小全靠其微薄的打工收入供养,无钱谢罪。在船东的苦苦哀求下,由保长张老聘出面作保,改罚船工买一绞猪肉投放到井内,供甲鱼食用。那时,生猪宰杀后,去掉猪头、内脏,躯干部分被分为四份,每份为一绞。但是,这一绞猪肉钱还是船东垫付的。可怜的船工心事重重、神志恍惚,在返回的时候,不慎掉入激流中淹死了。

1949年7月19日,滦河泛滥,赤崖村被毁,赤崖集、赤崖水旱码头的昔日辉煌成为历史。但是,寓于赤崖集镇、赤崖水旱码头的地方文化的影响更久远。

双阳塔历史探究

赵翁宝塔,位于昌黎县荒佃庄镇刘各庄和陈青坨村南约500米处,建于明代万历四十一年(1613年)。此塔为八角七级实心砖塔,座围周长8.4米,高约9米。塔身第二层檐下嵌着一方青石质匾额,其上阴刻着楷书"赵翁宝塔,大明万历癸丑孟夏吉旦修建"字样。

赵翁宝塔的高度仅为昌黎城内源影寺塔的四分之一,但由于此地平原绿野,一望无际,处处村烟,田连阡陌,其塔兀立于百里平畴之中,大有"千畴稻浪平如水,一峰堀地插中间"之势,散发着浓郁而厚重的历史文化气息。以往,在赵翁宝塔之西,还耸立着一座同时修建的"郑翁宝塔"。这两座塔,齐峰并比,直入云天,尽享阳谷之利,故在历史上被称为"双阳塔"。

中国古塔的排列组合和结构造型,是十分精巧的。在祖国960多万平方公里的土地上,除了矗立着成千上万的单塔,还有双塔、三塔、五塔和群塔。这些不同的古塔组合,构成了佛教教义中的因缘。双塔,是为尊奉释迦牟尼和多宝如来"两佛并坐"而建。就此而言,双阳塔应为佛塔。两塔之间曾有一座朝阳庵(1949年被洪水冲毁)。朝阳庵三间正殿内供奉着大小佛像十几尊,三间东偏房为尼姑住室。可以想见,当年佛庵静置于双塔之间,远离尘嚣。每当旭日东升,必然会铺就出一幅神光离合、仙墟灵府的灿烂画

赵翁宝塔,位于昌黎陈青坨村南(建于明万历年间)

卷。这正如一首民谣所咏赞:"有寺无塔平淡淡,有塔无寺孤单单,有寺有塔景灿烂!"

对于郑翁宝塔,1987年编印的《秦皇岛市文物资料汇编》中记有"郑翁宝塔大约于光绪二十三年(1897年)倒毁"。1992年版的《昌黎县志》中亦记有"光绪二十三年(1897年)西塔倒塌"。那么,这一记载是否准确?编者在反复调查朝阳庵与双阳塔的相关史料后,了解到赵翁宝塔附近原有一通约有130厘米×60厘米大小的重修朝阳庵记事碑,现已不知去向。其碑文近200字,大约分三层内容。首先,指出朝阳庵与双阳塔不但美化了风景,而且已成为供奉佛陀与教徒顶礼膜拜的圣地。其次,坦言"因代远年湮,风吹雨溅,塔余一蠹,殿已全倾"的史实。最后,介绍附近民众与远方信士们捐资献物,在原基上重建朝阳庵的善举。这则史料,经编者与多位具有一定文化水平的热心老人反复核对,准确无误。特别是其中的"因代远年湮,风吹雨溅,塔余一蠹,殿已全倾"之语,系碑文中的原话。令人十分遗憾的是,文末署"大清□治元年孟夏之月谷旦敬立"中的第三个字已被人着意凿毁,实在无法辨认。再者,碑文所刻人名也都被凿毁,致使以人名查找年代的线索也被切断。清朝皇帝年号中带有"治"字者只有顺治、同治二帝,那么该碑究竟是何代之物呢?以碑文所记分析,郑翁宝塔是"因代远年湮,风吹雨溅"而倾,非洪水、地震等原因突然而坍。该塔始建的万历四十一年,距顺治元年(1644年)仅31年,理应不会自行"老死"。由此推断,重修朝阳庵记事碑应为清同治元年所立。也就是说,郑翁宝塔在清同治年间或之前就已经倾毁了。因此,《秦皇岛市文物资料汇编》与1992年版《昌黎县志》中的说法确实值得商榷。对于双阳塔,1992年版《昌黎县志》中还有"该塔曾于清乾隆年间重修"的记载,但不知其源。

关于双阳塔的传说,编者搜集到二则,一是传说塔为埋葬德隆望重的老僧尼而建,二是传说塔系为镇压当地一条作恶妖龙而建。对于第一种说法,仅以塔名便知其错。因为无论是"赵翁",还是"郑翁",指向很明,都是指当地赵氏与郑氏两位富翁,是他们出资备物,请来工匠建塔的。两座宝塔建好后，人们为了铭记二翁建塔之功德，分别在两座塔上的石额上镌刻了"赵翁宝塔""郑翁宝塔"。如果赵翁和郑翁为一个老尼建了墓塔，怎么会堂而皇之地在塔上刻上自己的尊号呢？退一步讲，即使将"翁"字理解为对塔下所埋的老尼的尊称，也还是讲不通。众所周知，和尚和尼姑都有法号，道士有道号。但二者有很大区别，道号有姓，法号无姓。道教所追求的最终目标是长生不死与即身成仙，其教义是将道教的神仙方术与儒家的纲常名教相结合，宣扬道教徒要以儒家的忠孝、仁恕、信义、和顺为本，否则虽勤于修炼也不能成仙。既然要讲忠孝，自然不会抛弃父辈所传承下来的姓氏了。这就是道号有姓的根本原因。道士的道号不但有师父所取之号，还有世俗的姓氏。如历史上著名的道教人物吕洞宾、刘德仁、王重阳、丘长春（丘处机）、邵元节等，都是有姓有名的。法号何以无姓？这需从佛教的原始教义考察。原来，佛教的原始出发点是视人生为"苦"，"苦"的直接根源是有"生"。而"生"是借"性"连续、靠食维持的，因此佛教的原始教义把爱欲和性的行为视为万恶之源，在僧律中列为头等大戒。出家为僧者，求解脱的第一步就是遗弃父母妻子，背离家庭，遁入空门。这样，僧尼取法号，就必然会抛弃世俗社会中象征宗族家庭、血缘传承关系的姓氏，法号中也就只有名而没有姓了。如东晋高僧慧远俗姓为贾、唐代高僧玄奘姓陈，但他们的法号不能为贾慧远、陈玄奘。但也有少数具有朝廷封赠官职尊号的僧人墓塔与众不同，其上则镌刻着世俗姓氏，如坐落于北京房山孤山口村北、建于明弘治年的周吉祥墓塔，其塔铭上镌有"僧录司左善世钦命掌印兼敕建大慈仁并大觉寺开山第一代住持周吉祥大师塔"字样，这大概是皇权高于一切所致。

  第二种说法是个虚实参半的故事。其中被镇"妖龙"为虚，赵、郑二翁建塔为实。当初有无所"镇"，已不可知晓。考虑到当时封建迷信大行其道，官绅建宝塔以勘山理水、补地势、镇水患、引瑞气已蔚然成风，我们也不能排除其为风水塔的可能性。探赵、郑二翁建塔之初衷，或许敬奉佛陀与调理风水兼而有之，从"宝塔"二字看，宝塔在风水地理方面的功能，有可能被放在了第一位。

风水塔的功能也具有多样性,塔常常被视为关系一方文教文运的象征物。而这种现象产生于塔的形状与笔之间的相似联想。这从众多的建塔碑铭、楹联、诗歌之类的文字中,可真真切切地感受到。这种文峰(风)塔,是向儒家文化靠拢的世俗化产物,儒家往往把出人才、振文风的希望寄托在建造文峰(风)塔上。值得一提的是,这些塔的周围往往构筑池塘、设置条石,让池塘作为砚台、条石作为砚墨,古塔与天地便象征妙笔和纸张。这样,文房四宝就都全了。倘若有山峰作为笔架,那就是文房五宝了。然而,由于未见相关的文字与实物资料,赵、郑二翁当年修建双塔时,是否为祈求家乡人才辈出、文运兴旺,便不可得知了。

双阳塔精美砖雕

昌黎县城南的三座塔东侧,原有三座建于清康熙年间的古塔,俗称"三座塔"。其中有一座为赵善人(名应忠,号双庵)墓塔。对于该塔的建造始末,清光绪版《永平府志》所录邑人马逢乐的《善人双庵赵翁圆寂碑记》中叙述得很清楚:"吾邑有双庵赵翁者则足嘉焉。翁讳应忠,生平朴讷,栖心梵呗,历二三十年如一日。倘所称有恒而且善人者非耶。今上庚戌岁,已七十有四矣。忽无疾趺坐而终,鼻注如玉垂至膝,神色俨然。前数日即预戒家人以后事,非夙有根器、了死生者,曷克几此?于是四境善男女皆合掌赞礼,敛资以建浮屠。"以此类推,双阳塔亦有可能系乡邻四境为德高望重、悉心向佛的赵、郑二翁所建。

赤崖古井

赤崖村是昌黎县最古老的村庄之一,据考证,村庄起源于隋唐时期的原始聚落,建村于辽金时期,兴盛于明清和民国时期。1949年7月19日,滦河泛滥,原村庄被毁。据县志记载,赤崖老村南有一条小河沟,名为"甜水沟",向东流经拗榆树村东南注入渤海。清同治六年(1867年)滦河由赤崖村西约1.5千米的渤海寨村西改道东奔,冲开甜水沟,形成滦河下游入海的主河道。赤崖因设码头,成为远近闻名的通商重镇。

明朝初期,大约是1402年以后,有很多人从山西、山东向冀东地区移民,这样的移民建立的村庄是跨居地的,编为屯。元朝时遗留下来的土著居民跨村编为社,当时在昌黎县境共设有16个社,赤崖社为其中之一。赤崖村当建于元朝或是金、辽时期,并为明朝时滦河沿岸区域土著民众居住的中心村落。有了村庄,人要生活首先要解决水的问题。原来赤崖居民吃水有两种方式,一种是从滦河里挑水吃,另一种是吃井水。据1992年

2018年12月,赤崖古井被昌黎县人民政府评为昌黎县历史建筑

赤崖古井

版《昌黎县志》记载,赤崖村南的甜水沟,离村庄很远,人们汲水也不可能到很远的小河沟里去汲水,于是便有了赤崖古井。现在,滦河拓宽成了将近1000米的河道,人们汲水越来越方便了,但在没有这个河道以前,人们只能靠井吃水。

赤崖古井所处的位置为赤崖正街的西侧,为赤崖张家人所世代繁衍之地。据史料记载,明朝靖难之役时,朱棣与建文帝率几十万大军在滹沱河沿岸展开激战,最后朱棣获胜当了皇帝。原籍福建霞浦县的张武,为朱棣手下的一名大将,因辅佐有功,被封为侯爵,并被奖赏了一块土地,叫"汤沐之地",即赤崖。于是,张武就把家眷从福建迁到了这里。张氏家族传至明朝中叶八代世祖张国祥时,他考取功名,被授甘肃渭源县知县,死后葬于赤崖。根据1992年版《昌黎县志》记载,国祥公墓葬于赤崖。2015年,有人在赤崖村东临滦河岸边找到了张国祥墓,墓前有墓碑,长62厘米、宽60厘米、厚30厘米,两块,用石蜡贴在一起。墓志铭为泰昌元年(1620年),距今已400多年。

赤崖古井呈正六边形，对边距离92厘米，井壁、井沿用青石板砌筑。井壁用长方形石板，石板长46厘米，宽34厘米。青石料取材于滦县，靠水路运输至赤崖，并在赤崖村的石头铺子加工成青石板。现井深约270厘米，井口至水面的距离约为230厘米，水质苦涩。据村里的老人讲，井底有用柳木做成的井凹，井口口沿在唐山大地震后，被居民挪走用于建房，现已缺失。井壁因年久失修、六面受力不均，略有变形。

赤崖村古井是昌黎县现存的古建筑之一，始建年代久远。其独特的建筑结构、形制和材质，全面客观地再现了赤崖在明清时期作为滦河入海口的水运通商重镇的商贾云集、经贸繁华的景象。清朝末期，赤崖村被设为赤崖镇，管辖着滦河两岸的不少村庄；至民国年间，赤崖村设有镇政府、警察局、治安大队部、邮局等机构；此后还有先后设立的大大小小的商号、当铺、钱庄等分布在村里的主要街道，并修有通往昌黎县城的公路，设有往返县城与赤崖的汽车班车。赤崖村古井的历史承载着赤崖村的政治、经济和社会生活的发展历史，具有较高的历史、科学和艺术价值。

2016年，昌黎县委专门成立了赤崖抗日暴动旧址保护工作领导小组，对赤崖村古井进行宣传展示。2018年12月，昌黎县人民政府将赤崖古井评为昌黎县历史建筑。2022年，赤崖古井被昌黎县人民政府公布为第四批县级文物保护单位。

信庄史话

滦河岸边的信庄是昌黎县平原地区一个较大的村庄。信庄的数千亩耕地跨越滦河两岸,土质肥沃,物产丰富。多年来,从信庄走出去的村民及其后人,遍布全国不少省、自治区、直辖市,在日本和北美、西欧、南亚等地也留有信庄人的足迹。

信庄的先民为明朝洪武和永乐年间从山西、山东等地迁徙而来屯田的移民,有冯、姬、胡、王、董等姓。信庄人在建庄时,恪守信用,遵守承诺,打破了按姓氏、地域、地貌取名的惯例,将庄名取为"信庄"。

信庄紧靠的滦河河道历来动荡不定,经常泛滥成灾。1867年,滦河改道,使信庄和与其紧邻的高各庄等村庄被冲毁,信庄被迫东迁重新建村,建立了姬家街、胡家街和王家街;高各庄村民在大庙东延长了后大街,建起董家街,在村南面建起东柳地和西柳地。抗日战争后期,抗日民主政权为便于管理,建立行政村,将渤河寨、欧坨划归在信庄建立的行政村管辖;后来,欧坨又被划出,单独建立了行政村,而渤河寨一直属信庄管辖。

鸦片战争爆发以后,中国的社会生活开始出现大的动荡和大的变革,敢于闯荡的信庄人有的弃农经商,有的外出耍手艺,还有些人闯关东去做买卖。当时,闯关东的人步行到昌黎县城,买一头毛驴,骑着毛驴晓行夜宿,到达目的地后再把毛驴卖掉。因滦河泛滥冲塌耕地或其他原因失去耕地的破产村民,也被迫拉家带口地挑着担子到关东去谋生。有一个时期,信庄人骑着毛驴或挑着担子闯关东成为一种时尚。闯关东的信庄人有了一定成就后,往往又把家族子弟或亲戚朋友带走,十几岁的男孩跟着长辈闯关东"住地方"学买卖、做生意是常有的事。也有信庄人为闯关东付出了血的代价。1900年"庚子事变"那一年,沙皇俄国入侵东三省,哥萨克骑兵砍杀和驱赶居住在包括海兰泡在内的江东六十四屯的中国老百姓,制造了骇人听闻的"海兰泡惨案",34岁的信庄人周启与5000多名中国人一起被驱入江中活活淹死。闯关东经商的信庄村民,坚守一个"信"字,不畏风险,艰苦创业。"贸易不欺三尺子,公平义取四方财",是信庄商人的真实写照;"要想富,开酒(久)铺",是信庄商人追求的长远目标。和气生财,诚信生财,公平生财,是信庄商人发财致富的诀窍。这些商人挣钱后不忘家族和家乡,大都回家乡盖房子置地,在经营土地方面也采用工商业式的方式,雇用外省或外乡人到家中做长工,由本家人经营管理。

过去,信庄商人的突出代表人物是张际昌。张际昌的本名为"玉安",他出身寒门,幼年生活艰难困苦,长大后奋发图强,闯关东后经不懈努力,最终成为远近闻名的大商人。起初,他在哈尔滨益发和"住地方",从学徒逐步晋升为具有人身股的中层掌柜。益发和是一座大商号,总店设在大连,分支机构遍布东三省,业务范围广泛,总经理是乐亭县的孙秀山。孙秀山善于用人和经营管理,益发和生意红火,盈利丰厚。张际昌从他身上学到了一套经商之道,积累了一大笔财产以后,衣锦还乡,在信庄盖了全村最阔气的住宅,先后置地500余亩,由本家人雇工自己经营。后来,他又在乐亭县城购置了一所带有深宅大院的豪华门面房,开设油坊。东柳地的王月波,在东北也成了一名大商人。起初,他在哈尔滨天丰东做生意,后来自己开设了商号天丰裕。他的经营方向是商业和房地产,在哈尔滨主要街道拥有多处不动产,以出租房屋收取租金为主要经济来源,年收入相当丰厚,总家产超过张际昌(他在信庄也置地200多亩)。王家街的田云阁在大连公积栈经商,也回乡置地150多亩。此外,在哈尔滨、长春、奉天、农安、锦州等地经商致富,回乡置地百亩以下者,不下一二十户,其中有王遇恩、董则新、田宝正、赵荣久(字德昌)、黄步瀛、王遇贤(字希圣)、周财(字具三)、李参章等人。这种工商业资本与土地的结合形成了信庄所特有的经济形态。由于商业、手工业的空前繁荣,留在家乡的不少信庄人则是离土不离乡,弃农耍手艺。"家趁万贯,不如手艺在身。"当时,信庄涌现出了一批木匠、瓦匠、白铁匠等手艺人,粮行、牲口行等经纪人。胡家街的周俊是著名的泥瓦匠。他是昌黎县建筑业两大能工巧匠之一,昌黎城南的不少庙宇和豪门望族的深宅大院,大都是他带人施工修建的;他还培养了一大批徒弟,其中包括儿子周自恩。周自恩苦学父艺,也成了一名巧匠,父子俩在清末民初的庙宇建设上留下了许多绝活细活。后大街的冯氏家族几代人都是船匠,在滦河两岸设摆渡口,为沿岸各村提供舟楫之便。

信庄人代代相传的诚信品德,早已融入信庄人的血液里。轻财重义,视诚信重于生命,周春升就是其中一例。周春升,字星笙,从小在长春学买卖,在天津"住地方",日本投降后去了香港,受聘到双坨人周庆恩在香港开设的天孚商行任襄理。天孚商行主要从事进出口贸易,从西欧和北欧进口工业品销往内地,再从内地出口农副土特产品销往欧洲。后来,天孚商行在上海开设了分行——天和商行。周春升在天和商行任副理时,结交了上海一些著名的大商人,与荣毅仁、包玉刚等都成了好朋友。解放战争后期,东北野战军围困长春时,周春升在东北各大城市经商的朋友,大多对共产党的工商业政策不了解,纷纷将资金汇到上海周春升名下。当时,上海经济混乱,通货膨胀,资金贬值很快,若以保值为由,将这批资金用于自己或本公司的经营活动,无可非议。但周春升没有辜负朋友们的信任,坚持诚信至上,将资金或换成黄金,或买成货物,使之最终没有贬值,反而有所增值。周春升此举深得他的朋友和公司同仁的称赞。1947年,解放区需要大批西药和化工原料,周春升应天津中共地下工作人员的请求,利用任天孚商行在天津开设的分行——信诚商行经理的方便,从西欧进口西药和化工原料,通过天津的中共地下工作者销往解放区,再从察哈尔、绥远等地收购皮毛和其他土特产品销往欧洲。平津解放后,这宗进出口生意得到进一步扩大,信诚商行成为我国北方最兴旺的国际贸易行,上海的荣毅仁、香港的包玉刚等一些著名的大商人也参与了该商行的业务活动。1950年,朝鲜战争爆发,美国第七舰队封锁台湾海峡,对我国实行禁运,卡死了我国通往海外(包括香港在内)的一切航道,英国也卡死了港澳到内地的一切通道,对我国实行了全面经济封锁。当时,信诚商行恰好从意大利进口一船货物,雇用的挪威商船已经将货物运到天津,停泊在塘沽港,卸货后本应再装船运往香港或其他国家的,但是遭到禁运,只好将空船放回。这不仅是周春升个人经商史的终结,也是当时我国大陆民营国际贸易的终止。货物脱手,卖了8000余两黄金,如何处理这笔资金,成为周春升人生之路的抉择点。本着诚信至上的原则,为不失信于东家周庆恩,周春升冒着坐牢房的危险,将这笔资金汇至香港。后来,在"五反"运动中,他主动向政府交代了这次逃汇的违法行为,被判罚款24亿元人民币(旧币,折合黄金2400两)。他倾尽所有,上交了1.5亿元人民币。当时,政府知其为责任人而非财产所有人后,才不了了之。

信庄人在长期的生产劳动和社会生活过程中,除诚信、善闯外,还逐步养成了忠贞、孝悌等品格。老信庄人和高各庄人共建新信庄时,在村子中间集资建了一座二圣庙,取名"忠孝祠"。忠孝祠的建立推动和巩固了村民们的宗教信仰。信庄人的信仰是以供奉祖先、请求祖宗保佑为主的多神论。各街村头共建有土地庙7座,各家各户都供有祖宗牌位和灶神、门神、财神、喜神等。村民坚信"头上三尺有神灵",走到哪里,神灵就会跟到哪里,时时刻刻监督着你,只准你与人为善做好事,不准你坑诈拐骗做坏事。此外,有一些人信仰佛教,供奉弥勒佛和观世音菩萨,吃斋念佛,行善积德。20世纪30年代,信庄还曾流行佛教会。佛教会的正式名称是"世界新佛教学会",是抗战初期从滦河西岸的倴城传入信庄的,在信庄设有坛主。

习文练武、拜师学艺,是信庄人祖辈留下来的习俗。以往,人们多习练拳脚、棍棒、刀枪;到民国初年,富家子弟又增练"快枪"(即洋枪)。由于不少人弃农经商和闯关东做买卖，无形中推动了教育事业的发展。经商与务农不同，出外经商需要与人交往和算账，不识字寸步难行。起初是办私塾，全村共有多家，数目多、规模小，每家也就有几名学生。到了后期，较为有名的私塾先生有胡玉恒、李绍棠、胡开祥等。不论是习文的先生，还是练武的师父，都是把"文德""武德"放在首位。孩子们入私塾先学《三字经》《千字文》《弟子规》等启蒙读物，然后再学四书（《大学》《中庸》《论语》《孟子》）五经（《诗经》《周易》《尚书》《礼记》《春秋》）等经典著作。民国初年，新学兴起，东柳地胡万永在村南端率先兴办学堂，人称"南学堂"。各家子弟纷纷到学堂念书，邻村欧坨、渤河寨的孩子们也来南学堂念书。1932年，为适应入学人数的激增，胡家老二胡光玺发动全村人有钱出钱、有力出力，在学堂原址重建校舍。张际昌、王月波等一些富户带头捐款，仅张际昌一户就捐了200块现大洋；其他民户也争先恐后地出工出力。校舍建成后，改学堂为学校，命名为"日新学校"。全校共有4个年级，学习内容有国文、算术、修身和常识等，并开设有尺牍和珠算等课程。教师有本村人，也有外乡人，先后有多位北京大学、北洋大学等大学毕业的教师任教，其中还有一位留学生；后期的教师有王树职、田新正、胡寿朋、张凤伍、戴子建、李明臣等人。不管课程和教师如何变化，学校传道授业的宗旨不变，始终把道德教育放在首位，把"修身"视为一门主课。当时，日新学校的道德教育是把孙中山提出的"新八德"，即"忠孝、仁爱、信义、和平"，渗透到教学活动的各个环节，并谱写成歌曲教学生学唱。

坚持"武德"的练武之人，在保卫家乡的安全中也为信庄人争了光。民国初年，军阀混战，生灵涂炭，民不聊生。1922年和1924年的两次直奉交战，昌黎境内都是战场；到1928年，靖安一带又成为奉军与直鲁联军激战的主战场。一些战败的散兵游勇，就地落草为寇，明火执仗，打家劫舍，绑票索财，拦路劫道，搅得各村鸡犬不宁、人心惶惶。为了保卫本村安全，各村相继组建保卫团，信庄也不例外，练武之人纷纷参加保卫团。1933年，滦东地区出现号称"东亚联合同盟军第一军"的一股较大的匪帮，匪首张魁元外号叫

"老耗子"，他们从口外流窜到抚宁、昌黎域内，到处抢劫财物，奸淫妇女，杀人放火，无恶不作。为了消灭这股土匪，昌黎县有关部门发动各村联合起来，集中兵力共同围剿，以胡光玺为总指挥，带领武装人员前往抚宁，协助河北省保安队一举歼灭了这股土匪。剿匪队伍凯旋时，学生和村民全部出动夹道欢迎，并举行庆功大会，表彰他们为民除害的功绩。村民们一致赞扬胡光玺文武双全，既能办教育，又能领兵打仗。胡光玺的威信大增，被村民尊称为"胡二老爷"。

信庄人注重教育，为村民子弟接受更高一级教育、走向社会奠定了基础。早在清朝光绪年间，胡光璧就考中了举人，他曾于民国初年在山东省郓城县任县长多年。其五子胡霭玉（字啸天）留学日本，毕业于东京帝国大学，曾任伪南京政府交通部邮电司司长；新中国成立后，周恩来总理念其学识渊博，会多国语言，是难得的人才，特意把他保护下来，后来他成了国内有名的翻译家。张际昌之三子张福云、四子张瑞云也都是大学毕业，颇有一些成就。张瑞云多年在北京市林业局工作，曾任北京市西城区副区长。其孙张立成曾在北京大学读书，1945年台湾光复后，国民政府从北平各大学选了一批大学生去台湾教国语，他被选中去了台湾，后来定居日本。

抗战时期，到信庄和赤崖一带的黎晓天（本名刘云鹤），后任冀东十六专署教育科长，对教育工作格外重视，除举办民校、夜校、扫盲班外，还动员一些大龄姑娘到南学堂正式就读，如王淑娴、胡荫兰、张端芳等人，培育了一批能读书写字的妇救会干部。1943年，党组织选送一些青年去延安抗大学习，其中有一位名叫田桂荣的后来又被选拔去了莫斯科留学，回国后在甘肃兰州军工部门工作。1945年2月，抚（宁）昌（黎）联合县在赤崖组建抗日中学，主要任务是为解放区培养干部，信庄党组织选送李丰宝、李丰财等人去学习，后来他们全都到军队工作了，其中李丰财在军队病故。日本投降后，昌黎抗日中学迁到姜各庄，改名为昌黎师范学校，信庄党组织又选送周春宝、李秋菊、李秋云、李光耀等人到该校接受培训，脱产参加革命工作。这些人后来都成了所在部门的骨干。其中周春宝曾任承德市商业局局长、财政局局长、财委主任等职,李秋云曾任承德地委组织部部长,李光耀曾任承德地区人事局局长。

信庄人从移民屯田始,历经数百年的风雨沧桑,逐步养成了睦群、爱乡、爱国的品格。特别是在清末民初,闯关东的一些信庄人,在东北深受"大鼻子"(俄国人)和"小鼻子"(日本人)的气,从心眼里痛恨外国侵略者。14岁就离家去东北学买卖、当学徒的张其羽,就是在学买卖、当学徒的过程中产生了较强的爱国主义思想的。九一八事变后,他回到家乡,在任信庄保卫团书记员期间,结识了滦河南岸木瓜口村的共产党员岳泽普,于1933年由岳泽普介绍,秘密参加了中国共产党,成为昌黎县的第一位共产党员。张其羽入党后,离开了保卫团,以串学校卖文具为掩护,发售进步书刊,散发传单,在滦河两岸各村进行抗日宣传活动。他在信庄以本家兄弟张凤岗开的小铺为依托,秘密培训抗日积极分子,其中有李秋富、黄家强、胡蔼军、张凤楼等人。1936年,他到滦河南岸的程庄教书,利用教师身份宣传抗日,培训骨干,并在信庄日新小学教师中培养了一批抗日积极分子,其中有张凤伍、王树职、田新正、胡寿朋等。1937年12月,中共冀东党组织在李运昌的领导下,准备发动冀东七县举行抗日武装大暴动,昌黎县由信庄的共产党员张其羽负责。1938年8月4日,冀东抗日武装大暴动爆发以后,张其羽带领信庄的黄家强、李秋富、冯德盛、田广效、胡蔼军、冯裕兴等,会同欧坨的保卫团团总李盛瑞及其带领的张兴舟、王凤梧、王长虹等30余人,攻破了赤崖镇伪警察分驻所,缴获了30多支枪,举起了抗日暴动的红旗,在赤崖成立了司令部。随后,赤崖暴动队伍与大营人丁万有领导的抗日武装队伍会合在一起,组成一支抗日大军。后来,起义队伍发展到五六千人,被编成华北抗日联军昌黎支队,由丁万有任司令员,张其羽任政治主任,下设5个总队。昌黎支队建立后,曾两次攻打昌黎县城,突袭朱各庄、石门两个车站。10月中旬,昌黎支队奉令前往平西整训;22日,部队在遵化境内的宫里村受到敌人围攻,损失惨重,丁万有等100多人壮烈牺牲,刘成玉和王二虎两个总队队长回到昌黎后向敌人投降。大暴动失败后,张其羽回到信庄秘密开展抗日活动。1939年

2月,上级党组织决定由张其羽出任华北抗日联军第三军分区司令部昌(黎)乐(亭)办事处主任,恢复和发展党组织,建立抗日武装,开展统战工作。同一时期,他在信庄秘密发展"二老小"、田复洪、田文会、李秋富等人为地下党员,并组建了基层党组织,负责人为"二老小"。当时在信庄建立的基层党组织,是昌黎县境内滦河北岸地区最早建立的党组织。"二老小"的姓名失考,她是李蕴芳的二姨太,与滦河南岸木瓜口村的共产党员李运昌关系密切,思想进步,活动能力强,群众威信高,对信庄党组织的建设和其他革命工作作出了较大的贡献。后来,八路军的一些领导干部和伤病人员经常住在她家,区委书记王仲元重病,就是住在她家,由她服侍照料直到痊愈。1939年冬天,经过张其羽的争取教育,原抗联昌黎支队第28总队队长、投降日军出任驻赤崖伪警备小队队长的刘成玉反正。1940年春天,张其羽带领刘成玉小队和其他秘密武装人员夜袭姜各庄据点,击毙了向敌人投降后出任伪警备中队队长的王二虎,拉起了有100多支枪的武装队伍。1940年夏天,张其羽带领刘成玉等到赤崖举行了"二次暴动";同年秋天,他被派到平西抗日根据地学习,在学习结束返回冀东途中遭到敌人追击,不幸壮烈牺牲。

  1941年春天,黎晓天、方非两位同志到滦河下游地区,向群众宣传,组织群众,秘密发展党员,组建抗日政权和秘密党组织。黎晓天先后介绍周春育、张乐山、田清正等人秘密参加了共产党,方非也发展了王有春、胡荫清、王树藩等人为党员,于同年秋天在信庄组建了秘密党支部,由胡荫清任书记。与此同时,他们还组建了不公开的"村政府",由张乐山任村长,周春育任指导员。由于当时伪政权尚不能被摧毁,为便于敌人来时进行维持,故形成了"两面政权",伪政权仍由高恩荣、张祥云负责。1942年,信庄由胡荫清任书记的党支部发展较快,先后吸收胡荫贵、周玉清、田桂荣、张瑞兰等多人为秘密党员。1943年,秘密党组织进一步扩大,发展了一大批新党员,其中有马志鸿、周春宝、王玉俊、李秋菊、李光三等人。同年,抗日政权走向公开,摧毁了伪政权,组建了民兵队伍和妇救会、老头团、儿童团等群众组织,李秋富任民兵中队长,周春育任民兵中队指导员,胡荫兰任妇救会主任,冯文忠任儿童团团长。从此,信庄人的抗日救国热情空前高涨,纷纷参加各种群众组织,积极完成抗日政府交给的各项任务。由于敌强我弱,八路军大都采取化整为零、分散出击、偷袭夜袭、打几枪就走的战术,行动时最多也不超过一个连。民兵的主要任务是搜集情报、安排食宿、清理战场、救护伤员、掩埋烈士、掩护部队转移等。周边地区有战况,大多是由李秋富和周春育带领信庄民兵完成的。日伪军来"清乡"时,在一般情况下都是由张乐山带领原保甲长维持,另一部分村干部则带领群众向河西、河南转移,俗称"跑敌情"。按照上级"利用上层、发展下层"的要求,党组织积极开展统战工作,使一些大户人家也能拥护、支持和参与抗日活动。他们利用自家住房多的特点,主要负责八路军干部和伤员的食宿。当时,信庄成为滦东抗日根据地和游击区的一个堡垒村,八路军的一些部队在这里整训,领导机关和领导干部在这里办公或开会,冀东军区的司令员李运昌、十二团团长曾克林等领导干部都曾在信庄住过。八路军的干部,有好几位是在信庄找的对象,和信庄姑娘结的婚,如后来任冀东十六专署科长的黎晓天和周玉清结了婚,冀东供销社主任曹子栋和张瑞兰结了婚,还有尖兵剧社的韩大伟和胡庆兰结了婚等。信庄姑娘和八路军干部结婚后,均脱产参加了革命工作,跟随丈夫一起南征北战,其中周玉清从冀东转战到辽东、辽南,后到热河,曾任承德地区财委主任,后来被调到河北省委工作。1944年春天,抚昌联合县在抚宁、昌黎铁路以南地区成立,信庄和赤崖一带先划入第二区,后划入新建的第四区,区委书记为王仲元。当时,区委对信庄党组织的建设格外关心,经王仲元之手,把信庄村先后组建的两个秘密党组织合并,重新建立了党支部,李光三任书记,党员人数达到60余人。抗战后期,有些信庄人离家参加了八路军,其中有张凤伍、周春和、张兴云、田诚等人。从信庄走出去闯关东的人,也有的在当地参加了抗日活动或革命队伍,其中有田秉正、田学孔、周国喜等人。田秉正于1944年被东北抗日组织委派到家乡开展工作,被日本特务俘虏,在石各庄被杀害。

1944年,世界反法西斯战争进入战略反攻阶段。从这一年夏天起,人们经常看到美国盟军的Ｂ－29型轰炸机去东北实施战略轰炸。这一年9月8日，美国盟军约百架Ｂ－29型轰炸机，由成都基地起飞轰炸鞍山和本溪，其中一架在返航时发生故障，坠落于范庄子村西。当时，信庄的胡荫青、李光三、周春育等人正在后七里庄参加抚昌联合县工委举办的党员干部培训班学习，与其他学员和民兵们一起参加了营救盟国盟军飞行员

1944年9月，美国盟军的42－6234号Ｂ－29型远程轰炸机在昌黎七里海失事。图为我八路军杨教员在与获救的飞行员蹲在地上交谈

的行动。他们在返回信庄的途中，到范庄子村西观看了把一座坟地的大杜梨树拦腰撞成三截才停了下来的坠毁的飞机，每个人拣了几块碎片，作为营救盟军飞行员的纪念品。胡荫青参加了护送获救的7名美国盟军飞行员到铁道北孟柳河一带的山区根据地的军事行动，直至把他们移交给八路军主力十二团后，才返回家乡。

1945年初春，敌人做垂死挣扎，昌黎守敌纠集周边一些据点的日伪军数百人突袭信庄。当时，包括信庄村干部在内的各级干部都在滦河南岸的程庄开会，村民们得到敌情太晚，没有像往常那样离村躲避。敌人进村后翻箱倒柜，抢夺财物，不少妇女惨遭蹂躏，张际昌的孙女张淑霞被打死，区小队7名战士在河边掩护群众向河西转移时壮烈牺牲。

1945年9月，日本投降后，抚昌联合县工委、办事处改建为昌黎县委、县政府，由郝炳南任县委书记，周建平任县长。同年10月，国共双方签订"双十协定"，其中有筹备召开国民大会的条款。为落实协定，冀热辽行署派干部

来昌黎县主持推选解放区的国民大会代表，全县选出了两名代表，一名是县委书记郝炳南，另一名是信庄的周春育。后来，蒋介石背信弃义，撕毁协议，国民大会代表的事情也就不了了之了。

抗战结束后，信庄人进一步发扬爱国主义精神，积极反对内战。1945年10月30日，国民党第十一战区副司令长官兼新八军军长高树勋率新八军一万多人在邯郸起义。一个月后，信庄人在赤崖参加了"昌黎县军民欢迎高树勋将军起义大会"，会上有县领导讲话，抗日中学学生演出了歌颂高树勋将军起义的话剧。日本投降后，美军第七舰队海军陆战队于1945年10月从秦皇岛登陆，进驻北宁铁路各个车站和主要桥梁。1946年7月，驻守留守营车站附近一座铁路桥梁的美国海军陆战队的7名士兵，乘汽车侵入昌黎解放区，向村民开枪挑衅，被民兵解除武装扣留，押送到当时的昌黎县委机关驻地赤崖学校。7月24日，"军调部"三人小组来到赤崖，与我方谈判解决被扣押的7名美军士兵的问题。信庄人知道美、蒋代表来了赤崖后，在村干部的带领下，与邻近各庄的村民一起，集结在通往赤崖的道路两侧，夹道向通过的美、蒋代表抗议示威。经过谈判，美方代表不得不向我方赔礼道歉。之后，我方将美军士兵释放。

1946年6月，国民党发动全面内战，向解放区大举进攻。这一年初冬，国民党军队的第92军进攻冀热辽解放区，逃亡到昌黎县城的地富分子组建了俗称"伙会"的还乡团。1946年12月，昌黎伙会在副总队队长苟采臣的带领下，和国民党92军一个团共2000余人分两路向路南扫荡，沿村搜捕和杀害干部、党员。当时，信庄所属的五区的区委在上各庄开会时被敌人包围，大部分区干部经过激战后牺牲，区委书记王仲元带人冲到村外后，被伙会大队长、三座院的石春富赶上杀害在村外，全区的秘密资料包括党员名单落入石春富之手。区长葛世杰被俘，被押至昌黎县城后在北门外沙河边上杀害。区委委员王自忠叛变投敌。当时，昌黎县委机关正在赤崖，决定分散向路北转移，县委书记郝炳南率领部队向北转移时，在马踏甸与敌人遭遇，突围转移到新集附近时中弹牺牲。伙会在各村搜捕党员和村干部，苟采臣在赤崖一次就杀害党员和村干部13人,其中有信庄的治安委员胡玉昌、欧坨的村长王维田。在那腥风血雨的日子里,信庄的党员和村干部几乎都逃到了外地。到1947年2月,昌黎境内解放区的党政组织大部被敌人破坏,革命形势由高潮转入低潮。后来,县长周建平和新任五区区长孔静轩等同志,在滦河两岸各村庄向群众宣传革命形势,鼓舞群众斗志,经过艰苦细致的工作,包括信庄在内的基层党政组织、民兵组织逐渐恢复。1947年5月,冀东军区为收复失地,组织了滦东战役,向昌黎县城发起进攻,于5月18日占领昌黎县城,歼敌3400多名,缴获大量军用物资。为支援滦东战役,区委统一组织了一批有运力的村民,为野战旅运送给养和军粮,信庄的田由正、胡荫贵等人参加了这次支前活动。5月18日,田由正在铁道北为攻城的野战十旅运送给养时,遭遇国民党飞机扫射,身体受伤,车被打坏,骡子被打死。

经过这次血与火的洗礼后,信庄人的革命意志更加坚定,革命觉悟进一步提高,在党支部的领导下,实现了一种从保家卫国到舍家卫国的重大转变。先是一些逃到外地的党员,与当地党组织接上了头,参加了当地的革命工作。如周春育就是在昌黎县城与地工人员接上头后,在昌黎、天津等地做起了地下工作。后来是一大批青年纷纷参军,在1947年形成了高潮,上半年先后参军的有李锡玉、冯裕军、冯裕才、黄家诚、姬廷云、王占国、王占波等人,下半年有王占君、王占彭、周春富、田复海、王占海、胡萌州、冯占甲、李光荣等人。到1948年大扩军时,共产党员王树藩带领冯文忠、李锡才、周春长、周广英等数十名民兵,参加了十三军分区的第49团,王树藩任指导员,营治文任连长,赵凤来任副指导员,田清正任副连长。后来,这些人除少部分复员回乡外,绝大部分都在各自的岗位上发挥了重要作用。王占国一直在军队工作,病逝前是一位师职干部。王占波从军队到地方从事医务工作60多年,成了远近闻名的放射线科专家,曾任秦皇岛市第二医院书记兼院长。这些人中,有些人在战斗中付出了宝贵的生命,在本县境内战斗中牺牲的有田文兰、黄家诚、冯焕有,在滦县境内牺牲的有李元和、姬梦祥,冯文祥在滦县榛子镇战斗中阵亡,田德纯在乐亭胡家坨战斗中牺牲,王占海在著名的太原战役中流尽了最后一滴血,姬廷云、王文贵在抗美援朝战场上为国捐躯。多年来,最值得信庄人引以为豪的是周春富,他成了一名空军战斗英雄。他的壮烈牺牲,曾得到过毛泽东主席的亲自过问与关怀,他的名字和事迹被收录到了1979年版《辞海》的条目之中。

韩氏家谱发掘与研究

虽然历史上关于韩愈故里的问题争议很大,众说不一,有昌黎说、河阳说、南阳说、义县说等,然而永平府及其所辖的昌黎县将韩愈列为乡贤,载入府邑之乘,以"文公故里"自称。尤其是从1998年开始,河北荒佃庄乡韩营村、河北盐山以及辽宁营口先后重新发现记载着韩愈祖籍河北昌黎的《韩氏家谱》,引起各地专家学者和各级新闻媒体高度关注。

2000年10月,胡建军主编、河北人民出版社出版的《新概念大学语文》称:韩愈"世居昌黎(今属河北),故又称韩昌黎"。2000年11月4日,李亚忠的《韩愈郡望谈》发表于《秦皇岛日报》。2000年11月,全日制普通高级中学教科书《语文》(试验本·必修)第二册由人民教育出版社中学语文室编著,人民教育出版社出版第1版并第1次印刷发行,其中第6单元第21课《师说》称:"韩愈……祖籍河北昌黎。"同年,郭锡良和李玲璞主编、语文出版社出版的《古代汉语》(基础科段)释:昌黎(今河北昌黎)韩氏是望族,所以后人称韩愈为韩昌黎。2002年3月16日,张玉万、朱润胜、李蔷撰写的《现行高中课本明确指出 韩愈祖籍昌黎》发表于《秦皇岛晚报》。3月21日,李延利、朱润胜撰写的《人民教育出版社认可——"韩愈祖籍河北昌黎"〈韩氏家谱〉等新发现引起学术界重视》发表于《燕赵都市报》。3月29日，张玉万、朱润胜撰写的《韩愈祖籍昌黎已成定论》发表于《河北日报》。4月13日，张玉万、朱润胜撰写的《新版高中语文教科书吸收了最新学术成果——"韩愈，祖籍河北昌黎"》发表于《秦皇岛日报》。4月17日，张玉万撰写的《昌黎有几处韩文公祠？》发表于《秦皇岛晚报》。2003年12月，全日制普通高级中学教科书《语文》（必修）第二册的正式本，由人民教育出版社中学语文室编著，人民教育出版社出版第1版并第1次印刷发行，其中第6单元第21课《师说》依然肯定诠释："韩愈……祖籍河北昌黎。"2004年秋季，普通高中课程标准实验教科书开始在一些省、自治区、直辖市实验推广。为了配合课标高中教科书实验区的教学需要，完善人民教育出版社课标高中教材的立体化开发建设，在充分调研的基础上，人民教育出版社教学资源分社和人教社高中各学科编辑室共同策划组编了人教版普通高中课程标准实验教科书和与其配套使用的丛书"新教材新学案"。参加人教版普通高中课程标准实验教科书和"新教材新学案"丛书的编写者既有人教版课标高中教科书的编著者，又有实验区以及其他地区的优秀教师和教研人员。由于这一套教科书的编著者和全日制普通高级中学教科书的编著者不同，在韩愈祖籍诠释这一细节上也有些不同。但2006年2月，2003年12月的正式本——全日制普通高级中学教科书《语文》（必修）第二册继续修订，由人民教育出版社中学语文室编著，人民教育出版社出版第2版并第1次印刷发行，其中第6单元第21课《师说》依然肯定诠释："韩愈……祖籍河北昌黎。"按教材编写出版发行的新体制，两种不同版本在全国同时发行，供各地选择使用。

专门对韩氏家谱展开辨析并有市级以上成果的有李亚忠、君子兰、石守仁、张玉万、董宝瑞等。李亚忠的《韩愈祖籍郡望的"昌黎"正是今昌黎》（2002年4月，《河北地方志》）赞同家谱中关于韩愈祖籍为今河北昌黎的记述，认定汉、晋昌黎郡即今北戴河西古城村，南北朝北魏昌黎郡即今昌黎靖安镇。今昌黎县城正在这相距仅百里远的汉、两晋、南北朝时期的两个昌黎郡中间,正是汉、两晋、南北朝时期的昌黎郡地。而韩愈高祖以上也都生活并安葬于今昌黎,即汉、两晋、南北朝时期的昌黎郡地。因此韩愈才自称是"昌黎韩愈",韩愈祖籍郡望的"昌黎"也正是今昌黎。君子兰的《韩愈"郡望昌黎"之名探究》(2005年第43期《语文学习报》)认可1998年以来陆续公之于世的清嘉庆十八年(1813年)的《昌黎县韩氏家谱》《韩文公昌黎宗派》以及光绪二十三年(1897年)的《昌黎县韩氏家谱》的记载,后魏时,定州刺史韩均徙居昌黎(今河北昌黎),为昌黎韩氏的始祖。其子为雅州都督韩睃,其孙为曹州司马韩仁泰(即韩愈的高祖)。推断昌黎韩氏是韩氏的一个支族,昌黎郡是韩氏的望出之郡。正因为韩愈的祖先徙居昌黎,可见韩愈一家不是发祥之郡的韩氏后裔,而是韩氏支流迁徙到昌黎定居后,繁衍壮大的韩氏子孙。因此,昌黎韩氏不可以以"颍川"取名,只能以"昌黎"为名。尽管如此,韩氏仍成为昌黎的一大名门望族,为当地人所敬慕。韩愈后来虽是在河南河阳出生长大,从来没有在昌黎生活过,居住过,但他不忘所自,以昌黎为荣,常常自称"昌黎人"。《旧唐书》中就载韩愈为"昌黎人"。石守仁的《也谈昌黎〈韩氏家谱〉——与尚振明、尚彩凤商榷》(2007年第6期《周口师范学院学报》)认为2001年第4期《周口师范高等专科学校学报》刊载的尚振明、尚彩凤的《对昌黎〈韩氏家谱〉的考察和朝阳是韩愈郡望的确认》(下文简称《确认》)所得出的结论值得商榷,最后,得出自己的结论:昌黎《韩氏家谱》的真实性是毋庸置疑的,其所载引录、序言、谱系、先代遗迹等内容也基本符合历史事实。《确认》"认为河北昌黎韩氏并非韩愈的嫡传后裔"的论断,是不科学的主观臆断。《确认》关于"河北省昌黎县韩氏家族公之于世的《韩氏家谱》是虚拟的"这一说法不是实事求是的评价。张玉万的《昌黎,韩愈的故里》(2007年第12期《乡音》)梳理了1998年开始陆续公之于世的清嘉庆十八年《昌黎县韩氏家谱》《韩文公昌黎宗派》以及光绪二十三年《昌黎县韩氏家谱》的记载:明永乐初年(1403年)、弘治十四年(1501年)、万历二十七年(1599年)、崇祯十五年(1642年)《永平府志》,嘉靖四十一年(1562年)、万历四十年(1612年)的《昌黎县志》均视韩愈为乡贤,并有文公本传。到了清代,康熙二年(1663年)修、十八年(1679年)续,康熙五十年(1711年),乾隆三十九年(1774年)的《永平府志》,康熙十四年(1675年)、同治五年(1866年)的《昌黎县志》,依然慎重地将韩愈归入乡贤之列,并保留文公本传。光绪五年(1879年)的《永平府志》、民国二十二年(1933年)的《昌黎县志》还是详细记载了昌黎县韩愈后裔的功绩、荫袭等内容。这些都印证了家谱的合理性。张玉万的《昌黎人要擦亮"韩愈文化"金字招牌》(2008年第1期《秦皇岛文化》)从韩愈祖籍河北昌黎、昌黎韩文公祠、韩愈文化对昌黎的影响三个方面肯定了家谱基本符合历史事实。

  张玉万的《也谈"夷齐读书处"》(2010年2月23日《秦皇岛日报》)根据2010年2月9日《秦皇岛日报》发表的王恩霖的《卢龙书院山石刻"夷齐读书处"不是韩愈遗笔?》提出的家谱中记载的"夷齐读书处"是明清时期的作品,而并非早于明清,更不可能是唐代人所为,提出了自己的观点,认为"夷齐读书处"石刻始镌年代绝非晚于明初,"不可能是唐代人韩愈遗笔"缺乏实证。首先,古代史志有明确记载。"夷齐读书处"的作者与书镌时间,史志有载,清康熙十四年(1675年)、乾隆二十八年(1763年)的《昌黎县志》分别在卷一《山川》中记载:"书院山,详《古迹》。"并分别在稍后的《古迹》中记载:"夷齐书院,即书院山,乃夷齐读书之所,有韩愈石刻可考。"其次,夷齐读书处遗址尚存。"夷齐读书处"位于昌黎县城西书院山。山中原有云居寺一座,院北有井,井西约39米处的石壁上镌刻着"夷齐读书处"五个擘窠大字,字体为工整的楷书,近似北魏摩崖石刻。大字下面原来似乎有些小字,疑是当年刻者、书者的署名及款识,均已泯没不清,无从查考。《秦皇岛市文物资料汇编》(1988年12月版)记载,"夷齐读书处"署款中曾有"石门"二字,但"石门"前曾有何字已不可知。再次,现存于昌黎、盐山、吉林长春、辽宁营口的古代谱牒有据。据现存于昌黎的光绪二十三年的《昌黎县韩氏家谱·先代遗迹》记载:"夷齐读书处石刻,在城西书院山,系公(公,指韩文公,也就是韩愈)遗笔。"况且这并非孤证,不光昌黎,河北盐山、辽宁营口现存的清嘉庆十八年(1813年)《昌黎县韩氏家谱·先代遗迹》中也有记载。最后,"韩愈遗笔"能够有合理解释。伯夷、叔齐是中国历史上赫赫有名的历史人物,韩愈特别敬仰他们的气节,生前写过著名散文《伯夷颂》,另外,韩愈还写过《魏博节度观察使沂国公先庙碑铭》,两文均与旧时昌黎及其毗邻的卢龙文化圈的人文有关,曾被全文收录于明弘治十四年《永平府志》。据旧地方志记载和当地民传,韩愈遗笔"夷齐读书处"被镌入书院里山伯夷、叔齐读书的山岩旁石中。董宝瑞《昌黎韩氏家谱辨析》(2001年第4期《周口师范高等专科学校学报》)认为昌黎《韩氏家谱》所记的韩绾一支韩愈后裔的情况,应当说是比较可信的。

欧坨村的七圣祠、五圣祠

2002年10月4日,欧坨村发现了"归隐"了半个世纪左右的欧坨古碑。

欧坨古碑距今已有200余年的历史,青石质,宽60厘米,厚16厘米,碑身斜断为二。据村民王志民介绍,古碑断掉的一部分连同雕刻精美的底座早年被人扔到了远远的村西滦河套,近年热心村民又将其运回村中,斜断为二的古碑得以完聚。碑身背面阴刻各捐资者姓名及款项数额,正面阴刻《重修庙宇碑记》。碑文如下:

重修庙宇碑记

昌邑西南五十五里许,地名欧里坨。原有古庙二座,分列东西,坐落东边者为七圣祠,坐落西边者为五圣祠。其殿宇曰乾隆二十年业已重修,不意至五十五年又被河水冲坏。凡我有情,谁能堪此?况近今屡获丰年,示始非神佑之福,即再为补葺,亦属我本乡之宜。故有我乡王得玉等同为商议,共乐重修。又有四方君子,喜捐资财。是以盛事多助,不日而成。即至落成之日,欲勒石以志不朽云。

后学张万清撰记并书

领袖　鲁庆栋　孙兆鸾　王得玉　张　桐　王聚义　王自全
　　　李自玉　李佩邱

匠人　陈　苹　赵国栋　张顺法　李佩奇　王　铣　王海平

嘉庆二年荷月谷旦　立

《重修庙宇碑记》记载：距昌黎城西南55里左右的欧里坨，村里有两座庙，分列东西，坐落东边者为七圣祠，坐落西边者为五圣祠。清乾隆二十七年（1762年）重修过一次，不料乾隆五十五年（1790年）因滦河水泛滥，被冲坏。乾隆、嘉庆年间，屡获丰年，村中王得玉等一起商议重修，"四方君子喜捐资财，是以盛事多助，不日而成"，张万清撰记并书，领袖人为鲁庆栋、孙兆鸾等，匠人为陈苹、赵国栋等，立碑时间为嘉庆二年（1797年）。

据考证，碑记中提到的七圣祠、五圣祠当为乾隆三十九年《永平府志》卷五《建置志二》中记载的位于城南约60里处的述圣寺。其中五圣祠祭祀的是五圣，五圣也称"五通""五显灵公""五郎神"，鬼神名。自唐宋以来，即有此名。明清两代多祀之。清康熙时汤斌巡抚江南，尽毁苏州诸处五圣祠。而欧坨的五圣祠由于远离繁华都市，并未遭当权者毁弃，所以自乾隆至嘉庆年间得以数次重修。

欧坨古碑的发现，为昌黎县民俗风情的研究提供了新的实物和史料，尤其是解开了昌黎县地名研究工作中存在多年的一处疑惑。1981年6月至1982年5月，昌黎县曾进行有史以来第一次地名普查，县地名办公室于1983年8月组织力量编纂《昌黎县地名资料汇编》，其中收录的民国二十二年的《昌黎县志》中所载村庄名称显示，全县有668个村庄，属卢龙县的166个，属乐亭县的82个，属抚宁县的1个，所属县待考的1个。无"欧坨"而有所属县待考的"丁坨"。新发现的欧坨古碑碑记显示，它漏掉了欧坨。

从古碑上可以推断，欧坨村村名在乾隆至嘉庆年间为"欧里坨"。同治五年的《昌黎县志》中记载此村村名为"欧儿坨"（属石各堡，距城南六十里），"欧"字儿化，时至今日，附近村民也如此发音，此用字也属正常。但民国二十二年的《昌黎县志》中所载村庄名称，距城南约60里的第五区无"欧坨"，有不知所云的"丁坨"。按地理位置，欧坨南的信庄、渤海寨，东南的北坨、西坨、赤崖镇都距城南约60里；欧坨北的前王各庄、后王各庄都距城南约55

里，彼时欧坨并未消失，那时的不少村民至今健在，正合碑记中的"昌邑西南五十五里许，地名欧里坨"。至此，令人迷惑多年的民国二十二年的《昌黎县志》中无欧坨这一问题终于被弄清：它漏记了欧坨，而"丁坨"当为今属乐亭县的"白坨"。

老稻子沟与新稻子沟

稻子沟有新、老之分。老稻子沟是昌黎南部地区一条较长的河沟,发源于新集镇高庄村西的小白亮东北,曲折向东南流至荒佃庄镇桃园村东南,东

1958年重修的稻子沟闸口"跃进渠"

折至陆营村南，再流向东南，经杨太庄、茹荷村北，至前高坨村东，流向东北，注入七里海，全长约23.5千米。

老稻子沟原本是一条千百年来自然形成的无名泄水沟，其名各段不一，随沟流经各个村域，依据位置而定名。"稻子沟"得名，始于1942年。当时，日本帝国主义发动太平洋战争以后，为了加强后方给养基地建设，决定在昌黎县开发东新立庄以东的大片渤海海边滩涂地，用以种植水稻。种植水稻，得首先解决水源问题。当时，日伪政权经过勘测，发现欧坨村西是滦河东岸的最佳引水之地。这一年春天，日本侵略者迫使昌黎民工从欧坨村西滦河岸边至大营村西，借用原有旧沟塘，平地挖掘出一条横贯东西、长近5千米的引滦水沟，接通了发源于小白亮村的旧水沟。从此，这条沟被正式叫作"稻子沟"。当时，在欧坨村西修建了引滦控水闸门。这样，新、旧两条沟在大营村西汇并，呈现了一个"人"字形。

开挖稻子沟的工程是由韩国人主持、监工的。他们把工程承包给了汉奸刘国新。刘国新是信庄人，为人奸诈、歹毒、苛刻，是一个典型的汉奸。日本侵略者为了加快工程进度，以小恩小惠收买民心，假仁假义地为参加施工

新稻子沟

的中国民工发放了手套、肩垫、毛巾、肥皂等劳保用品。但是,这些东西经过刘国新的手,绝大部分被克扣。更加可恨的是,中国民工所能得到的微薄的工钱,也被他抽走了一部分。过度劳累的民工稍事休息,如果被刘国新发现,轻则辱骂,重则毒打。当时流行一句话:"不打勤的,不打懒的,专打没眼的。"刘国新引起了极大民愤。1943年,八路军八区队二连连长刘海洲率部队到路南活动,代表抗日政府把刘国新处决于信庄村西的滦河岸边。

经过一番折腾,稻子沟总算通水了。1943年秋,引滦河水灌溉的沿海滩涂水稻到了收获季节。抗日军民决定给日本侵略者一个沉重打击:抢收水稻!不让日寇有颗粒之收!在抢收水稻时,抗日武装进行掩护,接连同日伪军进行了几次激战。组织起来的抗日军民,把当年成熟的水稻全部抢收完毕。此后,由于连年战乱,稻子沟未再产生种植水稻的效益。

斗转星移。15年以后,1957年12月,当地干部、群众在"兴修农田水利"的高潮中,决定继续拓挖稻子沟,主体工程在欧坨村西。

寒冷的冬天,没有任何劳动保护措施的施工民工,赤着双脚站在寒冷的冰水里掘泥担土,冻得实在忍受不了,就返回岸上"小憩",跑步运动增加体温。次年春天,在滦河大堤的小闸北约20米处,修建了另一道控水闸门,今名为"大闸"。

1969年冬天,当时的县领导兴修水利,决定拓挖稻子沟。民工们天不亮就步行赶到工地,打冻土,抬重筐,双手磨出血泡,双肩压得红肿;中午吃的是杂交高粱米饭和白菜汤,得到的报酬是十二分工分。当时,生产队日工值是六毛钱,每天算是多挣二分工,合七毛二分钱。

20世纪80年代初,昌黎县政府决定重新拓延稻子沟,在昌黎县与滦县交界的武山脚下的小樊各庄村北,引滦河水,从那里引挖一条沿崖上沟南下,至欧坨村西的引水沟,注入稻子沟。我们称其为"新稻子沟"。从谷歌卫星地图看新稻子沟,恰如一个巨大的鱼钩。

今天的稻子沟,比初始的稻子沟宽、深,但几近枯竭。原因很多,主要是政府在滦河上游修建了潘家口、大黑汀大型水库蓄水,还有引滦入津、引青

(青龙河,滦河上游较大的支流)济秦等滦河分流工程,导致滦河几近枯竭断流;再有就是自然气候比几十年前有所变化,降水相对较少。

红色记忆

　　旭日初升,让你见到的是晨曦红。香山枫叶,让你见到的是十月红。而在荒佃庄镇,让你见到的则是英雄红。

　　这里,是昌黎县第一位共产党员张其羽的故乡;这里,曾留有中共昌黎县委第一任书记郝炳南的战斗足迹;这里,曾出现过抗战期间活跃在文教战线上的抗日中学、大众剧社……

　　这是一片红色的土地,无论在碧色漫天的春天,还是在硕果压枝的秋天,抑或在雪花纷飞的冬天,我总能从一幅幅充满希望的乡村盛景图中,感受到一种鲜艳的红。这让我相信,红色是一种母亲色,它寄寓着奉献、温暖和孕育。斗转星移间,这无比艳烈的精神红已固化为坚不可摧的钙质,永远地融嵌于荒佃庄镇独特的精神体系中。于是,迷茫的眼神有了闪烁,漆黑的夜晚有了光亮,落寂的身影有了陪伴。

　　你们不只是你们,你们还是我们。

　　我们不只是我们,我们还是你们。

1938年8月4日昌黎赤崖抗日暴动起义部队旧址

滦水河畔一英魂——张其羽

昌黎的抗日战争史上,有一位英雄的名字,他就是昌黎县第一位共产党员张其羽,是昌黎县1938年抗日大暴动的组织者、发动者。

张其羽,名凤翙,字其羽,1905年11月20日出生在昌黎县滦河边上的信庄村(今属荒佃庄镇)。

张其羽9岁入学读书,14岁因家境贫寒辍学去东北当店员,后回家务农。1931年九一八事变后,他在常坨、信庄当保卫团书记员期间,结识了中共冀东特委负责人李运昌和岳泽普。1933年经岳泽普介绍加入中国共产党。

他入党后,离开了保卫团,以串学校卖文具为掩护,转卖天津《益世报》和进步书刊。他经常和安一民、李兆宇等党内外人士接触,到桥头、三座院一带搞抗日宣传活动。

1936年,张其羽到后程庄小学教书,经常向学生家长及较大的学生宣传抗日,秘密培养抗日积极分子。1937年七七事变后,他积极奔波于昌黎、乐亭两县,发动组织群众,宣传共产党的主张,开展抗日救亡活动。1937年12月,他到滦县多余屯参加了冀东十县抗日人民代表会议,会上确定由他负责在昌黎组织发动抗日暴动。1938年3月,他以教书为掩护,建立了20多处联络点,传递信件、情报,并于5月在后程庄召开了有五六名小学教师参加的

昌黎第一位共产党员张其羽（1905—1940），昌黎信庄人，在抗日战争中牺牲

会议，研究拟写了《抗日救国章程》，筹建抗日组织；7月又在信庄召开会议，研究了发展暴动骨干问题；8月4日在赤崖约集暴动骨干以及王各庄保卫团团长李盛瑞共20多人，举行了赤崖暴动，当天攻破赤崖警务分驻所，缴枪20余支。组织当即召开大会，升红旗，贴标语，张贴布告，组成冀热边区第十路抗日救国军中队，李盛瑞任队长，张其羽为指导员。随后队伍不断扩充，收缴地主枪支，不几天就发展到了1000多人。

在此期间，长期过着流浪生活的丁万有也拉起了一支抗日队伍，与李盛瑞部在荒佃庄一带因收缴地主枪支发生冲突。丁部掳走李部16人。张其羽与孙香久到荒佃庄找丁万有，以"团结抗日，爱国一家"的道理说服了丁万有，相继又联合新集的董锡福部，实现了全县抗日队伍的大联合，成立了华北抗日联军昌黎支队。丁万有为司令，张其羽为政治部主任。张其羽又通过做工作，动员原伪县保安大队长蔺乃功参加抗日，并任参谋长。支队正式组成了27总队、28总队、29总队、30总队、31总队5个总队，王树贵（王二虎）、刘成玉、董锡福、李盛瑞、肖连许分别担任各总队队长。队伍共有3500人。

这支抗日暴动队伍，有的左臂佩戴红蓝袖标，有的左胸前缀有红布条，号称"红军"，行军时，前面扛着大旗，上书"抗日救国"四个大字。队伍白天休息，晚上行动，联络口号为"红灯照，绿灯接"。他们到处打击地主武装，令敌人闻风丧胆。1938年8月4日至12日,他们先后拔除靖安、泥井、新集、大夫庄、团林、刘台庄、石门、大蒲河、裴家堡、施各庄等警务分所、分驻所和各村的联庄会;8月22日攻打昌黎城,虽然未克,但打击了敌人的嚣张气焰,显示了张其羽卓越的组织才能。

1938年10月,冀东抗日联军总部命令该部队西进平西整训。部队途经遵化县宫里村时,遭到日伪军强大兵力的围攻。司令部被敌人包围,经过浴血奋战,司令丁万有、参谋长蔺乃功、29总队队长董锡福壮烈牺牲。张其羽因未和司令部住在一起,幸免于难。其他总队溃散了,王树贵、刘成玉逃回来投降了日本侵略军,大暴动最后失败。

大暴动失败后,昌黎县革命形势转入低潮,但共产党并没有停止工作。1939年2月,冀东党组织派阎达开和岳泽普召集有张其羽、李晓光等人参加的会议。会议决定,成立华北抗日联军第三军分区司令部昌乐办事处,由张其羽任主任。张其羽积极开展地下活动,组织收听延安广播,秘密刻印《火线》《前进》等刊物。

为了开展武装斗争,1940年4月,张其羽利用刘成玉和王树贵之间的矛盾,争取了刘成玉反正,带队伍攻打姜各庄伪警备中队据点,打死了王树贵;同年夏,率队伍攻打赤崖伪警备小队据点,举行二次赤崖暴动。上级党委决定派张其羽到平西学习。同年冬,他在学习结束后返回的途中,遭到敌人追击,不幸壮烈牺牲,时年35岁。

郝炳南在荒佃庄的战斗足迹

郝炳南是中共昌黎县委第一任书记兼县大队政委。他短暂而光辉的一生,给昌黎人民留下了永久的怀念。

郝炳南,原名殷锡瑞,又叫殷木香。1920年8月28日出生于河北省保定市高阳县庞口镇殷家庄一个农民家庭。参加革命到冀东后,他先后化名为郝沛和郝炳南。郝炳南9岁上学,12岁考入高阳县南关第一高级小学。他学习刻苦,天资聪颖,成绩优异,性情温和,诚实俭朴,是个同学喜欢、老师夸赞的好学生。

1932年,郝炳南的家乡发生了著名的高(阳)蠡(县)暴动。这场暴动对当时正读小学的郝炳南产生了深刻的影响。1937年7月7日卢沟桥事变,抗日战争全面爆发。他认识到,要想把日寇赶出中国就必须唤醒民众。于是,他与同村青年尹哲(原河北省委书记、省政协主席)、田彭龄(原高阳县中学校长,后离休)等青年办起了义务小学,招收了50多名学生。他们除教授文化知识外,还经常向学生们宣讲抗日救国的道理,教唱抗日救亡歌曲《五月的鲜花》《松花江上》等,组织学生张贴标语、游行、呼喊抗日口号,开展多种形式的抗日活动。1938年初,郝炳南他们又在村里自发地组织了青年救国会、农民救国会等群众组织,积极组织发动抗日救亡活动。就在这一年,郝炳南、尹哲、田彭龄三个青年告别家乡,开始了革命斗争的生涯。在区青年抗日救国会,郝炳南担任了主任职务,从此他把全部精力都投入抗日斗争。1939年初,郝炳南光荣地加入了中国共产党,同年被调到安次县任县青年救国会主任。为了抗日救国,为了党的事业,他舍却了父母妻儿,舍却了家,自脱产参加革命工作以后,几年中没顾得上回一次家。1942年,党派郝炳南到平山县晋察冀分局党校学习三个月。学习结束,组织上批准他回家探望。然而,革命工作占据着他的全部脑海,他不顾母亲、妻子的挽留,到家后的当天便匆匆告别亲人赶回了安次县。临行前,妻子阎勉抱着孩子送他到村头,两眼噙满泪水望着他,不忍别离。郝炳南望着久别的妻子和多病的孩子,心里非常难受,真想和他们多团聚几天。郝炳南走后不久,他三岁的儿子便因病无钱治疗而丧生了。此后他也一直没有再回家,没想到,这次相见竟成了他与亲人们的诀别。

1943年5月,郝炳南受党的派遣,与于明涛、胡继宗、阎欣、张文浩、陈伯生等70多名同志千里迢迢到冀东工作。他被安排到中共临(榆)抚(宁)昌(黎)联合县委任组织部部长,1944年3月又任中共抚(宁)昌(黎)联合县工委书记。

昌黎是华北通向东北的咽喉,北宁铁路横贯东西,堪称战略要地。敌人在这里的统治基础较强,被日伪标榜为"治安模范县"。因此,昌黎成了抗日工作很难开展的地区。郝炳南到昌黎以后,不畏艰险,不怕困难,立即深入农村,秘密组建组织,在短时期内把抚昌联合县的党务工作、文教工作、统一战线等工作开展得有声有色。根据当时革命斗争的需要,他采

抗战时期,抗日民主政府领导下的抗日青年救国会准备好船只,及时来往运送八路军渡过滦河

八路军游击队在路南平原地区活动场景

取了"利用上层、开辟下层"的策略,壮大革命力量。到1944年7月,工作有了基础以后,他便领导干部群众一举粉碎了伪政权,建立了抗日民主政权,把敌人的"治安模范县"搞得天翻地覆,使敌人惶恐不安,坐卧不宁。

郝炳南的工作方法、思想水平和高昂的工作热情得到了上级领导以及同志们的一致肯定。到1945年,昌黎全县已有一些村庄建立了党组织,党员人数达到120多名,还有不少村庄建立了村政权。1945年10月,中共昌黎县委正式成立,郝炳南担任了县委书记兼县大队政委。

郝炳南当县大队政委时,战时指挥打仗果断勇敢,足智多谋,平时和蔼可亲,爱兵如子。郝炳南不仅关心爱护同志,而且有一种顽强斗争精神,不管在多么艰苦的环境里,他从不退缩。1944年初冬,日本侵略军出动兵力频繁扫荡路南。一天晚上,郝炳南和通讯员小张、小舜险些被日军围在皇后寨东南的北坨村。他当机立断,迅速带领两名小战士向渤海寨转移。他们找到了一只小船向河南岸划去,船未靠岸,从滦河对岸的村庄里传来了激烈的枪声,郝炳南他们又急忙掉转船头,向河心划去。通讯员小张紧张地问:"两岸都有敌人,咱们怎么办?"郝炳南沉着地说:"咱们就把船用杆子定在河心,你们看怎么样?""咱们在河心里过夜?"小张又追问了一句。"对,看现在的情况,河心是最安全的地方,北岸的敌人过来,咱就往南划;南岸的敌人过来,咱就往北划。咱们在河心来它个南征北战。"郝炳南风趣地稳定着两名小战士的心。后来一连三天,敌人都是白天走、晚上来。郝炳南他们就连着三天三夜,白天上岸工作、宣传,晚上到河心小船过夜。郝炳南为了抗日救国不畏艰险的高尚情操深深打动着县委机关和县大队的每一名干部和战士的心,大家向他学习,忘我工作。

1945年秋,日本投降以后,由于美帝国主义的积极扶植,蒋介石调遣兵力准备内战,每天有大批军用物资和军队经北宁路运往东北。为了巩固路南解放区,同时阻挠敌人侵入东北,郝炳南同县长周建平迅速召开各种会议,分析敌情,决定一方面坚守路南地区,一方面发动民兵大搞"破交"活动。他们组织民兵破坏敌人的铁路和沿线的通信设备,使昌黎至安山的铁路一度陷入瘫痪状态,延缓了敌人往东北增兵的速度。同时又在滦河三角洲一带广泛发动群众,召开佃农、雇工、渔工大会,与地主、劣绅、渔霸开展"清算复仇"斗争。不到一个月,渤海之滨、滦河两岸、铁路以南地区的革命形势迅速发展,群众情绪空前高涨,青壮年纷纷参军,地方武装也得到了进一步发展壮大。

1946年7月13日,驻守留守营的美国海军陆战队第七舰队第一分队的黑尔登等7名美军,携自动步枪6支,乘两辆汽车窜入四区西河南村骚扰,冲击会场,向民兵射击挑衅,当即被解除武装扣留。驻守秦皇岛及留守营的美军在14日、15日两天,出动200人次,凭借飞机、汽艇等美式装备向解放区潮河、聂庄一带进犯。17日,美军与国民党军千余人大举进犯路南解放区。7月24日,军调部特别小组到昌黎赤崖村,就扣留7名美军一事与十三军分区会谈。郝炳南适时组织各界民众揭露控诉美蒋合流的阴谋和他们在解放区犯下的罪行,使军调部特别小组美方代表理屈词穷,答应"不再进犯我解放区"的条件,赔礼道歉。7名美军被放回,我方取得了这场政治斗争的胜利。

1946年11月,国民党反动派对冀东发动的全面进攻被冀东主力部队粉碎之后，又多方面拼凑力量，向路南解放区多次进行大规模的"扫荡"。这期间县大队长刘成玉已叛变投敌，他带领伙会到处捕杀共产党员、干部，"围剿"人民武装。这样一来，形势日趋严峻。为了保存革命力量，根据上级党委的指示以及路南平原地区的特点，郝炳南决定采取"多出汗，少流血，敌进我退，和敌人大迂回"的斗争方针，带领县委机关人员和县大队与敌人展开了顽强的战斗。

敌人气急败坏，疯狂叫嚷着"抓住阎欣、郝炳南，灭绝路南的共产党""把八路赶到南海去"等口号，纠集更多的兵力，向路南解放区展开了穷凶极恶、规模空前的"大扫荡"，欲将县委机关和革命武装力量一举歼灭。在艰苦的环境里，郝炳南镇定自如，以他的大智大勇带领县大队同敌人展开了顽强的斗争。这个时期，他得了肺病，经常吐血，病魔的折磨和连日的劳累，使他身体非常虚弱。上级得知这一情况后，命令他休息，他坚决不肯，说："在这种环境下，我是不能安心休养的。"他毅然决然地同县大队战斗在一起。

1946年12月的一个风雨天，敌人嗅到了县大队的行踪，便分三路像扇面似的压了过来。郝炳南率领着县大队的一个连和县、区、村的干部及时转移，巧妙周旋，欲甩开敌人的追踪，突破包围圈。两天后，他们到了南海滩的"狼窝口"，不料狡猾的敌人也追到了这里。县大队被逼到了绝境。在这种情况下，郝炳南格外沉着、冷静，他站在队伍前面朗朗地说："同志们知道，我们不能再走了，我们只有在这里背水一战，在海滩上摆下阵势，与敌人较量。敌人不攻便罢，如果进攻，我们就和敌人决一死战，也许能绝处逢生。"郝炳南热烈坚定的讲话，给已经几天都没吃饭的战士们注入了活力。

郝炳南随即清点人数和弹药，将县大队的战士编成三人一组插进县、区、村干部里，然后命令大家拉开距离，瞄准敌人，趴在海边上小沙丘的后面。敌人只看见我们的人黑压压的一大片，毫不紊乱地在海滩上趴着，却摸不准有多少兵力。他们怕中埋伏，不敢轻易进攻，只是胡乱放枪。

天渐渐黑了，敌人仍没有进攻和撤退的迹象，郝炳南果断指挥大家趁着夜幕的掩护，沿着海边，悄悄从敌人的包围圈里钻了出来。事后，大家交口称赞郝炳南指挥有方,临危不惧。后来队伍撤到了尖角村,郝炳南给大家指出了斗争的方向:"到群众中去,不论环境多么残酷,坚决做到县干部不离县,区干部不离区,村干部不离村!"

1946年12月29日,这是郝炳南短暂生命中的最后一天。前一天晚上,县大队从小林上村转移到了荒草佃,除县长周建平和少数人继续向河南转移外,其他人都住在了这里。凌晨,战士们迅速吃完早饭,收拾行装正准备出发,突然"叭叭"一阵激烈的枪声从东、西、北三个方向传来,敌人以一个加强营的兵力向县大队包抄过来。由于敌我力量悬殊,县大队决定分路突围。郝炳南带领一个连,同敌人展开了激战。为了掩护随队干部们突围,他从容镇定,指挥战士们阻击敌人。当完成了掩护任务,郝炳南率队向东南方向突围时,部队受到了严重损失。当他率领突围出来的同志们朝尖角村方向急奔时,埋伏在新集村南殷家窑的敌人用罪恶的枪口瞄准了他。在密集的弹雨中,他一头栽下马来。殷红的鲜血从他的身体汩汩流出,染红了土地。此时,他缓缓挣扎起身子,掏出公文包里的文件点燃焚烧起来。通讯员一边打枪,一边想背他,郝炳南艰难地看了他一眼说:"你……快跑……"说着挣扎着举起枪向敌人射出最后两颗子弹。待疯狂的敌人狂叫着冲过来时,郝炳南已壮烈牺牲了。

党的优秀战士,人民的好儿子郝炳南,为了人民的解放事业,洒尽了一腔热血,含笑离去了,但他的铁骨英魂,将永远留在昌黎的苍茫大地上,留在昌黎人民心中。

郝炳南曾与荒佃庄镇信庄村的周宏仁认识和接触了两年多,是周宏仁政治上的启蒙老师。郝炳南善于学习,勇于实践;胸怀全局,脚踏实地;军政经文,统筹兼顾;立场坚定,观点鲜明;坚持原则,方法灵活,给周宏仁留下了难以磨灭的印象。

1944年,周宏仁在赤崖完全小学(完小)上学,被推选为学生会主席。抚昌联合县党政机关设在赤崖,抚昌联合县工委书记兼县支队政委郝炳南和县长毛旭东的办公地点就设在周宏仁学校的西院。县机关各部门领导和各区教导员、区长们也常到学校议事、开会。大多是在教员办公室开会，有时与会人数较多还要占用教室。布置和清理会场，大都是由学生会干部们承担。在学校，周宏仁这个被县、区领导说成小毛孩子或小鬼的，一直映在郝炳南的视线之内。为了安全和保密，郝炳南要求几名县级主要领导成员，除在赤崖碰头开会以外，平时分散到附近各村食宿，到县内其他区工作或由外地返回后，可以直接回到自己所居住的村。这些村都挖有一人多深的交通壕直通赤崖，来往很方便。郝炳南食宿所在的村是信庄，他带领通信员小张和警卫员小孙到信庄后，大多时候在周宏仁家吃住，周宏仁同郝炳南的接触就更多了。

周宏仁的太爷周财是滦河北岸最早闯关东的人。1938年，70多岁的周财告老还乡。在关外，他结交了一些好朋友，其中有建党初期滦河南岸的老共产党员岳泽普。在岳泽普的影响和帮助下，周宏仁太爷便立志以实际行动投入抗日救亡活动。1941年春天，八路军中来开辟地区的黎晓天、方非两位科长到了以后，周宏仁太爷一是将东院房间腾出来，专门用于安排八路军各级干部的食宿；二是支持晚辈们为八路军办事，并命令周宏仁父亲周春育对家事、农活都不要管了，专门协助开辟地区的干部开展各项工作。同年秋天，周宏仁父亲便被黎晓天发展为秘密党员。从1942年开始，周宏仁父亲就一直任村指导员，同时，还让侄子周自新和侄孙周春元在村外较远的地里，以种瓜、种白薯作掩护。夏天搭瓜棚，冬天挖白薯窖，安锅灶，备吃喝，以便安置日伪军扫荡时来不及向外庄转移的伤病人员或其他人员。冀东军区司令员李运昌、十二团团长曾克林等军政首长先后在周宏仁家住过，并称赞周宏仁家为安全可靠的"抗日堡垒户"。

郝炳南经常住在周宏仁家的主要原因是知道他家有大批藏书，如《史记》《汉书》《资治通鉴》《曾文正公全集》《饮冰室合集》等。书柜在西院周宏仁母亲住的房间内，郝炳南每次找书总是拉着周宏仁一起去，于是，周宏仁同他单独接触的机会很多。只要一住下来，不论是看书学习，还是同县、区干部们谈工作，或者是找村里的头面人物促膝谈心，郝炳南总是让两名随从人员帮周宏仁家或街坊邻居干些零活。这两个人是干在哪家吃在哪家,于是端茶送饭的活便落到了周宏仁的身上,周宏仁便成了郝炳南的贴身"小鬼"。没别人时,周宏仁也提问一些问题,郝炳南总是不厌其烦、深入浅出地讲解,如共产党的三大法宝、三大作风、政治工作的三项原则等问题。

郝炳南不仅工作业绩突出,还是学习和实践马克思主义的典范,是一名勤奋好学、善于钻研、酷爱读书的领导干部。他有两个革制大挎包,一个是公文包,一个是装满马列著作的大书包,由小张、小孙各背一个。书包里装有《共产党宣言》《辩证唯物主义和历史唯物主义》《论持久战》《新民主主义论》等。在那环境异常紧张、工作繁忙、到处转移的岁月里,他不论到哪个村,一住下来,就手不释卷,有时还挑灯夜读,孜孜不倦。他的求学精神,在当年是很少见的。他反复研读马列原著,熟悉历史人物和事件,能够以史为鉴,对马克思主义理论的掌握达到了融会贯通的程度。他善于把马列主义的基本原理与具体工作相联系,能够运用自如地指导实践活动。例如,他在欧坨村搞土改试点工作时,率先提出按政治立场认定本人成分的主张。当年滦河下游两岸的豪门富户,大多数是商农结合的家庭,每家都有专门从事工商业的成员,大多数的教师和学生也都出身于这类家庭。土改划分阶级成分时,许多商人和知识分子产生了种种顾虑。这些人的家庭在抗战时期大多是统战对象,对抗日救亡运动有过一定的贡献。他针对这些商人、教师和学生群体,提出按政治立场认定本人成分的主张,其中的绝大多数人被认定为工商业者和革命教师;他还将地主阶级中的一些要求进步、表现较好的人士,定为开明地主或经营地主;将那些有过较大贡献的人士,定为开明士绅或爱国士绅。实事求是,不搞一刀切。这种办法促使一些开明士绅和爱国工商业者后来成了党外布尔什维克或党外民主人士,使青年学生们不再背负家庭出身的包袱,轻装上阵,纷纷投入革命队伍中。

郝炳南常说,密切联系群众是共产党人的基本功。他平易近人,处事随和,没有架子,着装简朴,从外表看不出他是一名县级领导干部。他与其他外来干部不一样,从来不称呼群众为老乡、老大爷、老大娘等;而是和本村人一样,叫大伯、大妈、二叔、二婶、三爷、四奶等。这种称呼,拉近了他与群众的距离。他在街上遇到村民便主动靠近,先打招呼,人们说他"随庄",都愿意同他接近。他到大户人家去拜会谈心,到小户人家去访贫问苦,从不带两名警卫人员。二人担心首长的安全,多有言辞。他多次劝导二人,循循善诱地讲述一些道理:"抗击日寇是全国民众的共同事业,只有发动和依靠人民群众,才能取得胜利。依靠人民群众的首要条件是相信人民群众和密切联系人民群众。串门访谈是为了密切同群众的关系的一种方式,你俩帮乡亲们干些零活也是一种方式。咱们三个人分头活动是'两得',跟我一起活动是'两失'。共产党领导的八路军是人民的子弟兵,我们应该像尊重、热爱自己的父母和兄长一样地去对待人民群众。热爱群众,尊重群众,密切联系群众是子弟兵的基本功。"

郝炳南极其重视统战工作,他常说:"共产党克敌制胜有三大法宝,统一战线是其中的第一大法宝。建党初期的老共产党员岳泽普,在滦河两岸积累了极其丰富的统战工作经验,结交了许多党外人士,我们这些后到的干部,要在岳老前辈的协助下,继续做好这项工作。"联合县组建不久,他便在岳泽普的引荐下,拜访了信庄首富张际昌、告老还乡的老商人周具三、日伪委任的赤崖大乡乡长高恩荣、出身书香门第的原保卫团团总胡光玺、领导赤崖抗日暴动的李盛瑞等人,后来他与这些人经常交往谈心,成了好朋友。这些人在抗战取得最后胜利,以及民主政府成立后的各项事业中,做了许多有益的工作,起到了一定的积极作用。

郝炳南在县机关驻地赤崖完小,对在赤崖完小任校长的国民党党员梁鹤鸣,做了争取和教育工作。郝炳南在政治上,关心他的进步;在生活上,对他的结婚、安家等私事也做到了无微不至的关怀,促使他加入了共产党,并更名魏乐华。事后,魏乐华对根据地的文宣教育工作作出了较大贡献,同时,在以赤崖完小为中心的各校教师队伍中做了大量艰苦细致的思想政治工作。在解放战争中,以抗日中学教师郭述祖为代表的全区大批知识分子,纷纷脱产参军或参加其他革命队伍。

郝炳南在党的建设、领导班子建设和干部队伍建设方面,能够严格按照党的组织原则办事。他特别关注基层党组织的建设,同主管组织工作的县委委员闫欣一起,深入各村,新建或健全了一批基层党支部。他一到信庄,便敏锐地发现有两个秘密党支部,一个是张其羽于1939年组建的地下支部,另一个是开辟活动地区时,由黎晓天于1941年组建的秘密支部。两个基层党组织分散活动,不能有效地领导村政权和其他群众组织。于是,郝炳南便让区委书记王仲原教导员尽快地将两个支部合并,重新选举了支部委员会,李光三为支部书记,党支部的党员人数达到60多人,是全县人数最多的党支部。信庄在党支部的统一领导下,各项工作开展得有声有色,信庄成了名副其实的抗日堡垒村。

在县级党政领导班子建设上,郝炳南坚持了民主集中制和团结—批评—团结的原则。在集中开会或者两三个主要领导在一起研究工作时,周宏仁经常看到他们产生争论,但总是争而不"散"(散架子,各干各的),斗而不"伤"(伤和气),反而是越争,领导班子越团结;越斗,战友关系越密切。新上任的县长周建平认为县委书记郝炳南年龄比自己小,文化水平没自己高,资历没自己深,觉得郝炳南只是个纸上谈兵、缺乏实际工作经验的小青年。起初他和郝炳南争吵得很激烈,甚至不欢而散,但是,随着时间的推移,争吵现象越来越少。后来看到他们再碰头时,很快便统一了认识。最终,二人成了步调一致、生死与共、亲密无间的战友。

在选拔和任用干部方面,郝炳南坚持任人唯贤、德才兼备的原则;不拉山头,不搞论资排辈。民主政府组建后,解放区不断扩大,在原有的四个区以外,又扩建了第五个区。在商议五区领导干部的县委会议上,议到区长人选时,委员们提出,几名同郝炳南一起从抚昌联合县过来的老同志可以胜任此职。郝炳南力排众议,主张最佳人选是时任区助理员的年轻干部葛世杰。葛世杰是一名刚参加工作不久的青年学生,原为昌乐联合县的工作人员,抚昌联合县组建后任区民政助理。虽然是只有18岁的小辈,但他勤奋好学,锐意进取,进步很快。从革命事业心、政治责任感、忠于职守、热爱群众方面来看，葛世杰不亚于一些老同志。从政治理论水平、正确领会和执行方针政策的能力来看，葛世杰甚至超过了一些老同志。他具有知识面广、思路敏锐、有主见、点子多等特点。郝炳南提出，县委应该着力培养一些有知识、有文化、有才干、政治觉悟高、工作能力强的年轻干部，并委以重任，使其发挥更大的作用。最终，县委委员们一致同意了葛世杰为五区区长。

郝炳南极其重视宣传、文化和教育工作。他一到路南，便与时任民政教育科科长的黎晓天一起，组建了赤崖抗日中学，任命完小校长魏乐华为校长，随后又在程庄组建了抗日中学，并亲自为这些学校的高年级学生讲授马克思主义原理课。昌黎民主政府成立后，在姜各庄组建了昌黎师范学校和医科大学预科班。抚昌联合县把根据地设在赤崖以后，便在赤崖完小建了一个印刷所。印刷所设在学校大院最西头，有一台石印机和多台油印机。印刷所的工作人员都是在赤崖街里吃住的脱产人员。他们的工作主要是印刷快报和传单，也曾印过毛泽东写的《新民主主义论》《论持久战》《论联合政府》等。在军分区大众剧社社长韩大伟的协助下，郝炳南让魏乐华联合各学校能拉会唱的教师，组建了一个业余剧社，以群众喜闻乐见的文艺形式，宣传党的方针政策。

郝炳南在狠抓党的中心工作之外，还统筹兼顾经济工作，关心人民群众的生活。1941年，抗日政权组建以后，有些干部出于对日伪的愤恨，认为从事城乡物资交流的商人往县城运农副产品是在资敌，并对他们作了限制和打击。这宗买卖被取缔后，解放区的集市上再也见不到各类日用工业品了，就连每天必用的洋火

昌黎抗日民主政府干部向广大群众讲解抗日救国的道理

76

都买不到,给人民群众的生活造成了诸多不便。1944年,郝炳南带领一批干部到路南组建联合县以后,就深刻地认识到这种自己捆绑自己的做法是一种过"左"的错误倾向,并多次对干部们讲过这个观点。但是,当年在抗日队伍里,流行着一种宁"左"毋右的思潮,认为"左"是方法问题,右是立场问题。大多数县、区干部认为这种做法没错,应该继续采用。郝炳南认为不能急于求成,要耐心等待时机。一些爱国士绅、民主人士也在关注这个问题,认为此举不但不利于团结民众抗日,反而会引起民怨,是一件关系到民心向背的大问题。县城的敌人只是少数,受害的其实是大多数普通居民。郝炳南觉得不能再拖了,决定召开一次县、区干部会议,以便统一认识。会场设在周宏仁所在班级的教室,于是周宏仁荣幸地旁听了这次会议。

会上,主要是郝炳南讲话,他说共产党是为民族谋利益的政党,要关心广大人民群众的生产和生活,关心他们的吃饭、穿衣,关心他们的柴米油盐。如果对人民群众的疾苦漠不关心是会翻船的。几句简单的开场白之后,就是讲历史故事。从战国时代的荀况讲起,讲荀子是如何提出"君为舟,民为水,水能载舟,亦能覆舟"的,讲唐朝名相魏徵是怎样以"人心向背"犯颜直谏的,一直讲到孙中山的新三民主义、扶助工农、关注民生。丰富多彩的历史知识,引人入胜的故事情节,风趣幽默的生动表述,引起与会干部们一阵又一阵的热烈掌声。就这样,一个争论不休的重大问题,在一种轻松的氛围中迎刃而解,取得了共识。

会后,除了以联合县政府的名义发出号召,郝炳南还组织一些县区干部深入重点商户做宣传动员工作,找了一些有名望的商人交朋友,同他们促膝谈心,动员他们带头做城乡物资交流的买卖。不久,滦河北岸的赤崖镇,这个历史上形成的通商口岸又兴旺起来,大帆船在码头上卸货装货,胶轮大车往来于解放区和敌占区之间,运来了洋火、洋油、洋线、洋袜子、洋胰子、洋布等洋货,运走了本地出产的豌豆、芸豆、大蒜、花生、萝卜、白菜等农副产品。滦河两岸各大集市贸易的繁荣兴旺程度,远远超过了日伪统治时期,不仅满足了解放区军民对日用品的需求,还有大量物美价廉的农副产品运往县城,使城里的普通老百姓得到了一定的实惠。受益最大的还是那些商人们,此举增强了他们对抗日政府的好感,他们往来于解放区和敌占区之间,奔波在各地集镇,成了抗日政府的义务宣传员,使抗日政府,特别是郝炳南的威信得到了很大的提高,人们都知道解放区的郝政委是个"好政委"。

第一次赤崖暴动

1937年,日本帝国主义制造了七七事变,发动全面侵华战争。面对日本帝国主义的全面侵略,中国共产党提出了全民族抗战的主张。在中共冀热边特委领导下,声势浩大的冀东抗日大暴动爆发了。共产党员张其羽领导昌黎抗日武装大暴动,组成了华北抗日联军昌黎支队,打击了日伪军的嚣张气焰。暴动虽然失败了,但唤醒了无数昌黎人走上革命道路。在中共冀东党组织的领导下,昌黎县建立了党组织,培养抗日骨干,并很快发动了二次赤崖暴动。

1937年7月,乐亭县委改为昌乐县委,负责领导乐亭和昌黎滦河沿岸党组织和人民的抗日斗争。七七事变爆发后,张其羽积极投身到波澜壮阔的抗日救国斗争洪流中,辗转奔波于昌黎、乐亭等地,发动和组织群众,进行抗日斗争。张其羽经常到穷苦乡亲家里,以讲故事、唠家常的方式,向群众宣传中国共产党的抗日救国主张。同时,在信庄以开书报馆兼卖文具为掩护,转卖《大公报》《益世报》。每次分发报纸时,他都在报纸内夹带革命书刊,派人秘密传送给各地知识分子和进步人士。他通过私人关系,在当地保卫团中进行秘密活动。后来,他又到滦河南岸的后程庄教书,利用一切机会,向教师学生宣传爱国思想。1937年,张其羽、安一民等在昌黎、乐亭边界组建小学教师联合会,以半公开形式宣传抗日。他们通过艰苦细致的工作,发展组织,储备力量,教育群众,为在昌黎路南地区举行抗日大暴动打下了坚实的思想基础和组织基础。

　　1938年5月,党在昌黎地区成立昌黎特支,特支书记张其羽,领导昌黎县的抗日革命活动。肩负在昌黎地区组织武装暴动重任的张其羽,主要活动于昌黎南部姜各庄及其家乡信庄一带。他经常和胞弟张凤岗、内弟马腾云到常坨、大黑坨、木瓜口、豆军庄、仓上、程庄、三座院、高各庄、桥头等村开展工作。他阐明中国共产党统一战线主张,团结一切可以团结的力量,使党的统一战线工作取得明显成效,与信庄较近的欧坨、前王各庄、后王各庄联庄保卫团团总李盛瑞(本名李发,欧坨人)就是在张其羽的帮助下走上抗日道路的。冀东抗日大暴动原定于1938年7月16日统一举行。张其羽与乐亭的暴动组织者有密切联系,滦县港北村抗日暴动提前爆发后,乐亭的暴动没有开展,张其羽在没有接到提前行动的指示的情况下,也没有立即举行起义。7月9日,乐亭汀流河镇被暴动队伍袭击后,昌黎三区(靖安堡)、五区(石各堡)秘密抗日人员乘隙暗中鼓动乡民收集枪支,后被敌探发现,伪县公署严令加强防范,暴动没有发生。乐亭抗日暴动在滦县暴动队伍前来策应时才举行,张其羽先在滦河南岸姜各庄地区(时属昌黎)行动,组织一支抗日武装与乐亭东部地区起义队伍会合,组建抗联第10总队,张其羽出任第2大队指导员。李盛瑞在张其羽的帮助下思想转化很快,接受了共产党的主张并同意参加抗日暴动。信庄的冯德盛、胡霭军、黄家强、田广效、李秋富等人都踊跃参加。8月4日,张其羽率领李盛瑞等20多名抗日武装人员突然袭击,收缴了伪昌黎警务局赤崖分驻所伪警察分队的20多支枪,举行了赤崖抗日暴动,随即在赤崖街头张贴了第一张振奋人心的布告,震慑了敌人,鼓舞了昌黎人民,这就是有名的赤崖暴动。赤崖暴动成功后,张其羽领导的这支抗日队伍初名"冀热边区第十路抗日救国军中队",李盛瑞任队长,张其羽任指导员。随后,召开群众大会,宣传中国共产党的抗日主张,惩处了一些罪大恶极的汉奸和卖国贼,掀起了武装抗日的斗争热潮。仅赤崖就有近100

人参加抗日队伍。此后不久,张其羽领导抗日队伍收缴民枪1000多支,队伍迅速扩充到1000多人。

赤崖暴动的举行时间,多年来说法不一,河北人民出版社1985年11月出版的《昌黎县史》记载为8月4日;当年的暴动参加者李大中回忆系农历闰七月初一那一天,即8月25日(当不至于迟至8月下旬,可能在农历七月初一,即7月27日前后),李天体的《冀东抗日大暴动在乐亭》也有类似说法。

联合丁万有等共同抗日。九一八事变后,国民党军队不战而退,东北大好河山尽陷敌手。长城抗战中,中国军民奋勇杀敌的情景深深地感染着丁万有。特别是七七事变后,他的抗日救国决心日益坚定。冀东抗日大暴动爆发后,昌黎人民不分阶级、阶层,同仇敌忾,相继自发组织起一些抗日队伍。7月中下旬,丁万有见滦县、乐亭、卢龙、迁安等地均出现了抗日暴动斗争的热潮,他也在家乡荒佃庄一带组织武装力量,与结拜弟兄刘成玉、王树贵(又名王二虎)等闹起暴动,打起抗日斗争旗号,自称"抗日第十路军",丁万有自称司令。丁万有的果敢行动很快在昌黎铁路以南地区引起很大震动,韩营小学教师韩立平也毅然投笔从戎,成为起义队伍的领导成员。张其羽、李盛瑞的暴动队伍扩充到一两千人时,丁万有的部队扩充到了两三千人,一时声势大震。李盛瑞看到丁万有的队伍抄了几个财主的家,收缴民枪,忙着扩展势力,感到非常恼怒。一天早上,李盛瑞趁张其羽出门,擅自率领300多名暴动队员从赤崖赶赴荒佃庄,攻打丁万有。双方在荒佃庄摆开战场,各有不同程度的伤亡。李盛瑞部的胡霭军等人从黄土庙村收完枪也到了荒佃庄。丁万有便指使人佯装李盛瑞部的人进入李盛瑞队部,李盛瑞见状,带着大部人马撤走了,但是没来得及撤走的胡霭军、李大中等16人全被丁万有部抓获。张其羽闻讯,连夜从外地赶回。他先是批评李盛瑞不该挑起内讧,决定亲自到荒佃庄去会见丁万有,以解救被俘的战友,并联合丁万有共同抗日。张其羽找前王各庄的孙香久从中斡旋。孙香久素有抗日之心和民族正义感,且与丁万有等有交情。张其羽找到孙香久,说明来意,孙香久同意帮忙。张其羽与孙香久乘着夜色到荒佃庄,向哨兵说明来意。丁万有与王树贵、刘成玉等人正在队部议事,听到张其羽与孙香久求见,感到意外。但鉴于张其羽在昌(黎)乐(亭)一带的声望,又有好友孙香久同来,不好拒而不见。张其羽向丁万有说明来意,劝说丁万有释放扣留的李盛瑞部16名暴动队员。孙香久也从中劝说着。经过张其羽与孙香久的劝说,16名在押的暴动队员获救了,丁万有也接受了中国共产党的领导,从此走上了抗日救国的革命道路。

组建华北抗日联军昌黎支队。1938年8月上旬,几支抗日队伍在张其羽努力下,团结在中国共产党抗日民族统一战线旗帜下,组建华北抗日联军昌黎支队。随着昌黎抗日斗争形势的需要,昌黎支队逐步建立健全组织机构,支队设立政治部、参谋处、军需处、秘书处等,同时建立骑兵队和支队司令部卫队。由丁万有任司令,张其羽任政治部主任。蔺乃功弃暗投明后,与张其羽、丁万有等共商抗日大计,被任命为华北抗日联军昌黎支队参谋长。由于他学过军事,参加抗日后,整日操练兵马,对暴动队伍的组建、指挥和发展壮大,作出不少贡献。昌黎支队下设5个总队和1个直属炮兵营,27总队队长王树贵、28总队队长刘成玉、29总队队长董锡福、30总队队长李盛瑞、31总队队长肖连许,炮兵营营长曹英芳,军需处处长丁义成,全支队共3500人。

9月中旬,昌黎抗日暴动队伍主要成员韩立平率领战士在泥井一带阻击敌人,最终因弹尽负伤而被俘并被杀害。

从7月6日到8月中旬,整个冀东发动20多万人的抗日武装暴动,组成由中国共产党领导的7万多人的武装部队,连续攻克了昌平、兴隆、卢龙、玉田、迁安、乐亭、蓟县、平谷、宝坻9

赤崖暴动遗址

座县城和几乎所有的重要集镇,摧毁了遍布冀东的农村敌伪政权。8月下旬,八路军和抗日联军在遵化铁厂胜利会师,召开铁厂会议。会议决定建立冀察热宁边区行政委员会,建立健全各县抗日政权,建立抗日秩序。但铁厂会议决议未能实现。10月8日,八路军第四纵队和抗日联军总部又在丰润县九间房召开会议,作出了八路军和抗日联军大部撤到平西去整训,只留下少数部队坚持冀东抗日的决定。接到命令后,支队领导进行商议,李盛瑞主张利用滦河两岸和海边沙丘的有利地形,建成一片可进可退的根据地,进行部队整训,提高军队的素质,寻机打击敌人,在实战中不断锻炼队伍,增强战斗力。张其羽和蔺乃功也同意这个主张。但抗日联军总部的命令,昌黎支队领导成员又不得不执行。1938年10月中旬,昌黎支队奉命向平西抗日根据地行进。

昌黎支队血染宫里。昌黎支队去平西整训的人员集结于新集,由支队司令丁万有率领,张其羽与李盛瑞的30总队一起行动,按照30总队在前,29总队、31总队和司令部居中,27总队、28总队断后的顺序,浩浩荡荡,经赤崖过滦河到达乐亭,再向北进入滦县,在榛子镇与冀东抗联取得联系后,继续西进,途经滦县雷庄、迁安沙河驿、丰润左家坞、遵化平安城一带,晓行夜宿,一路顺风。10月21日,昌黎支队行至遵化县宫里村一带宿营。宫里村南、村北是山,一条大道横贯东西。昌黎支队到达宫里村时,由于绝大部分队员是受抗日暴动感染而聚集起来的农民,队员背井离乡,再加连日行军,人困马乏,开小差的逐渐增多,部队减少到2000多人。21日晚,司令部和29总队、31总队宿营于宫里村,其余3个总队分别驻扎在宫里村南山根处的柴王店、刘各庄、常各庄。支队刚刚安顿就绪,第27总队队长王树贵便找到支队参谋长蔺乃功,极力主张支队撤回昌黎,蔺乃功觉得事关大局,妄动不得,如何行动,应请示上级。在蔺乃功的劝说下,王树贵只好愤愤地回到27总队驻地。22日,昌黎支队继续西进,当走到蓟县边界时,行军受阻,又折回宫里村宿营。此时冀东形势异常严峻,为了消灭刚刚爆发的冀东农民武装大暴动队伍,日军从外地调动增援部队到冀东。昌黎支队返回宫里村的行动,很快被驻遵化一带的日伪军发现。当夜,日军冈部队的小松队、小高队的200多人和警察队3个中队的300多人,包围宫里村。30总队副队长去司令部办事,深夜未归,总队队长李盛瑞派人去接。接副队长的人在途中发现山头有人移动,3次向副队长报告,副队长是个烟迷,不予理睬。出现枪声时,昌黎支队领导以为是战士的枪走火,未予以重视。日伪军从西、北、东三个方向展开钳形攻势,夹击昌黎支队,逐渐紧缩包围圈。当日伪军堵住全部街口,机枪猛射,炮弹落在村里时,暴动队伍立即乱成一团。为了制造声势,敌人点燃了村中的柴草、房屋。29总队和31总队的指战员在司令部统一指挥下,同敌人展开了激烈战斗。第27总队队长王树贵和第28总队队长刘成玉率领的队伍驻在宫里村外,听到激烈的枪炮声后,一看形势不妙,没有去增援29总队、31总队和司令部,擅自逃回了昌黎。第30总队队长李盛瑞听到枪炮声,很快部署战斗,坚持近4个小时后,见日伪军都有重武器,认为胜利无望,也率队伍撤出了战斗。就这样,被围的昌黎支队失去了有力的接应和援助。日伪军占据宫里村外的有利地形,居高临下控制了全村。宫里村进步青年王树堂主动带领几百名暴动队员从胡同南口脱险,当他返回村里再领第二批队员出走时,胡同南口已被日军机枪封锁,不能通过。这时,战斗进入白热化状态,昌黎支队司令丁万有临危不惧,脱掉上衣,率领战士们奋勇冲杀,打退敌人一次又一次冲锋。后来,丁万有身中数弹,壮烈牺牲,时年25岁,丁万有的随军亲属共8人同时殉国;29总队奋力抵抗,总队队长董锡福身先士卒,战斗在第一线,反冲锋时,胸部中弹,壮烈牺牲,时年34岁。军需处处长丁义成和29总队队长董锡福牺牲后,蔺乃功指挥29总队将士浴血奋战,他亲自带领士兵突围,不幸手臂被日伪军炮弹击伤,他躺在担架上继续指挥战斗,最后,因寡不敌众,壮烈牺牲,时年36岁。31总队队长肖连许等被俘。昌黎支队的主要领导牺牲后,幸存的队员同日伪军继续战斗。

  日伪军不能很快消灭昌黎支队,在村内的强攻受到阻击,便在南街路北的东西两端放火。昌黎支队队员被日军和大火驱赶到村北地主张锡三的两所大院子里,不少队员凭借临街门房南墙凿开枪眼继续打击敌人。10月23

日清晨,这些队员弹尽粮绝。日伪军发现这种情况后,砸开大门,攻入院内,逮捕了200多名队员(其中有宫里村群众张子杨、张佩然等12人)。同时,飞来了一架日军飞机,降落在村北,运走了被打死的日军尸体。宫里之战,昌黎支队牺牲官兵120多人,近200人被俘,整个队伍随之溃散,均未能到达平西抗日根据地接受整训。

王树贵、刘成玉二人率队回到昌黎后,很快投靠日伪政权。据《河北省昌黎县事情》记载,经伪县署商讨同意,于10月23日开始缴械收编王树贵、刘成玉等人,至10月底缴收完毕。日伪将王树贵等部编为保卫团第五队,暂仍驻第五区境内,负责维持治安。

昌黎支队被俘的队员被关押在遵化县城的省五中东南角女生部,受到非人虐待(其中宫里村的12名群众,经过花钱疏通具保赎出)。几天后,日军从被俘的人员中提出40多人,押到县城北乱葬岗处,用洋狗咬、刺刀挑、开枪打等方法将其折磨致死。两个月后,日伪军把剩余的100多人,用汽车押送到唐山,再转送到东北煤矿去当劳工。宫里村群众在抗日救国会的领导下组织起来,在村西的公路西侧挖了个大坑,掩埋了73具尸体(其中有7具女尸),在村东的大阶子掩埋了44具尸体,在村东南长条坑掩埋了7具尸体。宫里村也因这次战斗遭受了巨大损失,有刘万富、赵忠、魏富等13名村民遇害,187间房屋被烧,被抢走的大牲畜、衣物和其他被焚毁财物难以计数。宫里村进步人士刘振华冒着生命危险,谎称暴动队伍的遗属王友和他的两个姐姐,刘素华和他的妹妹共5名少年儿童是自己的子女,骗过了日伪军的追查后将他们保护了起来。后来他把王友姐弟3人送回昌黎冷各庄老家安居,把刘素华及其妹妹认作干闺女抚养成人。

昌黎支队血染宫里,导致昌黎抗日斗争形势转入低潮。但冀东党组织并未停止对昌黎革命斗争的领导,大暴动失败后,张其羽在家乡一带继续进行秘密革命活动,培养革命力量,延续了革命的火种。

第二次赤崖暴动

抗日大暴动失败后，日本侵略者疯狂报复和镇压参加起义的人员。冀东党组织遭到严重破坏，党组织派阎达开负责昌乐地区党组织的恢复和重建工作。

1939年2月，阎达开、岳泽普在乐亭贾滩村武恒久家召集由张其羽、李晓光、武兴等人参加的会议，成立了华北抗日联军第三军分区司令部昌乐办事处，决定由张其羽任办事处主任兼党团书记，岳泽普为顾问，李晓光任秘书，任务是恢复和发展党组织，开展武装斗争和统一战线工作。与此同时，张其羽通过李晓光与在乐亭西部进行抗日活动的田志修取得了联系。

1939年7月中旬，冀东党组织派高敬之和苏然各带一个排的抗日部队，从铁路以北开到铁路以南，协助当地人民开展抗日工作。在路南活动的地下党员，也趁此机会组织抗日武装。不久，党组织又命令路南各地部队和地下工作人员，向路北转移，只留下张其羽、李晓光等少数党员，继续在昌黎一带活动。

张其羽任昌乐办事处主任时，在家乡信庄建立和发展党的基层组织，曾秘密发展"二老小"、田复洪、田文会、李秋富等人为地下党员，于1939年在信庄组建了秘密的党支部。后来，有着许多党员的信庄成为滦东抗日根据地和游击区的重要"堡垒村"。1939年底,随着党组织的建立,张其羽逐步开展抗日武装和抗日统一战线工作,出版3期《前进》刊物。

原华北抗日联军昌黎支队第27总队队长王树贵和第28总队队长刘成玉,从遵化宫里逃回昌黎后分别当上了驻姜各庄伪警备队(1939年保卫团、警察队改编为警备队)五中队队长和赤崖伪警备小队队长,刘成玉归王树贵辖制。经张其羽等人争取和教育,刘成玉反正,其手下30多人成为地下抗日武装力量,昌乐办事处在赤崖设立了抗日秘密活动联络点。

刘成玉反正后,应张其羽的要求去动员王树贵反正。王树贵拒绝了刘成玉,并把刘成玉反正的情况报告给了日本人,日本人欲设计除掉刘成玉。在万分危急的情况下,1940年5月13日,昌乐办事处在高家铺召开紧急会议,决定在这一天集中办事处的武装力量突袭驻姜各庄伪警备中队。这天晚上,张其羽与刘成玉小队、武恒久带来的武装人员共50多人,分头袭击设置在姜各庄西街的伪警察所(1939年警务局改为警察所)五分所和王树贵的伪警备队五中队队部驻地,击毙王树贵及邸姓副中队长,解除了伪警备队五中队的全部武装,缴获长枪100来支,还有一些弹药。第二天(农历四月初八)是姜各庄大集,又是一年一度的姜各庄娘娘庙会。人们听说击毙了王、邸两个汉奸,逮捕了五分所所长,从四面八方涌到姜各庄,群情激昂,无不拍手称快。昌乐办事处的工作人员趁此机会,把赶庙会的群众集合起来召开了庆祝大会。在拔掉姜各庄据点后,抗日队伍很快发展到100多人。

张其羽等分析,姜各庄战斗消灭了伪警备队,昌黎县的日伪军必定反扑。抗日武装人员密切侦察敌人动向,得知敌人出动后,在滦河套秘密设伏。来势汹汹的日伪军进入了埋伏圈,遭到沉重打击。抗日武装人员击毙日伪军40多人,缴获2辆卡车、30多支大枪。但是由于敌众我寡,昌乐办事处的武装队伍被击散,抗日斗争不得不转入地下。由于斗争形势紧张,张其羽、刘成玉等便把缴获的枪支藏到了赤崖的开明士绅张玉堂家中,把队伍转移到了滦河对岸的高各庄隐蔽。

张玉堂有强烈的民族正义感和爱国心。冀东抗日大暴动爆发前,张其羽多次找他做思想工作，请他秘密策应暴动。8月，赤崖抗日暴动举行时，张玉堂虽未公开参加，却在暗中起到了一定作用。此外，他还与丁万有、刘成玉、王树贵等人关系密切，为协调丁万有等人与张其羽建立合作关系起到了一定作用。抗日暴动失败后，张其羽等人回到家乡隐蔽，秘密开展工作，张玉堂是张其羽等人的重要秘密联络人之一。他协助张其羽做刘成玉的工作，使刘成玉小队秘密反正。张其羽等人时常落脚之地，曾多次掩护张其羽躲过日伪军的追捕。

刘成玉起义后，日本人重新组建了驻赤崖警备小队，委任日伪警校毕业的靖安人、铁杆汉奸郭建秋为小队队长。1940年7月的一天夜里，张其羽、刘成玉等率领队伍攻打赤崖据点，因据点中的伪警察多半为刘成玉老部下，经刘成玉喊话，伪警察们未做任何抵抗就缴了械，张其羽等共缴获大枪30多支。由于郭建秋没有当班，后被刘成玉从家中抓住。刘成玉念其是初识，以前没有嫌隙，只是收缴了他的枪，饶了他的性命，为以后日本人疯狂反扑留下了祸根。

张其羽等人在次日赤崖大集开完大会，鉴于敌我力量悬殊，于晚上撤离了赤崖。他们临走时，把带不走的20多支枪和一些弹药，装进麻袋埋在张玉堂家后院的一棵大榆树下。张玉堂自觉身份没有暴露，跟日伪军及伪政府一些头面人物均有些应酬，未随同张其羽、刘成玉等撤走。不料，张玉堂早就被敌人盯上，敌人卷土重来后，马上把张玉堂及其家属抓到了伪警备队队部，并把其隔壁的一个伪保长也抓去了。那个伪保长禁不住拷打，交代出曾看见有人在张家埋东西。而张玉堂面对伪军的严刑拷打宁死不屈。后来，伪军绑着张玉堂，到他家院子里到处挖

在滦河岸边训练的八路军战士

掘,终于在后院大榆树下挖出埋藏的枪支弹药。有了私通八路军的证据,伪军对张玉堂拷打得更加凶狠,让他交代张其羽、刘成玉等人的去向。张玉堂仍不招供。伪军以家属为要挟逼其就范,用洋刀将其妻额头砍了一个大口子。张玉堂大义凛然地说:"与家属无关系,汉子做汉子当!"伪军只好把家属放了。

张玉堂被捕,在当地引起很大震动,不断有人前去说情。伪昌黎县知事高鲁泉(字斗山)与张玉堂关系不错,也出面保他。有人还到唐山、天津等地为他活动。在这种情况下,驻赤崖的伪警备小队队长郭建秋在驻昌黎日本宪兵队指使下,决定将张玉堂迅速就地处决。就在天津伪警察公署要递解张玉堂去天津审问的公函到达的第二天上午,郭建秋等人把他押到滦河边准备枪毙。张玉堂在刑场上,视死如归。伪军在滦河边圈来不少村民,问谁还敢保张老四。张玉堂一听,大声喊道:"谁也不用保,谁保谁通'老八'。来世见!"执刑的伪军不忍打死张玉堂,便把子弹往他腿上打。枪响后,张玉堂滚到了滦河里,在水中挣扎着往河中心游。郭建秋见状,操起机枪往河里扫射,将张玉堂打死在滦河深水中。张玉堂牺牲时38岁。

1940年秋,张其羽被党组织派到平西抗日根据地学习,昌乐办事处随之撤销。张其羽离开昌黎后,李晓光受中共冀东地委派遣从路北回到路南,继续从事抗日活动。1940年冬,张其羽在返回昌黎途中不幸被敌人包围,壮烈牺牲。

赤崖抗日中学

抗日战争期间,在昌黎解放区南部,有一个活跃在文教战线上的战斗集体——抗日中学。这所学校,为革命事业培养了一批干部,输送了不少人才,同时,对昌黎县解放区群众的抗日斗争也起到了很大的宣传鼓动作用。

1944年8月,为解决抗日根据地小学毕业生继续求学的问题,抚昌联合县在赤崖完小增设了一个初中班,招收了20多名初中生,在学校发展共产党员,建立党支部。1945年5月,抚昌联合县办事处又在这个初中班的基础上建立抗日中学,将在赤崖和崖上完小附设的初中班学生全部纳入。这年夏天,招收初一年级学生50人,开学后设初一、初二各一个班,有学生近100名。赤崖抗日中学成立后,根据抗日战争需要进行教学,开设语文、数学、外语、体育等课程。学校自编教材,自己动手油印。在自然科学课程方面,编印些基础知识;政治课的教学以毛泽东的《新民主主义论》《论持久战》等为教材,并讲授时事政策;语文课的教学内容多取材于报刊上的报道专论,以及一些作家的文章;历史和地理课则着重讲解抗日根据地的发展与现状;音乐课以教唱抗日歌曲为主;体育课上进行军训。学生主要来自昌黎南部抗日根据地和游击区的一些村庄,有刘台庄、荒佃庄、新集、大夫庄、新金铺等地的完小的小学毕业生,原在昌黎县中学就读的学生,一些村庄的小学的早期毕业生及保送入学的小学教员和脱产干部等。学生们很珍惜难得的学习机会,学习积极性很高。赤崖抗日中学刚刚建立时,教员有董文喜、朱艺文、郝贺峰、郝荫庭、齐守正、李灵华、赵芳诚、赵芳斌、王渐逵、刘树静、齐允武、蒋艺文等。

学校经费全由赤崖大乡所属的几个保(包括各自然村)负担,教员享受供给制待遇。1945年7月,学校经费改由联合县的财政和学校师生勤工俭学的收入来负担。学生搞勤工俭学,分成若干生产小组,有的组养兔子,有的组卷纸烟。学校还办了一个小型印刷厂,承揽印刷业务,印出了大量的小学教材、抗日教材和政府布告等,既增加了学校收入,又改善了师生生活。

抗日中学校长是毕业于河北滦师的迁安人魏乐华(原名梁鹤鸣)。他精通业务,治校有方,为领导抗日中学作出了一定的贡献。可惜的是,在解放战争初期,斗争形势变得异常残酷后,他变了节。语文教员郭述祖,是北坨村人,毕业于昌黎简易师范学校,博学多才,国学造诣较深,人称解放区的名师。没有现成的国文课本,郭述祖就把《救国报》中的社论编成学生读本。在昏暗的煤油灯下,他与张玉林(新中国成立后任河北昌黎农业职业学校党委书记)刻板、油印后分发给学生。数学教员是拗榆树村的齐允武。齐允武天资聪慧,记忆力过人,工作认真负责,教学内容丰富多彩。英语教员是荒佃庄村的蒋艺文。蒋艺文的英语基础很好,他执教认真负责,学生跟着他都学会了简单的口语。抗日中学建立后,条件艰苦,物资匮乏,教学设备简陋不堪,上课连个计时钟也没有,蒋艺文就把家里仅有的一个座钟背到学校,供学校上课计时使用。

抗战时期的中学生

在赤崖创办的大众剧社

大众剧社是1945年10月在赤崖抗日中学的基础上建立起来的。昌黎县民主政府教育科在赤崖抗日中学召开解放区小学校长座谈会，会议结束后，经教育科科长李惠林简单动员后，大众剧社很快就建立起来了。大众剧社由赤崖抗日中学校长魏乐华任团长，教导主任郭述祖和新集小学校长刘九涛任副团长，小滩小学教师赵桂丹任编导，团员除抗日中学的师生外，还吸收了一些小学教员，剧社共有80多人。

大众剧社成立后，编剧、剧务、伴奏和道具等主要由抗日中学负责。经过突击性排练，仅用半个月时间，大众剧社就排练了《白毛女》《高树勋反战起义外传》《春之歌》《二流子转变》等剧目，还有合唱、独唱、相声等10多个节目，在赤崖进行公演。演出的场面很壮观，观众超过5000人。

大众剧社还请了科班出身的歇马台村人杨昌龄及其妻子陆莎任艺术指导，郭述祖和刘慧池任编剧，场景布置和道具由毕业于河北省立第三师范学校的桃园（今称新桃园，属荒佃庄镇）人董鹤群负责。董鹤群很辛苦，每次演出，总是场里场外忙个不停。主要的教师演员有大蒲河村的程兆甲。程兆甲老师个子很高，经常扮演反面角色。赵桂丹老师语言幽默风趣，常常扮演正面角色。刘成林老师扮演的角色是剧目《阿Q正传》中的阿Q。小滩村女教师齐国云多才多艺,适合扮演的角色较多。主要的学生演员有信庄村李秀玲和化名"晓军"的学生。主要的伴奏人员有北坨村的郭仰先和槐李庄的李润东。郭仰先毕业于河北省立第三师范学校,任茹荷完小教导主任,弹得一手好琴。李润东在槐冯庄小学任教,二胡拉得娴熟,他腿脚有残疾,却不辞劳苦,来大众剧社伴奏,人们戏称他为"李拐子"。

为防备敌人袭击和骚扰,昌黎县民主政府还给剧社配备了4支长枪、2支手枪。为了增加气势,剧社成员一律身着县政府发的军装。

大众剧社的外出演出活动安排在寒假、暑假期间,主要在昌黎县南部的滦河两岸地区。剧社的生活有序、有趣,也很紧张。每次演出都安排在晚上,出发时间、演出地点高度保密,欲到某地演出时,先逆向而行,再绕个大弯,迂回到目的地,以防敌人搞袭击、搞破坏;与目的地事先约好,搭好戏台,到了后点上两只煤气灯,演出便开始了。大众剧社的演出活动搞得有声有色,多次受到县委和县政府的表彰。

1946年寒假期间,县委通知,要求大众剧社在农历正月十五前赶到路北解放区的迁安建昌营,为第十六地委、专署召开的县委书记和县长会议作汇报演出,并在当地的军民联欢大会上进行公演,演出剧目有《高树勋反战起义外传》《白毛女》《阿Q正传》《春之歌》《八大员》《八月十五》等。汇报演出大获成功,受到地委和专署领导的嘉奖。公演时,冀东军区十二旅、十四旅的3000多名指战员观看了演出。在建昌营,剧社先后演出了5场,场场观众上万。沿途,剧社还曾在路北解放区的柳河圈等地演出,极受欢迎。建昌营距离赤崖近100千米,剧社成员冒着严寒,肩负道具,长途跋涉至建昌营,没人叫苦叫累。当时,最让大家担心的是李润东老师,他拖着残腿,步履缓慢,还是坚持到了建昌营。回昌黎解放区时,剧社又在沿途演出了20多场,观众共达10万人次。

赤崖大众剧社为广大人民群众演出,宣传了党的政策,鼓舞了群众的斗志。

活动在荒佃庄一带的昌黎县文艺宣传队

昌黎县文艺宣传队是在昌黎县民主政府教育科的直接领导下于1947年初成立的,宣传队的成员是从全县小学教师中抽调的文艺爱好者。

1947年麦收时,县教育科集中全县解放区的小学教师在滦河南岸的后程庄(今属乐亭县)举办训练班。在训练班上,县教育科科长李惠林给大家讲了政治形势和党的教育方针政策,还带大家学习了教育家陶行知的光辉事迹。教育科在训练班中挑选了一部分文艺骨干,组成了文艺宣传队。宣传队首先学唱了几首歌曲,其中有《坚决打他不留情》(又名《国民党一团糟》)、《你是灯塔》、《望见了北斗星》、《运动战、歼灭战》等,后来又排演了一些节目,有《当兵去》《八月十五》《过新年》《如此中央军》等。排练结束后,宣传队先在训练班驻地试演,县委政治处的领导看后,予以表扬。随后,李惠林和王庄子师范班教师马祖光带队北上,到一些村庄巡回演出,边走边宣传,白天书写大标语和黑板报,教儿童团和民兵唱歌,晚上演出。宣传队是业余性质的,其活动方式也是灵活多样的,大部分时间是利用寒暑假进行表演,县里有紧急宣传任务时,就马上集中排练和演出,平时队里的成员都各自回到自己的教学岗位上去工作,真正做到了教学、宣传两不误。宣传队成员不断更新,基本保持在三四十人的规模,队里的每个人都是多面手,既会唱歌、演戏，又会演奏简单的乐器，并兼做舞台工作，每到一村还要辅导当地的村剧团。这支三四十人的队伍不论春夏秋冬，县委召之即来，来之即演。

宣传队几乎走遍了昌黎县各个重要的村庄，如刘台庄、荒佃庄、茹荷、新集、团林、泥井、赤洋口、大蒲河、拗榆树、槐各庄、信庄、皇后寨、靖安、崖上、姜各庄、后程庄、桥头等，还有沿海一带的偏僻村庄，如莲花池、九间房（今属乐亭县）等。除在解放区演出外，宣传队还到昌黎县城附近的边缘地区演出。演员们多是先在驻地化好妆，穿好服装，等到傍晚时来到演出地点，演完后马上转移，让城里的敌人摸不到他们的活动规律。

昌黎县文艺宣传队密切配合党的工作，如为配合党的土地复查、参军参战、送公粮等工作，演出了《好汉要当兵》《当兵去》《送公粮》《四姐妹夸夫》《小上坟》等；为配合党的生产自救、自力更生、勤俭致富等工作，演出了《兄妹开荒》《军民大生产》《种麦忙》等。除演出现成的剧目外，宣传队还结合党的中心任务和当地的英雄模范人物，临时编排小型快板和歌曲等节目，收到了很好的效果，受到了县委的多次表扬。尤其是县委书记张子明，他对宣传工作更为重视，每遇中心任务，他都亲自布置宣传工作。

昌黎县文艺宣传队在老乡们的心目中是高尚的，因为老乡们知道宣传队是由教员们组织起来的，宣传队每到一个村镇，男女老少都出来欢迎。老乡们就像接待子弟兵那样忙着腾房子、烧热炕迎接演员们，像过节似的。乡亲们这么爱戴演员，宣传队领导也要求宣传队成员像八路军一样遵守三大纪律、八项注意，搞好群众关系。每到一地，宣传队先把驻地的院子扫干净，再把水缸挑满，他们还帮老乡干农活，和房东的关系像一家人似的。

同时，宣传队也是一支战斗队伍，积极与敌人进行斗争，因此敌人恨之入骨。麦收季节的一天，据情报，昌黎县城内的敌人要出城抢粮。收到这个消息后，宣传队就以文艺形式向群众揭露了敌人的丑恶行径，提高了群众护粮的警惕性。有一次，宣传队刚刚走到昌黎县城附近的泥井村，从唐山方向过来一架敌机在空中盘旋。李惠林指挥队员们卧倒、就地隐蔽。敌机不停地往下扫射。等敌机飞走了，宣传队继续前进时，看到老乡的一辆送公粮的牛车被炸坏了,牛被炸死了。敌人的罪行使演员们无比愤怒,更坚定了他们进行革命宣传的决心。

1947年秋,演员们正在小滩村演出,最后一个节目演到一半时,台下观众有些骚动,演员们在台上仍认真地演戏。演完戏,演员们刚收拾完东西,领队的教员马祖光告诉大家有敌情,不要卸妆先转移,大家马上整队跟着马祖光往滦河以南转移。演员们在夜幕下急行了约5公里后到达滦河岸边,渡过滦河后,第二天上午9点多钟赶到了王庄子的一所学校。演员们10多个小时水米未进,又累又饿。事后,县教育科的负责人告诉演员们,那天在小滩村演出,村里的民兵维持秩序时,发现人群中有两个陌生人形迹可疑,可能是特务,民兵警觉性很高,一直监视着他俩。由于民兵控制得紧,他俩的行动未能得逞。同时,民兵队长急忙跑到后台,告诉马祖光台下有情况,演完戏马上转移。第二天,昌黎县城的敌人到小滩村扑了空,把演出的舞台烧掉了。

昌黎县文艺宣传队的活动一直持续到1949年4月,演出过的主要剧目有《土地法大纲》《四姐妹夸夫》《曹大嫂得枪》等,唱过的歌曲有《毛泽东之歌》《东方红》《没有共产党就没有新中国》《运输队长蒋介石》《还乡河小唱》《英雄赞》等。宣传队的主要成员有张大光、唐绍民、赵淑英、韩玉珍、董桂琴、齐秉贞、史玉俊、郭肖峰、林石泉、高应中、张积善、赵元彬、母朋瑞、张书林、杨志昌、金作银、高志人等。

昌黎县文艺宣传队在两年多的时间里,培养和锻炼了一批文艺人才。1948年下半年,韩其和、赵德三、刘素心参加了冀东十三分区(路南)文工团。1949年4月,宋成久、高绍军、徐文侠、赵淑华、董长起、邢福德、齐惠莲、蒋荣华、吴宝昌、赵向山等20多人参加了冀东十二分区(路北)文工团。

华北抗日联军昌黎支队司令丁万有

从九一八事变到七七事变，日本侵略者的铁蹄，越过辽西走廊，闯过榆关，跨进了华北大地。1938年春天，昌黎一带久旱不雨，民不聊生，加之日军烧杀抢掠，百姓生活困苦不堪。在中国共产党的领导下，各地人民纷纷揭竿而起，反对日本的侵华暴行。是年，昌黎人民也举行了声势浩大的抗日武装大暴动，担任这次武装暴动总司令的是丁万有。

丁万有，字海峰，1913年3月15日出生于昌黎县荒佃庄乡大营村。丁万有自幼家贫，靠父亲扛活和租种土地养家糊口。他只上了4年小学，17岁去东北学买卖，20岁时又回到家里，靠"看青"（秋天看护庄稼）、卖小鱼小虾维持生计。长期动荡的生活，使他养成了桀骜不驯的性格，沾染上了一些较为严重的不良习气。他赌博斗殴，不惧生死，流落于草莽之中。同时他又嫉恶如仇，好打抱不平。他和另外几个草莽人物刘成玉、王二虎等结伴为伍，打着替天行道的旗号，经常出没在昌黎东南沿海和滦河两岸一带。

侵华日军的种种暴行，激起了丁万有的满腔义愤和强烈的爱国热忱。一天，丁万有找来几个知心的穷朋友，说道："这年头，日本人横行霸道。咱穷人无论死活都一个价钱，不如痛痛快快干一场！"大家点头同意。于是他带领李恩喜、曹敬、曹章、林春五、马凤武、李恩峰等11人，在一个伸手不见五指的夜晚，冒着寒风，摸到大营村附近的会君坨，夺走了地主武装保卫团的11支步枪。

手中有了武器，胆子也壮多了，丁万有等人活动得更频繁了。后来，丁万有又带人到荒佃庄伪大乡，找到乡长蒋润芝，说明来意："我们组织暴动，抗日救国，需要武器，请你把保卫团和大户人家的枪支交出来。"在丁万有的说服和动员下，蒋润芝交出了保卫团的16支步枪。荒佃庄的益合公钱号、双盛兴药店拒绝交枪，而且态度蛮横，竟然鸣枪示威。双盛兴是大地主的商号，对丁万有早有防备，专门请来信庄地主保卫团的18个人做保镖，根本不把丁万有放在眼里。对此情景，丁万有怒不可遏，同李恩喜等商量以后，趁着夜色，摸到荒佃庄，缴了益合公、双盛兴的22支步枪。之后，丁万有他们又以荒佃庄为中心，扩充队伍，人员发展到了100人左右。

这时，皇后寨乡西王各庄大庙上的保卫团团长李盛瑞，在共产党张其羽的教育下提高了觉悟，举行了赤崖暴动，李盛瑞的队伍很快就发展到了1000多人。然而，李盛瑞部与丁万有部因为收枪在荒佃庄发生了冲突。当天夜里，丁万有部的人伪称是李盛瑞部的人，掳去了李盛瑞部的胡霭军、李大中等16人。张其羽闻讯后不顾个人安危，赤手空拳赶到荒佃庄去见丁万有，与其进行交涉，以"团结抗日，爱国一家"的道理说服了丁万有。于是，两部联合起来，正式成立了华北抗日联军昌黎支队。接着，又在新集一带联合了董锡福部的800多人。

随着人员的增多，支队正式组成了第27、28、29、30、31五个总队。刘成玉、王二虎、李盛瑞、董锡福、肖连许等分别担任各总队队长，曹敬是司令的随从副官，司令部卫队长是李恩喜，参谋长是蔺乃公，副司令是赵从正，张其羽是党代表，丁万有是五路总指挥、支队司令。队伍里备有土炮，炮身上写着"卫国大将军"。

昌黎支队成立后，到处打击地主武装和日伪军队，搅得他们日夜不宁。在每次的战斗中，丁万有都身先士卒，胆量过人，打起仗来总是甩掉布衫光着膀子干。提到丁万有，敌人都闻风丧胆。丁万有率领着部队一举扫平了北起昌黎城、南至滦河沿岸的泥井、新集、大夫庄、渠流港、团林、尖角、刘台庄、赤崖、石门、犁湾河、大蒲河、裴家堡、施各庄等地的警察分局和分队及日伪据点，他还曾率领部队攻打昌黎县城，围城十日，给气焰嚣张的敌人以重创。

丁万有为人正直，很讲义气，庄里谁家有了事，他都愿意帮忙，且爱护士兵，深受部下拥护。他比较注重队伍与群众的关系，一再颁布通令，不准迫害百姓，严禁抢劫民间财物，违者严惩不贷。通令上盖有"华北抗日联军昌黎支队"和"司令丁海峰"的印章。但是，支队里仍有些人抢夺老百姓的财物，在群众中造成了极坏的影响。有一次，一个士兵抢了人家的包袱，被百姓告到了司令部。丁万有当即命令总队队长董锡福集合队伍，让这位老乡挨个辨认，这位老乡果真认出来了，这个抢劫财物的士兵只好供认。丁万有当即下令严惩这个士兵。为了进一步加强部队的组织性、纪律性，在张其羽的组织领导下，丁万有还对部队进行了整编。

1938年10月，丁万有率部队越过北宁路西进，准备与共产党领导的邓华、宋时轮的抗日部队会合接受整训。10月21日，部队进驻遵化县宫里村。由于汉奸告密，22日凌晨，遵化、迁安两县日伪军倾巢出动，突袭宫里村。敌人点着了村周围的柴草，霎时间火光冲天，人喊马叫，枪炮声四起。第27、28两个总队的队长王二虎、刘成玉本来就不愿接受改编，听到枪响后，偷偷逃回了昌黎。第30总队前去接应，打了三四个小时，因敌人全是重武器，接应困难，结果也撤退逃跑了。丁万有毫不畏惧，组织所有武装人员奋勇反击，战斗整整持续了一天，司令部的勤杂人员，第29、31两个总队损失尤为惨重。参谋长蔺乃公、军需处处长丁义成、第29总队队长董锡福、丁万有的副官曹敬及丁万有的母亲、叔叔、婶婶、哥哥、嫂子、弟弟、弟媳、侄儿全部牺牲。丁万有胸中数弹，为国捐躯，年仅25岁。

轰轰烈烈的昌黎抗日武装暴动虽然受到严重挫折，但却进一步点燃了冀东的抗日烽火。丁万有为抗日救国献出了宝贵的生命，昌黎人民永远不会忘记他。

抗日英杰韩立平

1938年夏天,昌黎县境内掀起了风起云涌的武装抗日斗争热潮。当时,有一位德高望重的乡村小学教师投笔从戎,致力于起义队伍的建设和发展,并为抗击日本侵略者的疯狂镇压献出了自己的宝贵生命。他就是抗日英杰韩立平。

韩立平,名志午,1905年5月出生在昌黎县韩营村一个比较贫寒的农民家庭。年少时,他求学读书,成为韩营小学学习成绩最优秀的学生,并在小学四年级时就在全县作文比赛中获得了奖励。长大后,他上了县里的师范学校,获得了小学教师的任职资格,他还曾到东北工作过多年。九一八事变后,他从东北回到家乡,主要从事小学教育工作,先是在田上庄小学教书,后回韩营村小学执教。他教书有方,教学成绩突出,是昌黎县南部地区比较有名的一名小学教师。

烈士韩立平(1905—1938),名志午,昌黎韩营人

韩立平自幼聪慧，学识渊博，擅长音乐、美术、书法等。他还学习和掌握了比较丰富的法律知识，时常替人写诉状，帮助一些穷人打官司，久而久之，被称为"韩大律师"。他为人正直，嫉恶如仇，有着强烈的爱国之情和民族正义感。在东北谋生时，他就十分痛恨日本侵略者的罪恶行径；东北沦陷后，他回到家乡，铭记日本帝国主义的侵略罪行，一有机会就宣传抗日救亡的思想，表达精忠报国的志向。"冀东防共自治政府"在通州成立，整个冀东地区变相沦为日本帝国主义的殖民地以后，韩立平的爱国思想越来越强烈，时刻准备着参加反抗日本侵略者的斗争。

1938年7月，在冀东抗日大暴动的斗争烈火熊熊燃烧之际，与韩营村相邻的大营村有一名叫丁万有的热血青年，与其在"草莽"生涯中结交的一些把兄弟挑头抗日，在荒佃庄一带自发建立了一支抗日武装起义队伍。丁万有等人是受到深明民族大义、通晓抗日斗争形势的韩立平的鼓动揭竿而起的，还是在起事后力邀有着"韩大律师"的美称、在滦河沿岸不少乡村极有威望的韩立平参加的，已经很难搞清；但韩立平在昌黎县南部平原地区武装抗日斗争的烽火一点燃，就投笔从戎，参加了丁万有领导的起义队伍，并在起义队伍中担任了重要角色，是毋庸置疑的。韩立平凭他的学识和能力，在整个起义队伍中充当的是"谋士""军师"级的人物。当时，丁万有领导的起义队伍发展得很快，特别是在共产党员张其羽平息了丁万有部与李盛瑞部的冲突，实现了两支起义队伍的大联合后，吸纳的各阶层的有志之士和抗日民众越来越多，最终建成了有数千人参加的抗日武装队伍。在张其羽不怕危险，连夜到荒佃庄与丁万有等人谈判时，韩立平在丁万有部起到了重要的说合作用。丁万有部与李盛瑞部摒弃前嫌、联合抗日后，建立的是声势浩大的由丁万有任司令员、张其羽任党代表的"抗日第十路军"，而韩立平担任的是总参谋长一职。对此，时任北宁路南的冀东抗日联军司令部副秘书长、机要秘书的共产党员陈飞（陈绍昌）有比较清楚的回忆。陈飞在写《我所知道的冀东南部暴动》（载于中共唐山市委党史办公室1988年3月编印的《纪念冀东人民抗日暴动》一书）时回忆，正当滦县等地组成的以高志远为司令员、陈宇寰为副司令员的抗联部队在滦河西岸"向敌伪展开全面攻击的时候","滦河东昌黎境内的'抗日第十路军'声势浩大",经查明,"第十路军司令为丁万有,拥众约3000多人,举事抗日","其司令部设在昌黎县境内距滦河东岸五六里路的靖安镇"。路南抗联司令部通过关系与之联系,丁万有等人表示接受改编。大约在那年8月中旬的一天,陈飞率领一支骑兵部队渡过滦河,与丁万有等人谈判改编事宜。当时,"不到30岁的丁万有和他的总参谋长韩立平,以及丁万有的骨干人物、卫兵等,都到街口欢迎"。会谈中,"丁万有、韩立平先后发言,表示愿意合作,愿意把部队改编,同意接受抗联的指挥"。根据路南抗联司令部的指示,"抗日第十路军"改编为华北抗日联军昌黎支队,下设5个总队,"丁万有为支队司令","由抗联司令部统一指挥"。在昌黎南部地区的抗日暴动队伍联合以后,张其羽因主要参加昌黎、乐亭交界地区抗联第十总队的活动,并未跟随第十军行动,在第十路军接受路南抗联司令部改编的过程中,身为总参谋长的韩立平起到了关键作用。

昌黎支队建立以后,队伍的声势愈加浩大,到当年的8月下旬,曾经两次集中兵力攻打昌黎县城,并根据路南抗联司令部的指示,配合高志远、陈宇寰部攻打滦县县城,突袭朱各庄、石门等车站,切断了滦县的敌人向东逃跑的路线。进入9月后,形势急转直下,驻守昌黎的日伪军组织兵力向昌黎支队反扑。大约在9月中旬,昌黎支队被迫撤至滦河沿岸地区。在掩护起义部队撤出昌黎城南的重镇泥井镇时,韩立平亲自率领战士阻击敌人,最终因弹尽负伤而被敌人抓住。敌人把韩立平捆绑在泥井村西北的一棵大柳树上,许之以高官厚禄,劝其投降。韩立平宁死不屈,回应敌人的是:"士可杀不可辱,中国人不当亡国奴,打倒日本侵略者!"敌人把刺刀戳向他的胸膛,他怒目而视,毫无惧色。就这样,他被敌人刺死在泥井,成为昌黎支队第一位牺牲的主要领导人。他为抗日斗争献身时,年仅33岁。

解放战争时期的革命中学

　　成立于抗日战争期间的抗日中学,在解放战争期间继续发挥作用。

　　1946年6月,根据日本投降后的形势变化,昌黎县民主政府将抗日中学更名为革命中学,县长周建平亲自兼任校长,县文联宣传委员刘九涛任革命中学副校长。同年6月,刘九涛参加十三地委文工团,改由县文救会主任郭安帮任革命中学副校长兼教导主任、党支部书记。教员除郭述祖、齐云五、周文声3位老师外,又调入了董文喜、郝鹤峰、齐守正等老师。后勤除齐守正老师兼理外,县政府的财粮干部也经常到校帮助解决问题。1946年9月,革命中学又招收初中新生150名,编成2个初中班,1个初师班,在校学生250人左右,教职工15名。后又调入了朱艺文、郝荟亭、王渐逵、刘树静、李灵华等老师到校任课。革命中学招收新生时,范围几乎遍及全县,不仅有解放区的学生,还有国民党统治区的部分学生。另外,还有部分社会青年及党政领导机关保送的脱产干部和文化较低的小学教员到校深造。由于学生数量增加,学校先是由赤崖迁到了茹荷小学,后又转到了拗榆树村赵家瓦房大院的县政府驻地办学。1946年9月,中共昌黎县委在茹荷小学举办昌黎解放区(包括昌黎解放区边缘地区)教师训练班,参加的人员有800多人,主要学习毛泽东关于教育工作的论述及其《湖南农民运动考察报告》《中国社会各阶级的分析》《在延安文艺座谈会上的讲话》等文章,重点解决教职员的立场、观点等问题,使他们进一步树立革命人生观和为人民服务的思想。至1946年冬,解放区的斗争形势逐渐变得严峻起来,学校就采取"敌扰我走,敌走我学"的游击方式,因时、因地坚持教学。在敌情紧张时,师生就背起文件包,带上油印机,以野外的树林为教室,在沙滩上宿营,驻村搞宣传,几乎到处都是课堂,随处都是学习场地。

当时绝大多数的学生,根据革命形势发展的需要,结合个人志愿,不论到没到毕业时间,也不论学到哪一年级、哪一学期,当部队需要时,就参军;当地方工作需要时,就参加地方工作;当专业学校招生时,就到专业学校去学习,总之,哪里需要就到哪里去。1946年10月,信庄的李丰宝等近30名学生参加了冀东鲁迅艺术学校的学习,后来,学校党支部又介绍和推荐了一部分党员学生到医科大学学习。1946年12月,由于国民党军队的"围剿"和"扫荡",路南解放区的斗争形势恶化,革命中学的学生,年龄较大的随军政干部转移到路北参军、参干,年龄较小的分散隐蔽,学校被迫停办。1947年春,部分学生参加了王庄子师范的学习,学习结束后又到冀东建国学院继续学习,还有一部分学生直接参军。

赤崖革命中学为革命培养了很多军政干部。其中,学生齐善志,北石各庄村人,曾任北京部队某部师职军官。学生马逢春,北坨村人,曾任兰州部队陆军医院少将级军医。学生赵景阳,北坨村人,曾任北京部队某部师职军官。学生胡彦祥,赤崖村人,曾任海军某部驻大连獐子岛守备师政委。此外,还有力军、文侠、鲁凤仪、董洁忱、王继冲、齐善至、郑善久等人,也大都成了部队或地方的领导骨干。

特色经济

"中国养貂之乡""中国缝纫机弯针之乡",这两个拥有"中国"这一修饰语的称号,无疑为"荒佃庄"三个字镀上了一道闪烁的金边。从某种意义上说,它们更像是一双巨大的翅膀,载着近三万荒佃庄镇的人民,翱翔于乡村振兴的广阔蓝天,奔向越来越幸福、美好的日子。

因为热爱,所以扎根于这片土地,拼搏于这片土地,逐梦于这片土地。一个又一个白天与黑夜,一次又一次跌倒与爬起,终于用美丽的裘皮温暖了偌大的世界,终于用精致的弯针串起了世间的每个角落。与此同时,孔广和、蒋雨江、刘锡民、刘政清等,一个又一个与荒佃庄这片土地密切相关的人的名字被越来越多的人所熟知,所敬仰,他们连同他们的故事,也必将以文字的形式,凝练为书籍中的一道道光亮。

走近他们与它们,感受一些,体会一些,再思索一些,展望一些。我想,这样一定会帮助我们有效破解乡村振兴发展这一具有挑战性和重大意义的宏大课题,在获得启示的同时,我们的内心一定会映入光亮、植入绿色、绣出春天!

缝纫机零件制作实现现代化仪器操控

"中国缝纫机弯针之乡"荒佃庄

昌黎县荒佃庄工业缝纫机零配件加工业从20世纪60年代初创时期发展至今,已历经了60多年的时间,由最初的社队企业发展成为初具规模的现代化企业,并且使工业缝纫机零件的生产加工发展成为一种产业,不仅带动了当地农民致富,也为县域经济发展作出了贡献。

后双坨大队缝纫机弯针厂的起步与发展

说起后双坨村的缝纫机零配件制造,大家都会不约而同地谈起"钩子孔"——孔广和(1922—2013),他是大家公认的缝纫机零配件制造的创始人。时任后双坨大队支部书记的刘会文回忆,大概是1965年秋天,在天津市工业缝纫机厂做检验员的孔广和因故失去公职后,返回到自己的家乡——荒佃庄公社后双坨大队,在第七生产小队参加农业生产劳动。正因为孔广和的归来,后双坨人与缝纫机零件的加工生产结下了不解之缘。当时孔广和所在的后双坨大队隶属于荒佃庄公社,主要以农业生产为主,几乎没有什么副业。第七生产小队共有100多户,整个小队每年仅有100多元的分红。一个成年男劳力一天能挣到一个工,年景好的时候每个工仅值0.173元。辛苦一年,劳动力多的农户仅能分得几元钱,有的户几乎没有分红收入。

　　20世纪60年代中期，农业生产特别是粮食生产已得到恢复，出现了农业人口和农业剩余劳动力激增的问题，向非农业寻找出路是必然的选择。1966年5月7日，毛泽东主席在"五七指示"中提出"农民以农为主"，"在有条件的时候，也要由集体办些小工厂"。从1967年开始，国家允许兴办社队企业。在此背景下，孔广和便萌生了干自己老本行的念头。1969年，他建议在七小队里搞个铁匠炉，由他带着一两个人磨制弯针。当时的孔广和是军管对象，支部书记刘会文请示公社武装部、革委会后，同意了孔广和的建议。于是，孔广和联合第七生产小队的社员刘会川、刘振生、孔兆华等人，开始试着用简单的生产工具，手工加工生产缝纫机用的弯针。当年，他们花50元买了两把大耙子，用直径4.5毫米左右的大耙子齿做原料，用三把钢锉当工具，凭着铁杵磨成针的毅力，愣是纯手工打磨出了一包缝纫机弯针。弯针磨制出来后，销路成了问题，支书刘会文找到曾在皇后寨公社当过公社书记、后调到昌黎县服装厂当厂长的齐国章，让他们先在服装厂的缝纫机上试用孔广和他们生产的弯针。孔广和他们磨制的弯针经过试用后被认可，服装厂还向他们订购了50根弯针。

　　当时昌黎县隶属于唐山地区，生产资料等物资实行统购统销，孔广和他们制作出的弯针是不能自己拿去卖钱的，需要通过唐山百货公司下属的缝纫机零件公司去销售。之后，他们生产的弯针逐步销往天津、沈阳、江苏等市场，得到了良好的收益。这样，到年底第七小队生产的弯针收入就达到了近千元。这笔收入在当时对第七小队的100多户社员来说是相当可观的。孔广和他们苦干了三年以后，第七生产小队磨制的弯针一年可挣到两三千元了。

　　后双坨大队党支部见生产缝纫机弯针是个能给社员增收的好项目，为了使全村的社员都能受益，支书刘会文提出由大队筹建一个弯针厂。当时信用社只给生产大队办厂提供贷款，生产小队办厂不给贷款。生产小队因为没有足够的资金支持，无论是添置设备、原材料的采购，还是技术革新，都受到了限制。1973年7月12日,后双坨大队弯针厂建成投产,由大队党支部委员朱金榜担任厂长。同时,第七小队的几名技术骨干一起加入了大队的弯针厂,大队的弯针厂形成规模并有了盈利以后,为了补偿第七小队的技术投入,大队每年给第七小队补偿1.25万元。

后双坨村的弯针厂建成投产之初,所用的原材料还是做铁耙子用的8号铁丝,用铁匠炉烘烤打出弯针的大概形状,主要工具还是几把钢锉和小钢锯,根本不够使,加工弯针打眼用的手摇钻和台钳都是借来的。在孔广和的指导下,众人用钢锯锯、用锉刀磨,硬是靠一双双绽满茧花的大手,生产出了第一批弯针,不到半年时间,盈利1.5万元。

朱金榜回忆,他们生产的弯针归唐山百货公司销售后,因为销售正规,渠道畅通,生产订单也多了。但他们手工加工生产进度慢,有时完不成生产计划,他和孔广和就到天津市工业缝纫机厂寻求支持。1974年夏天,天津厂方派革委会主任、生产科长、技术科长、销售科长来他们厂考察,由他、刘会文、孔广和以及公社人员共同接待。对方对他们简陋的生产条件很同情,也愿意给他们提供帮助,但当时国家政策不允许国营企业和集体企业搞合营,最后通过协商达成协议,由天津厂方提供模具、冲床等旧设备,并为他们培训技术人员,他们厂作为对方的分厂,按照对方的生产计划,由对方提供原料,他们给加工成零件,然后再销售给对方。

此后,后双坨弯针厂的生产部分进入半机械化状态,使用模具和冲床压制出弯针毛坯,淘汰了铁匠炉,生产效率大幅提高。后来,增加了生产厂房,工人由六七人发展到24人,当年产值达到10万多元,盈利6万元,并向国家纳税1万多元。1975年,企业再度扩大生产规模,厂房达到15间,工人达到42人,产值达到50万元,经济效益越来越好。

现任昌黎县缝纫机零件加工行业协会会长的刘政清回忆,他1975年到后双坨大队办的弯针厂上班,从大队加工厂成立到改革开放的10多年里,缝纫机零件加工的工艺水平得到了很大的提升,先是从用冲床冲压毛坯、用铣子铣出零件的大概形状开始,一点点地向机械化过渡。他们通过自己在生产实践中积累的经验进行钻研，改进生产工具，提高工艺水平。初期在第七生产小队与孔广和一起打拼的几个人成了弯针厂技术创新的骨干力量。

随着收益的增长，技术水平的提高，他们逐步淘汰了落后的生产设备，如用相对先进的手摇台钻取代了手摇钻。其他相对精密的车床、铣床、磨床等设备也被逐步引进。随着新设备的引进，他们的生产实现了半自动化，这时的零件毛坯比以前精细了很多，零件的基本尺寸和形状已经固定，只需进行更加精细的加工即可，生产效率得到飞速提高。他们生产的弯针产品的种类也逐步增加，甚至可以生产相对复杂的缝纫机零件，比如压脚、牙齿、针板等。

1976年7月28日，惨烈的唐山大地震波及昌黎。工厂被夷为废墟。朱金榜带领工人们把机器从废墟中抢救出来，搭起简易厂棚，继续生产。1977年，他们选择了新厂址，建起了11间厂房，1978年又增建了12间厂房，1979年又盖了11间厂房，累计建厂房达到34间，企业规模扩大了。由于当时国家工业缝纫机生产出现了颓势，他们生产出的11个品种的弯针销售无门。

在此期间，孔广和离开了后双坨弯针厂几年，去了与昌黎县相邻的乐亭县发展，在乐亭县也建起了几个生产弯针的缝纫机零件厂。产品竞争一下子激烈起来，在这种情况下，再仅仅依赖天津市工业缝纫机厂的销路已不现实，必须拓展新的销售渠道。

面对新的局势，朱金榜决定走出去，到全国各地看看弯针产品的需求量究竟有多大。1979年五一期间，他带上副厂长周其恩从昌黎乘上火车踏上了漫漫考察之旅。他们第一站来到了秦皇岛市针织总厂，然后一路东行至兴城、锦西、锦州、沈阳、长春、哈尔滨、齐齐哈尔，又下行到白城、抚顺、辽阳、旅顺、大连，在大连乘坐轮船到烟台、青岛，继续乘坐轮船到温州、黄岩，再乘火车转回上海、苏州、无锡、常州、兖州、邯郸、新乡、郑州、武汉、湘潭、广州。颠簸一路，他俩是夜间赶路，白天办事，觅得使用弯针的工厂就进入，签上合同或建立联系后就转身继续赶路。整整85天，两个人昼夜兼程，几乎跑遍了大半个中国。他俩从广州归来，已是盛夏酷暑。人晒黑了，眼熬红了，身体

特色经济

熬瘦了,辐射大半个中国的80个弯针营销网点建起来了。有了比较稳定的销售网点后,弯针生产走出了低谷。截至1980年,企业年销售额达到了63万元。企业生产经营的巅峰时期是1982年至1984年,年产值达150万元,利税30多万元,最高时期利税达35万元。

谈起村办弯针厂的成功经验,朱金榜这样总结:"那时的生产成本很低,刚开办工厂时,130多个工人没有工资,全部挣工分。20世纪80年代初期到中期,改为工资后加上提成,平均下来,每个工人一天有1元多的收入。那时是先国家,后集体,最后才考虑个人。每年给国家纳税20万元左右,集体提留20万元至30万元,余下的才给工人发工资。当时弯针工厂少,没有什么竞争,产品都能卖出去,卖出去就赚钱。"到了20世纪80年代中期,后双坨缝纫机零件厂完成了产品的升级换代,产品已销往全国20多个省、区、市的110多个地方,销售额达到了100多万元。

20世纪80年代中期,随着改革开放时代大潮的风起云涌,我国的工业缝纫机生产迅速跃入了一个新的发展阶段。国门打开以后,日本、美国、韩国等国的工业缝纫机先进生产技术被及时引进,天津、广州等地相继出现日本"飞马"牌工业缝纫机生产的联营厂,弯针的生产技术也开始加速向国际先进水平看齐。

1988年,朱金榜等人采取租赁的方法投标承包了后双坨弯针厂,他们不失时机地组织力量进行"飞马"牌工业缝纫机高速弯针的试制工作。为此,他们花费40万元,研制出了一套符合国际标准的132型三线包缝机弯针检具。到1990年,后双坨弯针厂终于生产出了大批高规格、

荒佃庄镇早期的缝纫机零件生产车间

高标准的高速包缝机弯针,相继打开了广州、上海等地的新型高速包缝机弯针市场。

20世纪80年代后期,后双坨弯针厂的经营状况逐步走下坡路,原因之一是厂里的骨干力量大量流失。1985年,刘锡民、刘育平、刘政清、周金田、周玉成、刘洪喜等6人率先从后双坨弯针厂退出。1986年,周占田、周家旺、孔宪民、孔广安等相继退出,之后刘锡全、刘兆贤、周守安等退出。原因之二是从1992年后,私营弯针企业逐步增多,市场的竞争日趋激烈。原因之三就是集体企业管理上的弊端也逐步显现。1993年,后双坨弯针厂以招投标的形式由刘安军承包,刘安军经营了三四年后,企业就破产了。

荒佃庄公社社办缝纫机零件厂的兴衰

1975年,也就是后双坨弯针厂建成投产两年以后,随着企业规模的不断扩大,经济效益越来越好,年产值达到50万元。一个大队办的企业有如此可观的收益,让荒佃庄公社的干部、群众看到了改变农村经济落后面貌的希望,他们决心跻身于缝纫机零件生产行业。他们的想法与正在扩大生产规模的天津市工业缝纫机厂的规划不谋而合。经双方协商,天津市工业缝纫机厂决定把生产压脚、针板等零件的任务,交给即将组建的荒佃庄公社缝纫机零件厂。

荒佃庄公社缝纫机零件厂的首任厂长是刘各庄的齐宝田。从1975年6月开始,公社先后分两批派了10多名青年赴天津市工业缝纫机厂学习。同时,公社抽人在荒佃庄村东南的一个坟岗子上平整土地,修建厂房。当时,公社想方设法筹措了1万多元以后,又向全公社的每个社员借了1元,凑了1万多元。由于建厂资金有限,不能像天津的工厂那样设施规范,除主要设备从外地购置外,大部辅助设备均由工人因陋就简,用土法制作。1977年3月,荒佃庄公社缝纫机零件厂生产出了第一批合格的压脚、针板产品,并开始源源不断地供给天津市工业缝纫机厂使用。

荒佃庄公社缝纫机零件厂刚刚起步的前三年,效益不是太好。1978年,在荒佃庄公社农机站工作的郜玉芝被公社安排到缝纫机零件厂任厂长。之后生产形势越来越好,当年企业创产值12万元,盈利7.3万元。到1979年,建厂时从社员手中筹集的资金全部还清,当初向每个社员借款1元,还款时向每人偿还了1.5元。进入20世纪80年代后,企业的产值和利润呈直线上升之势。到1984年,企业产值保持在40万元以上,并开始向国家纳税,当年纳税8万多元。同年,"公社化"体制解除,厂名改为"荒佃庄乡缝纫机零件厂"。

1984年下半年,荒佃庄乡缝纫机零件厂迎来了一场严峻的考验。荒佃庄乡缝纫机零件厂建成后,企业的原料来源、技术指导和产品销路基本上全靠天津市工业缝纫机厂。当年,天津市工业缝纫机厂为安置厂内职工子女就业,准备建立一个以生产各种缝纫机零件为主的附属加工厂。这意味着,荒佃庄乡缝纫机零件厂生产的压脚、针板等产品,天津工业缝纫机厂不再包收包购,他们必须自寻销售门路,否则只有停产。在突如其来的变故面前,郜玉芝等人没有惊慌失措,而是以极大的勇气把自己"逼"上了全国的缝纫机零件市场。1985年新年伊始,企业派出了4名精干的业务员,兵分两路,赴南方开辟新的销售市场。这两路人马,一路沿京沪线去上海、杭州、宁波、温州等地;一路沿京广线去郑州、武汉、长沙等地,到处联系生产缝纫机的整机厂和经销缝纫机零件的批发单位。春节之前,这两路人马凯旋。从1985年春天开始,荒佃庄乡缝纫机零件厂取得了独立生产和经营的地位,开始放开手脚独立自主地组织生产和销售,一步步地闯出了自己的市场。

随着改革开放的逐步深入,服装行业在东南沿海开放地区迅速崛起,各种类型的中高档工业缝纫机的需求量也与日俱增。作为工业缝纫机的主要零件,中高档的压脚等产品的缺口越来越大。根据业务员到南方了解到的情况,荒佃庄乡缝纫机零件厂迅速扩展产品种类,着手开发缝纫机使用的GK系列压脚产品,以使产品适应已经发生变化的市场形势,用新的中高档产品占领十分广阔的缝纫机零件市场。同时,他们还决定停止针板的生产,集中力量搞压脚新产品的开发和生产。1987年,荒佃庄乡缝纫机零件厂与广州华南缝纫机制造有限公司挂钩,承担了生产五线高速包缝机压脚的任务,不到一年,就拿出了这种对工艺水平要求很高的高档产品。紧接着,他们又马不停蹄地研制三线、四线高速包缝机压脚等产品,打开了高档产品市场的大门。

经过接连几年的技术攻关,荒佃庄乡缝纫机零件厂的压脚产品顺利完成了由低档向中高档的转型,产品种类由原来的不到10种发展到30多种,一些高档产品达到了国际水准,成为广州、上海、天津等地中外合资企业争相使用的"抢手货"。后来,他们又瞄准市场,继续开发新产品,为天津天马缝纫机制造有限公司生产五线高速包缝机使用的联接导块——比叉等精密零件。就这样,荒佃庄乡缝纫机零件厂凭着物美价廉的压脚等小小的产品,把市场越闯越大,把经营越搞越好,先后与上海、天津、武汉、西安、广州等大城市的主要缝纫机制造公司建立了密切的合作关系,建立了54个销售网点,辐射到了全国19个省、区、市。

荒佃庄乡缝纫机零件厂集体经营的10多年里,累计创利税170万余元。经营情况最好时的1991年产值达100万余元,利税达20万余元。

进入1992年,个体私营企业蓬勃发展,不少原在后双坨弯针厂和荒佃庄乡缝纫机零件厂的技术和业务骨干纷纷从集体企业脱离出来建起生产弯针、压脚、针板等的个体企业。市场竞争越来越激烈,荒佃庄乡缝纫机零件厂的经营状况每况愈下。1993年10月,郜玉芝被调到荒佃庄乡任经联社副主任,同时兼任荒佃庄乡缝纫机零件厂支部书记,郭恩敏任厂长。1994年秋,荒佃庄乡缝纫机零件厂以招投标的形式归刘长宝个人承包,刘长宝经营三年后又转包给了齐小刚,齐小刚经营不久,荒佃庄乡缝纫机零件厂就破产了。

个体私营企业的蓬勃发展

到20世纪70年代后期,后双坨村的缝纫机零件厂越办越兴旺,集体资金积累得越来越雄厚,群众的生活水平也有了显著提高。党的十一届三中全会以后，随着社会经济体制的改革，特别是以大包干为标志的农村改革的深入，人们的思想逐步活跃起来。经过多年办厂，人们的视野也不断开阔，思想进一步解放，不再满足于在大集体里吃大锅饭，挣固定的钱，干多干少一个样。

1985年，后双坨缝纫机零件厂的骨干力量开始分化，不少人越来越清楚地看到，集体能办到的事情，个人联合起来也能办。1985年11月，刘锡民、刘育平、刘政清、周金田、周玉成、刘洪喜等几名技术骨干决定从大队办的弯针厂脱离出来，合伙投资开办缝纫机零件加工厂。当时国家对私营经济的定位还不是很明确，各级党政干部对私人投资办厂的相关政策也没弄明白。大队书记对他们的做法百般阻挠，他们顶着重重压力，甚至冒着被抓起来的风险毅然决然地跳出了集体企业，集资办起了第一个联户缝纫机零件厂，取名为"利国缝纫机零件制造厂"。建厂初期，他们根据各自的经济能力，投资的额度从200元到500元不等，大多是从农村信用社贷款。没有厂房，没有设备，他们就租赁信庄大队和刘台庄农机站的设备。他们先在施各庄公社巢庄刘玉成的亲戚家干了一段时间，后来回迁到周金田家的闲置房干了两年，最后把第七生产小队的库房买了下来，才有了真正固定的厂房。他们六人合伙经营的利国缝纫机零件制造厂效益很好，每年每个股东分红四五千元。

第一个联户缝纫机零件厂的成功兴办，在当地起到了很好的示范作用，不到两年，全村就陆续办起了七家联户、个体缝纫机零件生产企业。"利国""大昌""宏昌"……一家家联户、个体缝纫机零件厂与后双坨村办弯针厂和荒佃庄乡办缝纫机零件厂呈现出了竞争局面。在此期间，一些技术骨干纷纷跳出村办和乡办企业，在荒佃庄及其邻近村建立了生产缝纫机压脚、针板等零件的联户、个体企业，工业缝纫机零件生产在当时的荒佃庄乡全面开花。

最早六人合伙经营的利国缝纫机零件制造厂的产品种类不断增加，产量和销量都有了很大提高，他们生产的缝纫机零件已经销往全国各地，但这

华杰弯针生产车间

期间，在技术改进方面没有大的突破。1989年，六人的合伙面临着解体的局面，刘锡民首先退出了六人合股。进入1990年后，其余五个股也提出了退股要求。利国缝纫机零件制造厂合伙结束，厂子以投标的形式归刘育平继续进行经营。刘育平以12.1万元的投标接收利国缝纫机零件制造厂，分两年退还每个股东本金2.4万元。当时大家有一个约定，从利国退出的人员，在两年内不得从事缝纫机零件加工行业。

归刘育平经营后的工厂，名称依旧是利国缝纫机零件制造厂。刘育平回忆，他接手厂子后，厂子运转一直良好，年利润10%左右，他按当时的约定在两年里还清了10多万元的股金。在之后的几年里，因为生产缝纫机零件的厂子相对较少，他的厂子起步早，技术成熟，销路宽，几乎没有几个强大的竞争对手。2010年，刘育平把利国缝纫机零件制造厂更名为"昌黎县益明精密机械有限公司利国缝纫机零件制造厂"。

利国缝纫机零件制造厂是成立于1984年的中国缝制机械协会的资深会员，也是昌黎县第一家参加中国国际缝制设备展览会的缝纫机零件加工企业。中国国际缝制设备展览会从1987年开始在全国各大城市举办。1988年8月，中国国际缝制设备展览会在杭州举办，那是刘育平第一次带着自己的产品追着展会参展。由于没有足够的资金，产品进不了展厅参展，他只能在展厅外设置一个地摊，摆上自己的产品。因为他们的产品质优价廉，也吸引了一些商家，当时一家印尼的商家就从他们厂订购了一些产品。虽然订单不多，但因为厂子规模小，也足够满足他们的生产。

到20世纪90年代,荒佃庄乡工业缝纫机零件行业发生急剧裂变,在数量上,由原来的几家发展到40多家;在生产原料上,由原来的大耙齿发展为特种钢材;在生产工艺上,由完全的钳工生产发展为半机械化生产;在市场销售上,由原来的"补漏堵缺"发展为小订单、小批量。

1993年开春,朱金榜、周其恩和刘相来等人,不再承包后双坨村办的缝纫机零件厂,采用股份制建立了新华缝制设备配件厂,并在村外租赁了5亩多低洼地,修建了一个新的厂区。一年后,又与香港合成针车有限公司合资,建起了荒佃庄乡的第一家外向型合资企业——大昌缝制设备有限公司。总投资达150万元的大昌缝制设备有限公司建立后,在当地产生了很大影响,一些联户、个体缝纫机零件厂纷纷开始进行企业的升级换代,有的还到后双坨村与荒佃庄村之间的乡间公路两侧修建新的厂房,建立较大规模的缝纫机零件生产私营企业。金山缝制设备有限公司、华杰缝纫机设备公司、利国缝纫机零件厂、宏昌衣车有限公司、金洲缝纫机设备有限公司、新和铸业有限公司等企业,与大昌缝制设备有限公司一起开拓缝纫机零件的国内外市场,其中金洲缝纫机设备有限公司与大昌缝制设备有限公司一样,也是一家合资企业。2008年,大昌缝制设备有限公司又先行一步,取得了独立自主出口权,产品直接出口到了土耳其等一些欧洲国家。

2004年9月8日至10日,昌黎金山缝制设备有限公司董事长刘锡民和80多位荒佃庄的缝纫机零件加工企业的厂长、经理飞赴上海,参加了中国国际缝制设备展览会。第一次看到那么大的场面,第一次有了太多的惊喜和收获。有新加坡、日本、美国、加拿大等17个国家和地区的客商参加的展销会上,后双坨村生产的弯针、护针、过线器等产品占据了70多个展台,一下子就拿到了全年80%以上的生产订单,可谓是赚得盆满钵盈。

缝纫机零件加工行业协会

2006年,在荒佃庄乡政府的倡导下,缝纫机零件加工行业协会成立,有59家当地企业加入了行业协会,大家选举刘政清为昌黎县缝纫机零件加工行业协会会长。每个加入协会的企业每年根据自身的经济实力自愿缴纳一定的会费，缴费金额从几百元到1万元不等。入会的会员企业共同协商、制定一些行规。行业协会的规矩包括产品的定价、产品的质量标准、人才的流动、工人工资的调整、各项公益事业捐款等各个方面，经协会会员协商讨论认可后，统一发布。协会的成立保证了会员企业内部的有序竞争，为会员企业提供了信息交流平台，会员企业享受协会的统一包装，参加国家或国际缝纫机零件行业的展览会。

两年一届的中国国际缝制设备展览会是全球最大的专业缝制设备展览会，展品包含了缝前、缝制、缝后的各类机器、CAD/CAM设计系统及面辅，完整地展现了缝制服装的整个链条。该展会凭借宏大的规模、优质的服务和强大的商贸辐射力赢得了各地展商和观众的赞誉。从2007年开始，昌黎县开始组织荒佃庄镇各缝纫机零件加工企业参加展会。2011年是第三次参展，那次展会全县共有23家企业参展，其中年产值1000万元以上的金山缝制设备有限公司、利国缝纫机零件制造厂、河北华杰缝纫机零件有限公司和新和铸业有限公司等全部随团参展，展位面积306平方米，达到了历届最高水平。荒佃庄镇缝纫机零件在展会上热销，现场交易值达500万余元，累计订单金额达7800万元。除签订订单外，印度、日本、韩国、土耳其、巴基斯坦等国的代表还向荒佃庄镇缝纫机零件加工企业索要样品5000余套，形成了10亿多元的潜在购买力。

荒佃庄镇缝纫机零件加工行业协会每年都组织缝纫机零件加工企业参加上海国际缝制设备展览会。为迅速扩大昌黎缝纫机零件的影响力，荒佃庄镇积极引导各生产企业"一个拳头对外"，统一打昌黎缝纫机工业园的牌子，统一宣传、推介和造势，收效明显。

2016年5月，荒佃庄镇的缝纫机零件加工企业已发展到100余家，最高峰时吸纳从业人员6000多人。荒佃庄镇的缝纫机零件加工企业生产的工业缝纫机弯针、护针、压角、针板、送布牙、针夹头等产品已达4000多种，其中以弯针最为出名。荒佃庄镇的弯针畅销到了上海、天津、广州等我国的主要城市,并远销至国外的东亚、东南亚、欧洲等地区,产品销售量约占全国市场份额的95%,约占亚洲市场份额的80%,在国际市场上的占有率也达到了70%。现在,荒佃庄镇已经建成中国北方最大的专业缝纫机零部件生产基地,成为名副其实的"中国缝纫机弯针之乡"。

荒佃庄镇缝纫机零件加工行业的蓬勃发展不仅带动了当地经济的繁荣,而且也使一些有社会责任感的企业逐渐投入资金发展公益事业,回报社会。多年来,荒佃庄镇缝纫机零件加工企业用于公益事业的资金达上百万元。其中,金山缝制设备有限公司、华杰缝纫机零件有限公司、益明精密机械有限公司等企业投入相对较多。仅金山缝制设备有限公司一家近几年为后双坨村修路、打井、捐资助教、修泄水工程、安装太阳能路灯等就投入了近40万元。

昌黎县缝纫机工业园

进入21世纪以后,随着缝纫机零件加工产业的快速发展,不少瓶颈问题也逐渐显露出来,如土地受限、电力不足、环境污染、融资难、招工难等。为了协调和解决制约企业发展的各种矛盾和问题,更好地发挥地方政府的服务职能,2001年,时任荒佃庄乡党委书记的赵静臣、乡长冯明瑜牵头开始谋划筹建缝纫机产业园区。荒佃庄乡在市场调研的基础上,科学定位,提出了"两步走"的战略,即第一步,用5至7年的时间,把后双坨建成全国最大的缝纫机零件加工制造基地和精密零部件加工基地;第二步,用7至10年的时间建成国内外知名的"中国北方缝纫机城"。按照这一定位,荒佃庄乡首先在大昌缝制设备有限公司等大、中型缝纫机零件生产企业所在地,规划了一个占地369亩的缝纫机零件加工小区——河北后双缝纫机产业园,并加快园区基础设施建设。在园区建起了800千伏安的110千伏变电站,妥善解决了工业园区的用电问题。后来又逐渐完善了园区的道路、供电、供水、通讯、路灯、污水处理等设施,为企业进入园区提供了良好的建设和发展环境。

缝纫机零件加工小区的开辟与建设,顺应了个体私营企业发展的需要。

短短的几年时间，先后迁入新规划的缝纫机工业园的缝纫机零件加工企业达到26家。与此同时，在后双坨村内和其他各村还分布有缝纫机零件加工的中小型个体私营企业近百家，其中不少中小型企业成了金山缝纫机零件有限公司等龙头企业的加工车间。同时，在缝纫机零件产业的带动下，当地与之相关的精密铸造、模具制造、机床供销、机械修理、建筑运输、商贸餐饮等行业也随之兴旺，各行业收入突破亿元大关。

荒佃庄乡政府还依托金山缝制设备有限公司，成立了后双缝纫机零件工业研究所和后双缝纫机工业技工培训学校。后双工业园区逐步发展成为集研发、生产、配套、销售、市场等完整产业链的特色产业园区。

随着缝纫机零件加工产业的发展壮大，原有的建设规划已远远不能满足产业发展的要求。区外企业急需向园区搬迁、区内企业改建扩建、相关产业入园配套、新项目的引进与开发等都需要一个规模更大、功能更加齐全的园区作为支撑。为适应形势发展要求，荒佃庄乡申报省级工业园区。

2006年10月，河北后双缝纫机产业园改称昌黎县缝纫机工业园，时任荒佃庄乡党委书记的冯明瑜、乡长薛长宝牵头对园区进行了重新规划，开始新一轮建设。新规划的园区在原有建成区的基础上沿石刘公路向东扩展，距沿海高速荒佃庄出口约1.5千米，东临秦皇岛港，西近京唐港，距天津新港仅1小时左右的车程，距北京首都国际机场仅2小时左右的车程，交通十分便利。

河北昌黎缝纫机工业园区的功能定位为：以缝纫机零件加工及相关产业为基本架构，以民营经济为主要经济成分，侧重于发展中小企业，逐步壮大园区的工业集聚能力，积极推进区域内相关企业向园区集中，形成市场化经营、区域化发展、多元化投资、开放型经济的格局。力求利用5至10年的时间，将园区建成有一流基础设施、一流工业企业、一流经济效益、一流管理水平的，环境优美、特色鲜明的，集研发、生产、销售与市场于一体的，有完整产业链的，闻名于国内外的"中国北方缝纫机城"。

2007年4月，荒佃庄乡撤乡建镇。到2008年，荒佃庄镇的缝纫机零件加工企业已经发展到了120家,其中,年产值在1000万元以上的企业有5家,100万元至500万元的企业有15家,专门从事零件销售的经纪人有200多人,全部从业人员达到6000多人,工人年人均收入1.2万元,缝纫机零件年创产值5.5亿元,年上缴税金1000万余元。

　　2009年,缝纫机零件加工业已经成为昌黎县的一大特色产业,呈现出蓬勃的发展势头。其规划的占地4.9平方千米的昌黎缝纫机工业园区现已具雏形,累计完成投资5亿多元,产品涉及弯针、压角、针板、送布牙、链杆、针夹、直针等缝纫机的零部件,缝纫机零件加工制造业开始向产业集群的经营模式迈进。同年9月,在上海中国国际缝制设备展览会上,鉴于在缝纫机零件产业方面取得的巨大成就,中国缝制机械协会正式授予昌黎县荒佃庄镇"中国缝纫机弯针之乡"称号。在我国的缝纫机零件制造业,有一个公认的说法:"南东阳,北后双。"南,即浙江东阳;北,即河北昌黎。

　　缝纫机零件产业的集群发展模式被秦皇岛市委市政府确定为产业集群、行业协会、工业园区"三位一体"示范基地和中小企业成长工程。

制定缝纫机零件加工行业标准

　　缝纫机零件加工行业历经几十年的发展,国内工业缝纫机零件加工尚无国家、行业、地方标准,昌黎当地100多家企业长期以来全部以加工合同、技术图纸作为生产依据,凭技工师傅的经验进行加工,工艺水平高低不一,生产不规范,质量不稳定。同时,由于没有统一的质量标准,对产品的硬度、光洁度等指标无明确规定,一些企业通过采用低质原

工人在数控机前专注操作

材料、降低工艺水平来降低生产成本，靠打"价格战"来占领市场，严重制约了整个行业的技术进步和产业的健康发展。

2009年，为了促进缝纫机零件加工业的健康、快速、有序发展，按照"特色产业规模化，产品质量标准化"的发展要求，昌黎县质量监督管理局积极推动出台缝纫机零件地方质量标准，并很快完成了专家论证，于当年8月获河北省质监局批准立项。同时，占地面积约800平方米的河北省缝纫机零件质量检测中心完成主体工程。

2010年6月，华杰缝纫机零件有限公司和金山缝制设备有限公司联合起草，由昌黎县质监局申请制定的《工业缝纫机弯针通用技术条件》顺利通过省质监局组织的专家审查，这项标准是我国首个省级工业缝纫机零件地方标准，填补了国内工业缝纫机零件质量标准的空白。《工业缝纫机弯针通用技术条件》省级地方标准的制定，有利于进一步提高企业的技术水平及产品竞争力，保障缝纫机零件产业的健康发展。

缝纫机零件系列省级地方标准包括《弯针通用技术条件》《压角通用技术条件》等10余项。《弯针通用技术条件》等缝纫机零件系列省级地方标准，对缝纫机零件的硬度、光洁度等主要技术指标进行了规范和统一。这一标准的制定，显示了昌黎县缝纫机零件的技术能力，改变了昌黎县缝纫机零件产品在组装过程中的劣势地位，使昌黎县生产缝纫机零件的100多家企业有了统一的技术规范，推动了缝纫机零件制造业驶入标准化轨道。

淘汰落后的缝纫机零件热处理工艺

缝纫机零件加工过程中有一个热处理工艺，即淬火工艺，这一工艺需用剧毒物质氰化钠作为主要原料，原来生产弯针的企业都是一家一户各自分散淬火，在淬火过程中会产生有毒、有害物质，造成严重的环境污染。2003年，由市、县环保局牵头，在后双坨村西建起了一座淬火厂，对全行业需要淬火的缝纫机零件进行集中淬火，在一定程度上减轻了对环境的污染。

2012年召开的党的十八大，提出了经济建设、政治建设、文化建设、社会建设、生态文明建设"五位一体"的总体布局。自2015年1月起施行了重新修订的《中华人民共和国环境保护法》后，各级政府对企业的环保要求越来越高。在新的形势下，用氰化钠淬火这一低成本的工艺面临被淘汰的局面。

其实，早在1997年，刘锡民的金山缝制设备有限公司就不再使用氰化钠淬火技术对缝纫机零件进行热处理了，而是用当时国际上通用的一种比较环保的碳氮共渗化学热处理方法。这种工艺加工的零件硬度、耐磨性、抗腐蚀性、抗咬合能力都得到提高。氰化钠淬火过程中产生的有毒物质对人有害，这种方法处理的零件脆、弹性不足，对一些对质量要求高的买家来说，这种工艺生产的产品根本达不到他们的质量要求。

无论是从符合国家环保要求的角度来看，还是从缝纫机零件加工行业长远发展的角度来看，改善热处理工艺，解决有毒物质排放问题都势在必行。2015年，县政府谋划投入150万元，组织几家有实力的缝纫机零件加工企业，每家投资60万元，共同建设符合环保要求的新热处理厂，对区域内缝纫机零件加工企业实行有偿服务，共同投资，共同受益。大多数企业都不愿参与投资，最后只有华杰缝纫机零件有限公司挑起了这一担子。

2015年，华杰缝纫机零件有限公司分两期工程，共投资450万元，引进碳氮共渗热处理技术，从江苏盐城购进生产设备。从2015年9月1日开始，华杰缝纫机零件有限公司连续6个多月用自己的产品反复进行热处理实验。他们实验后认为技术已经成熟了，从2016年4月22日开始，正式对外服务运营，并且允诺第一个月免费为各企业处理零件。从此，荒佃庄缝纫机零件加工行业用环保的热处理工艺全面取代了老式的淬火工艺。

2022年，荒佃庄镇加大了弯针产业园区的基础设施投入，南部起步区路网工程计划启动了华杰路、金山路和两条东西支路的建设，为弯针产业相关项目入驻园区提供基础条件；组织业内缝纫机零件加工企业前往宁波参加中国国际缝制设备展览会，扩大了"中国缝纫机弯针之乡"的国际影响力。目前，荒佃庄镇弯针产业园区共有企业72家，吸纳从业人员4000多人，产品近7000个品种，产品产量占全国市场的90%以上、占国际市场的70%以上。一座"一体两翼"发展布局（镇区、园区、皮草小镇），"生态、循环、高端、时尚"的昌黎县南部特色产业新城已经初见规模。

滦河岸边的"中国养貉之乡"

如今,在荒佃庄镇,有一个熠熠发光的产业——皮毛产业。每年大约10月,来自京津冀及周边省份的游客便会慕名来到坐落在昌黎县城以南约60千米处的荒佃庄镇皮毛交易市场的裘皮城。在产品展示区,派克服、貂皮大衣、皮毛一体外套等服装做工精细,色彩明快,极富设计感。游客们在一次次美好而温暖的体验中,亲身感受着荒佃庄镇皮毛产业文化的独特魅力。

历史上,荒佃庄镇的人民勤劳肯干、富于创新。20世纪80年代初期,全国上下吹响改革发展的号角,荒佃庄人便抓住时机,闯东北,探门路,驯养起了东北野生貉、狐等毛皮动物,开创了皮毛产业的历史。村民们精心地饲养,科学地繁育,加之荒佃庄镇优越的地理位置、独特的地貌特征、良好的土壤及温带季风性气候,这些都为皮毛产业的发展提供了必要的条件。渐渐地,荒佃庄镇的畜养业因利润高、见效快,逐步辐射周边。2000年以后,荒佃庄镇的毛皮动物养殖以每年百万只的速度增长,使昌黎县成为全国毛皮动物养殖基地,获得了"中国养貉之乡"的美誉。

2006年,佳朋集团在荒佃庄镇投资建设了昌黎皮毛交易市场,为养殖户搭建了交易平台,解决了养殖信息不对称、价格信息不透明的难题,培养了近万名的皮毛经纪人队伍,东北三省、山东省、河北省等地的皮张大部分集中到市场来交易,昌黎皮毛交易市场发展成为全国最大的生皮交易市场,年交易皮张1500万张,成为全国优质皮张供应基地和交易中心,昌黎皮毛市场荣获"中国首批文明专业市场"的美誉。

2007年,佳朋集团在昌黎皮毛交易市场院内召开了"河北省首届(昌黎)毛皮特养产品交易大会",截至目前,已经连续举办13届交易会,扩大了昌黎皮毛产业的知名度和影响力。

2008年,佳朋集团派人奔赴波兰、芬兰、丹麦等国,学习国外先进的养殖技术及管理经验,对接国际标准;同年参加了北京展销会,开启了昌黎毛皮对外贸易的新征程。

2012年,佳朋集团成立昌黎昌佳特种动物养殖专业合作社,通过自身经营,及时了解市场需求,创建了"昌佳"品牌,被评为"中国毛皮产业养殖十大品牌",引导养殖户发展专业化、科学化、品牌化养殖。

2013年,昌黎皮毛交易市场二期扩建,建成了集皮张交易、仓储物流、裘皮服装展销和配套服务于一体的全国性专业皮毛市场。至此,市场的配套设施更加健全,服务体系更加完善,在带动皮毛相关产业发展和农民就业上发挥了重要作用。

2014年,昌黎县委县政府规划建立了昌黎县皮毛产业园。

2016—2017年,佳朋集团分二期建成了总面积约1万平方米的昌黎裘皮城,里面的服装款式多而新,质量上乘有保障,价格便宜又实惠。自投入运营以来,始终保持裘皮服装单位面积销量全国第一的业绩,成为唐秦地区裘皮服装展销中心。

2018年,经省政府批准,3.07平方千米的皮毛园区纳入河北昌黎经济开发区管理,皮毛产业迎来新的发展契机。同年,"昌黎貉皮"获批国家地理标志证明商标,"昌黎皮毛"获批省"二十大"农产品区域公用品牌,产业的知名度和影响力不断提升,在行业内叫响了昌黎品牌。

2019年,昌黎宝格国际裘皮城有限公司成立,借助本地丰富的旅游资源,建设国际裘皮城综合体项目,打造昌黎南部集休闲、度假、购物、美食为一体的旅游中心,推动产业、园区、城镇深度融合发展。

2020年,昌黎佳貉种源繁育中心建成并投入使用,在保护地区优质种源,培育优质种群,提升产业核心竞争力等方面作出了突出贡献。

2020年,我国貉子取皮数量最大的省份为河北省,约有795.6万张,占全国貉子取皮总量的66.3%。昌黎县先后建设了同和皮草、衣岩制衣、鹏浩制衣、鼎旺制衣和速腾制衣等7家皮毛加工企业,开展了皮毛硝染、裘皮服装、服饰制造和辅料(皮领、皮条)加工等业务,年加工裘皮服装2万多件,羽绒服20多万件,创建了艾瑞姿、衣岩国际、卡依诺、依依名品等自主裘皮服装品牌,拉开了皮毛全产业链发展的序幕。

2021年,在昌黎县毛皮产业协会的引领和带动下,昌黎佳貉种源繁育中心采用科学的管理方式,对貉种源进行有效干预,避免了近亲繁育,实现了对疫病疫情的精准诊断、预警和防控,完成了对貉生活习性的追踪。仅一年,昌黎佳貉种源繁育中心就对外输送优质种源1500只,为繁育优质种源,培育优质种群作出了突出贡献。

与时俱进求发展,开拓创新扩门路。随着互联网的不断推广,新媒体应用在皮毛产业发展过程中越来越凸显出其无法替代的重要作用。为了给皮毛产业发展注入新活力,佳鹏集团快手官方账号上线运营,截至2023年4月,佳朋集团快手官方账号粉丝已经突破3.5万人,累计发布行情信息150条,并定期邀请河北科技师范学院动物科技学院的专家做客快手直播间,为广大皮毛从业者提供专业的养殖技术培训,昌黎县毛皮产业协会会长、佳朋集团董事长蒋雨江也多次做客直播间,为广大养殖户和协会会员分析皮毛行情走势。

打造数字乡村电商直播基地。佳朋集团旗下的昌黎昌源毛皮有限公司投资102万元,在昌黎县皮毛产业园内,打造了建筑面积700平方米的数字乡村电商直播基地。基地设有信息中心、物流中心、直播培训室、洽谈室、财务室、综合办公室等功能室,配套设施齐全,可为入驻企业及合作主播提供包括品控、孵化、培训、供应链服务等在内的一站式产品和服务。基地致力

荒佃庄镇皮毛产业方兴未艾

于更好地链接、赋能和服务网红与供应群体，为消费者带来创新、优质的社交购物体验。昌黎县毛皮产业协会积极帮助昌源公司对外招商，截至2021年12月底，基地共引进5家优质货源入驻，签约了20位网红主播，直播销售额达150万元，促进了本地数字电商的兴起。

2021年11月，由昌黎县毛皮产业协会主办、太平洋建设集团和佳朋集团联合承办的中国·昌黎第二届（太平洋杯）貂王选拔赛和首届貂王拍卖会在昌黎皮毛交易市场院内成功举办；同年12月，昌黎县毛皮产业协会年会暨会员交流会在佳朋培训中心成功召开，协会会员、重点养殖户代表、业内网红达人等共计200余人，共同探讨皮毛行情发展走势……

在乡村振兴的发展大潮中，荒佃庄镇皮毛产业走的无疑是一条前无古人的创新之路。在这条并无固定成功模式的开拓性征程中，荒佃庄镇皮毛产业人发挥着"路漫漫其修远兮，吾将上下而求索"的拼搏精神，"莫问前程几许，只顾风雨兼程"早已成为他们约定俗成的精神金字塔，这势必将为71.22平方千米的荒佃庄大地博来一道五彩光晕，这个平凡而扎实的乡村小镇也势必闪耀为渤海沿岸、冀东大地上一颗异常闪耀的乡村快速发展新星。

绿色村庄

30个村庄,仿佛30道脉管,它们以最激昂澎湃的跳跃,组成活色生香、深沉丰满、前景美好的荒佃庄镇整体。一年四季,朝来暮去,它们以绿为底色,以金为远景,派出务实、勤奋、探索"三剑客",撸起袖子加油干,使汗水与大地产生芳香的擦痕,流转的时光成为醉人的卷轴。在这里,不仅深刻上演着"春种一粒粟,秋收万颗籽""稻花香里说丰年"的盛景,更无声浸润着"浓绿万枝红一点""柳暗花明又一村"的风情。

产业、人才、文化、生态、组织齐驱并进,紧守耕地红线,大力发展设施农业、特色产业,村庄美起来了,村民富起来了,日子甜起来了。虽是农村,它们却早已摆脱人们传统意识里对农村的认知,平坦的路面、醉人的景色、时尚的衣着、便捷的交通、丰盛的食物,都是最好的佐证。

在历史的深处,它们有傲娇的血脉传承;在未来的岁月,它们有荣耀的才华资质。"花木成畦手自栽,一水护田将绿绕"是它们的随性,"暮从碧山下,山月随人归"是它们的勤奋,"莫笑农家腊酒浑,丰年留客足鸡豚"是它们的热情,"儿童急走追黄蝶,飞入菜花无处寻"是它们的情趣……

走近它们,轻轻地走近它们吧!感受它们如典籍一样的厚重,如大地一样的深沉,如青春一样的明丽,如童谣一样的简明,如诗歌一样的婉约,更如母爱一样的温暖。

荒佃庄村：全国最大皮毛交易中心所在地

荒佃庄村是荒佃庄镇政府驻地，东邻陈青坨村，南接小营村，西至后双坨村，北靠西腾远村。明朝前期，山东蒋姓移民到此落户建村，因村址建在一片荒草甸上，得名荒草甸子，后改名荒佃庄。解放战争时期曾一度为昌黎县人民政府驻地。

荒佃庄村地处平原，地势平坦，以沙土为主，传统农作物为玉米、花生、小麦等。全村共有姓氏16个，主要姓氏为蒋、郭，其他姓氏为邢、李、赵等。

2000年，村民蒋雨江、蒋雨滨、蒋福良、蒋小勇四人共投资200万元，创办了新和铸业有限公司，他们四人思想活跃、吃苦耐劳。很快，公司的工人就发展到了100名，公司年产值达1200万元，创获利润130万元。他们四人成为全村人羡慕的创业大户，为荒佃庄村的进一步发展起了个很好的头。

截至2015年，荒佃庄村的企业就达到了五家，年产值5000万元，利润750万元。其中，最大的企业是位于荒佃庄村东的昌黎皮毛交易市场，创办人为之前曾创办新和铸业有限公司的蒋雨江，一期投资8000万元，占地145亩，是全国最大的毛皮交易中心，被中央文明办授予了"中国首批文明专业市场"荣誉称号；二期占地330亩，总投资2.3亿元，建筑面积1万平方米，可容纳千余户商家进场经营。

昌黎县的水貂等由野生变为家养的珍贵皮毛动物养殖发轫于20世纪60年代末期,当时在大滩渔业队和泥井一村建有两个养貂场,共饲养水貂120只。1973年,养貂场发展到16个,养貂726只。80年代,养貂专业户在沿海地区和滦河沿岸地区大批出现。1985年,全县农村的养貂户达到1391户,养貂13653只,当年取皮12797张。同年,靖安、刘台庄、大蒲河一带的农民又从东北引进数百只种貉进行饲养,使养貉也逐渐形成风气。截至1987年,全县的水貂存栏量达到6.3万只,水貂的出口收购总值达到792万元。90年代后,全县的畜禽养殖业进入全面发展的新阶段。进入21世纪后,荒佃庄一带围绕毛皮动物养殖狠抓养殖基地建设、经纪人队伍建设、优质品种繁育体系建设、疫病防治体系建设、市场及信息网络建设、行业协会建设,实现了养殖方式由小规模庭院副业式养殖向大规模户外专业化养殖转变,毛皮动物存栏量迅速增加,并辐射到全县农村,使貂、貉等毛皮动物的养殖开始数以百万计。荒佃庄一带的毛皮动物养殖业占国内外市场的份额越来越大,成为远近闻名的乌苏里貉毛皮生产基地。2006年昌黎皮毛交易市场的成立,为我县珍贵毛皮动物养殖及相关产业的不断发展及壮大提供了强有力的平台。

1949年以前,村中心有一座大庙,名为老母庙,庙的前殿供奉观音菩萨,后殿供奉关公。大庙东侧有一座小庙,名为武王祠,用于人们烧纸祭奠。每逢农历二月十九,村里便会在此举行大型庙会。随着村庄规模的扩大和其他建设的跟进,庙宇逐渐被拆除。前殿殿址为现在的村委会所在地,后殿殿址为原荒佃庄小学所在地。庙宇虽已被拆除,但过庙会的风俗一直延续至今,每年的农历六月十九,人们还会举行一年一度的饽饽节庙会。

2018年,"昌黎文化行"首行荒佃庄镇之初,我们在荒佃庄村村委会后院,发现了一块原老母庙内的石碑。

当时,正值夏末雨后,院内的南瓜秧正撒欢地跑,圆圆的叶片成了它们的脚掌,遮住了后院将近一半的地面。后院东部是一个废弃的大棚,棚架尚在,并无瓜果菜蔬。后院北部是一所没有顶棚、只剩框架的旧宅。站在旧房门前,我们正想悻悻而去,突然发现脚底踩着一块不寻常的青色巨石。俯身一看,现出隐隐字迹,我县文史专家王恩霖老师急忙前来鉴别。

因年代久远,长期风吹日晒,青石上的字迹模糊难辨。主人端来清水,拿起刷子、抹布,大家一起泼水、清洗、擦拭。之后,或蹲,或趴,或俯身,仔细辨认,一个字牵出两个字,两个字引出四个字,约一个小时后,终于辨出了碑文前文:"碣石之南,渤海之滨,有县曰昌黎县,荒佃庄之乡,甲子重修老母庙碑记……"据王恩霖老师评价,这块石碑对于研究荒佃庄及周边地区的文化、民族、历史等均具有极其重要的史料价值。对此石碑的发现,是文化行活动的一大亮点。

突然想起我在位于荒佃庄镇的原昌黎县第十一中学上学时,于往返途中,曾见到的六月十九村里庙会的场景。那时荒佃庄镇主街两旁,全是小商小贩,吃喝玩耍,样样齐全,沿现邮局所在的村中心交叉口北行,进入一个地势较低的土路,行走几十米远之后,那个之前大而空旷的平地中心,已被围得里外三层,水泄不通。旁边挨着住家的较高些的土坡上,也挤满了人,一年一度的庙会,怎么少得了昌黎地秧歌的助兴呢。周围十里八村甚至更远地方的昌黎秧歌角儿、唢呐手,都被请来助兴了。要是逢上学日,我们中午就买点吃的,边吃边往秧歌场子里挤。倘若逢周末,那可是我们的福气了,我们骑着自行车赶过五六里地,非要尽可能把每场秧歌都看上一遍才罢休。

没想到,我的儿时乐趣,竟和这块青石有着这般紧密的关系。

冷各庄不"冷"

冷各庄村,位于昌黎县荒佃庄镇政府驻地东约3.5千米处,东临范庄子,南接会君坨,西至张青坨,北靠左营。史料记载,明朝前期,山西冷姓居民到此落户建村。

提到冷各庄,不免有丝丝的凉意。尤其是在冬天,"冷"字总会与"寒"连在一起,带着凛冽,从前胸袭到后背。然而,当你踏进冷各庄的土地,你会感到阵阵热浪扑面而来,这热浪是冷各庄人勤劳致富奔小康的高涨热情,是冷各庄大棚蔬菜种得红红火火的好日子。尤其在冬天的时候,冷各庄的大棚蔬菜不知暖了多少人的胃,暖了多少人的心。

仲夏时节,我们来到了冷各庄村。村书记钟卫强介绍说,村里经济依托大棚蔬菜的种植。冷各庄村现有耕地1680亩,其中大棚蔬菜种植400亩,大棚蔬菜每年种植三茬,年复种1200亩,每亩年均收入达1万多元,每户年收入都达数万元,有的高达20多万元。塑料棚大小不一,大的有六七亩地,小的也有1亩左右,主要种植芹菜、西红柿、豆角、油菜、西葫芦、辣椒等。冷各庄的大棚蔬菜在秦皇岛、唐山一带是出了名的好,尤其是芹菜,各蔬菜批发商收购芹菜时首先要收冷各庄的,冷各庄的芹菜收完后,再收其他地方的。因为冷各庄的沙地性质最适合芹菜生长,再加上芹菜本身不生虫子,喜欢有机肥,所以冷各庄的芹菜不打农药,施的全是有机肥,西芹都长到60多厘米,嫩、肥,非常招人喜欢。冷各庄的大棚西红柿皮薄、肉厚、瓤满、瓤红,还起沙,也很是招人喜欢。在县里举办的农产品展销会上,冷各庄的西红柿总是榜上有名。每年冬天,尤其是春节前后,冷各庄的大棚蔬菜供不应求,仅芹菜一种每亩产量就达1万七八千斤,最高时达到2万斤,春节期间每斤芹菜1.2元左右,有时还会卖到2元一斤。村民的钱袋子鼓了,百姓富裕了,生活如芝麻开花节节高了。大棚蔬菜种出了冷各庄人幸福美满的好生活。

　　时间追溯到种植大棚蔬菜初期,那第一个吃螃蟹的是冷各庄村一个叫冷福成的人,他早年去了东北,1981年又从东北回到了冷各庄。每年冬天,北方农民的饭桌上总是很单调,除了白菜就是萝卜,一到春节,家里来了客人,菜品少得可怜,冷福成便萌生了一个念头,在自家院子里用塑料蒙一个菜棚,种些西红柿、黄瓜之类的,丰富一下春节的饭桌。说干就干,他用泥巴、麦秸做了棚墙,上面蒙上塑料,在自家院子大约1亩多的大棚里种植了一些反季节的黄瓜、西红柿等蔬菜,自己吃不完就拿到周边集市上卖,很是抢手。后来冷福成的大棚蔬菜便从院子扩大到了田间。冷福成的成功带动了越来越多的村民尝到了大棚种植的甜头,再加上党的富民政策的指引,县农业局、农工委等相关部门的大力支持,1990年以后,全村几乎家家户户种植大棚蔬菜,村民在实践中不断摸索出经验,大棚蔬菜种植得越来越好。

　　那时没有网络,信息不畅,大棚蔬菜丰收了,销路又成了问题。村民冷雨打破常规,想让冷各庄的大棚蔬菜到远方闯荡。刚开春,冷雨便在昌黎火车站包了一节车皮,装满了芹菜、萝卜等各种蔬菜,运到了东北哈尔滨。由于人生地不熟,又没有经验,刚开始,买者寥寥。五天过去了,仍没卖出多少。看着成堆的蔬菜无人问津,冷雨急出了满嘴的泡,躺在宾馆的床上,无精打采地打开电视。他看到了广告节目,于是眼前一亮:为何不给自己的蔬菜也做下广告呢?于是他来到当地电视台为自己的蔬菜做了广告,广告播出后便来了两个大户,把蔬菜抢购一空。这次哈尔滨之行,虽然没有挣到大笔的钱,却也没有亏本,更重要的是为村民推销自家产品尝试了一条新路,村民们纷纷雇车到周边的唐山、乐亭、秦皇岛、山海关一带销售自家的大棚蔬菜。很快,冷各庄大棚蔬菜便在这一带打开了销路。渐渐地,冷各庄人不用雇车到外地卖菜了,各地购菜商开始开着大货车来冷各庄收菜。冷各庄的蔬菜由于质量好、价格合理,总是供不应求。

在长期的蔬菜销售过程中,冷各庄村民体会到,诚信关乎他们的未来,在种出好菜的同时,更要守住诚信的美德,守住村庄的信誉。如今,外地收菜的客商可以随便挑开一捆或倒翻一筐菜来验收,都是货真价实,质量杠杠的,真的是童叟无欺,信誉满满。冷各庄村门庭若市,前来收菜的货车络绎不绝,高峰时一天竟有十多家货商。为了争夺菜源,菜商纷纷加价,受益的正是冷各庄的村民。

结束这次走访之前,我们参观了冷各庄的蔬菜大棚。村庄外,绿茵茵的玉米和金黄色的麦子中,有一排排整齐的白色塑料大棚纵横排列着,凸出在绿色和黄色中间,像草原上密密的蒙古包一样。我们走进了村民冷志斌的蔬菜大棚。钻进大棚,只见半人高的西红柿秧,层层枝丫间挂满了一串一串的西红柿,最上面的西红柿是青青的,像绿色的乒乓球一般,中间的青中泛白,鹅蛋般大小,最底下的那层几乎全部红透了,像一个个红红的小灯笼般你拥我挤。冷志斌随手摘了几个红的让我们品尝:"吃吧,纯绿色的,没有农药。"我接过来,用手抹了抹西红柿外皮,两手一掰,西红柿便从中间一分为二,汁多肉厚,瓤红中透着粉白的沙。咬一口,一股特有的香味迅速捕获了我的味蕾,细细品味,酸是淡淡的,而甜却如绵绵的相思回味无穷。

冷福成的媳妇李爱立和我攀谈起来。她说,他们两口子种植大棚蔬菜已

冷各庄大棚芹菜

有20多年了。她刚结婚那会儿,和丈夫冷志斌在外地打工,结婚不久后,她的公公就去世了,婆婆不久后也改嫁了,这时他们的女儿出生了。孩子没人照看,不能外出打工了,两口子一合计,盖大棚种蔬菜吧。她一边照看孩子,一边帮丈夫种菜,吃了不少苦,受了不少累。一开始只盖了一个大棚,那时的大棚的墙是用泥土垒的,逢上大雨天,大棚便坍塌了,他俩只好又重新垒,就这样垒了塌,塌了垒,第一个大棚总算成功了,收入刚好满足一家人的日常开销。为了增加些收入,改善生活,他俩又增加了一个棚。就这样,他们一点点增加,现在已有6个大棚了,共10多亩的面积,种植芹菜、西红柿、豆角、油菜等。李爱立说,她家的大棚从不闲着,一茬紧接着一茬地种植,20多年来,他们积累了丰富的种植经验,而且把诚信贯穿始终,她家的蔬菜那是"皇帝的女儿——不愁嫁"。她还帮别的村民销售蔬菜,新冠疫情期间,很多外地的菜商纷纷联系她,要买她家的菜。当时交通不便,他们便把装满蔬菜的大车运到两地交界的地方,对方再用大车接过去,从而满足了新冠疫情防控期间多地对蔬菜的需求。这时我看到大棚下方的塑料都卷起了一尺高。天气都这么热了,既然下面都揭开了,为什么不把塑料全掀开呢?李爱立告诉我,之所以不把塑料揭掉是因为塑料对菜秧起到了保护作用,可以避免蔬菜被风吹雨打冰雹砸,让蔬菜长得更漂亮,漂亮的总是招人喜欢的。我问她:"咱家的年收入是多少?方便说吗?"她笑笑说:"20多万吧。"打开李爱立的微信朋友圈,2022年5月30日20:30,她写道:"上午摘西红柿,下午摘小瓜,到了晚上还要割油菜,今天又是个不眠之夜。订单忒多,各位老板别着急。我要吃点啥能长出三头六臂呢?"字里行间溢满了那种忙并快乐着的喜悦。

几年前,皮毛市场火爆的时候,冷各庄也曾出现过"养貂热"。有养貂大户曾养过1000多只貂,但近年来貂子收购不景气,大家都不养了。养貂子那几年,村庄里的味道很难闻,苍蝇满街飞。村书记钟卫强说:"那时候路上都是黑黑的蝇和蛆,村里得派专人打扫。"现在的冷各庄已家家窗明几净,街道整齐宽敞,路旁花木怡人。

据老村支书冷恩田介绍说,新中国成立前,冷各庄还涌现了一批热血青年积极投身革命。冷继贤,1924年出生,1946年参加革命并加入中国共产党。1948年,解放军南下江西剿匪,冷继贤和同村的王富,还有一个忘了名字的小伙子,三人一同随军去了江西。在剿匪中,冷继贤光荣牺牲。王富后来留在了江西,曾担任江西省公安厅厅长。王富去江西前曾是昌黎县六区区小队队长。后来,尹玉朴、冷恩荣、冷向南等也奔赴江西剿匪,三人在新中国成立后均回村务农。

"豆腐西施"陈青坨村

明朝,山东陈姓、张姓移民到此落户建村,因村址附近有一长满杂草的坨子,故称陈家青坨,后称陈青坨。

截至2023年,陈青坨村共有205户468人,耕地800余亩,主要种植玉米和花生。全村最大的土地承包户是余俊鸣,承包土地约200多亩,主要种植花生、蔬菜(大头菜、白菜)、玉米、豌豆等,两茬轮种,年收入10万余元。一方面是特有的土质,另一方面是传统种植模式的根深蒂固,多年来,陈青坨村的农作物种类基本为上述几种。村里尚有几家承包土地面积约二三十亩的小户,以本村村民为主。此外,陈青坨村还有一个来自东北大庆的承包户,名叫孟德军,此人对昌黎有一种特殊的情结,十多年前就离开东北故乡到了刘台庄、荒佃庄一带承包土地,在陈青坨、范庄子两地承包了土地300多亩,凭借着自己的努力及昌黎老百姓热情友好的帮衬,渐渐过上了好日子。

2013年,陈青坨村以狐貉为主的养殖业进入了最辉煌的时期。那时,平均每家养殖狐貉几百余只,全村共养殖狐貉2万余只。根据养殖数量的多少,每家年收入几万到几十万不等。凭借着较高的养殖业收入,村民有的翻建新房,有的从城里买上了楼房,许多人家还买上了小汽车,村民的生活水平较之前有了大幅度提高。从2020年开始,受新冠疫情和国际皮毛市场的影响,陈青坨村养殖狐貉数量锐减,养殖业在村民总收入中占据的比重也越来越小。

熟悉农民的人都知道,传统种植模式解决的只是初步的温饱问题,要想过上好日子,要么打破传统种植模式求新突破,要么跳出土地寻求其他的致富门路。尤其近几年来,随着养殖业收入的大幅下滑,陈青坨村村民打工的越来越多。由于荒佃庄镇不断发展壮大弯针产业,以后双坨村为主,包括前双坨、荒佃庄、刘各庄、陈青坨等在内,就建有缝纫机零件厂百余来家。因此,包括陈青坨村村民在内的许多附近村民,会选择在家乡的这些缝纫机零件厂打工,工人不限男女,平均每人每月收入4000至5000元不等,常年不停工。截至2023年5月,陈青坨村拥有缝纫机零件厂4家,其中规模较大的一家为赵文强家,厂房占地面积约为300平方米,常年雇用工人30人左右。从1980年开始,赵文强的父亲赵洪万就率先在本村建立了缝纫机零件厂,他头脑灵活,有"咬定青山不放松"的韧劲。为了开拓市场,1984年,赵洪万又将零件厂迁到了新集镇马踏店村,后来由于种种原因,又迁到了荒佃庄乡中学、昌黎县第九中学等。2005年,才重新把厂址迁回了陈青坨村,自此便安定下来。渐渐地,赵洪万的儿子赵文强接管了零件厂,有积累了丰富经营经验的父亲做后盾,赵家这个缝纫机零件厂规模越来越大,效益也越来越好。此外,村里还有3个小型缝纫机零件家庭作坊,每家雇工2—3个,作坊的主人分别为张振峰、张振中和赵文生。有的陈青坨村村民还走出家乡,到乐亭、京唐港甚至更远的地方打工,为自己小家庭过上幸福生活默默努力着。

陈青坨村具有悠久的豆腐制作历史。早在新中国成立前,这个总人数只有一二百人的小村,做干豆腐、水豆腐的人家就有27家。据现已87岁高龄的本村村民陈起祥回忆,那时村里做豆腐的人家,都到村北的井里挑水,因为那口井的井水甘甜可口,用它做出来的豆腐最好吃。逢年过节,家家户户都想喝北井的水,一大早就来这里排队打水,排成的队伍成为一条不见尾的长龙,有时甚至把井水都挑干了。生产队时期,陈青坨村传统的豆腐制作技艺自然沿袭下来,全村共3个生产大队,每个大队都有一个豆腐坊,做豆腐作为一个很好的副业有效缓解了村民的经济和生活压力。20世纪80年代,村里做豆腐的手艺人有陈玉环、陈起亮、陈起志、陈起中,如今,以上老手艺人都已去世,给村里还健在的老人留下了一份美好的回忆。到了20世纪90年代,陈青坨村做豆腐的人呈增多趋势,有陈恩才、陈恩春、陈恩久、陈恩民、刘从军等。不难想象,当时陈青坨村之所以涌现出了这么多豆腐手艺人,几乎垄断了荒佃庄、刘台庄这一带的豆腐市场,肯定是因为这个村出产的豆腐味道醇正,质量上乘,深受周边村民的喜爱。就是到了现在,各种五花八门的副食品争先恐后地涌入了老百姓的生活,人们的味蕾越发挑剔,口味越发刁钻,许多传统的食品无法适应时代的变化,渐渐消失在了历史的舞台,可在陈青坨村,依然有陈洪雨、陈建环在热火朝天地从事着自己的豆腐事业。他们以制作干豆腐为主,制作的干豆腐,干、薄,味正,口感好,常年供不应求。因周边市场良好,他们生产的产品,俱不远销,所以即便在昌黎县城一带,除非有陈青坨村的亲朋好友,否则也是无福享用陈青坨村出产的干豆腐的。我的老家就在距陈青坨村不远的大营村,可长这么大,我竟然没有品尝过一次陈青坨村的干豆腐。小时候每次父亲赶集,我都央求他买两张陈青坨的干豆腐让我尝尝,可父亲每次从集市上回来,总是低垂着头,用一种极其失望的语调跟我说:"哎,陈青坨的豆腐太抢手了,这次又没有抢到啊。"随着父亲从集市失望而归的次数越来越多,陈青坨村干豆腐在我心里的分量越来越重,我对它的期待也越来越强烈。这次调研,我本想去一个豆腐手艺人家里买一些,以实现几十年来的一个夙愿,可又因种种原因,希望落空,只能留作日后的一份期待。

历史上,陈青坨村曾有三座古庙。村东南为药王庙,药王庙内有一间房,房内有五座泥像,上边有三座,其中黑脸大胡子、戴垂目皇冠的药王居中,下边分别站着一位童男童女。农历四月二十八为药王生日,届时,村里会举行盛大的庙会。老百姓纷纷从庙里的大井内取水,用柳条蘸水抹眼睛,以祈求去瘟疫、除百病。庙前大街上，热闹非凡，炸油饼、油糕的，做小买卖的，人声鼎沸，络绎不绝。直至现在，陈青坨村依旧在沿袭四月二十八的庙会。村西有座用三块青石搭建而成的五道庙，庙内有一石碑，石碑上刻着五圣图，庙宇上写着"五圣行宫"。这座五道庙主要用于为逝者烧纸。对第三座古庙的记述不详。

陈青坨村有一座双阳塔，位于昌黎县荒佃庄镇刘各庄村和陈青坨村南约500米处，建于明万历四十一年。此塔为八角五级实心砖塔，座围周长8.4米，高约9米。塔身第二层檐下嵌着一方青石质匾额，其上阴刻着楷书"赵翁宝塔，大明万历癸丑孟夏吉旦修建"字样。这座历史悠久、传说丰富的双阳塔，经有关文物部门的有力保护和多次维修，现依旧保存完好，成为荒佃庄镇乃至整个昌黎县的一道重要的文物景观，具有非常重要的历史意义和考古价值。在老生产队所在地（如今为村民的家，因房屋破旧，现已无人居住），有一块取自双阳塔处的石碑，石碑为房屋北墙墙体的基石，因当时建筑所需，削去了约三分之一，至2023年5月，裸露在外的碑文依旧清晰，却因石碑残缺及石碑的存放角度，辨认出碑文全文及碑文所述事件尚有一定难度。

陈青坨村有一名烈士，叫陈玉信。据村民陈起祥回忆，在他10来岁时，陈玉信也只有十七八岁，在新立庄村给地主扛小活，其间陈玉信听闻了很多八路军的英勇事迹，深受鼓舞和感动，18岁那年，陈玉信回到陈青坨村，无比自豪与激动地跟陈起祥说："我要当八路军啦！"参军后，陈玉信跟着刘成玉干过。1944年，陈玉信牺牲，年仅20岁，牺牲后被埋在了新家寨烈士墓，后又被迁到了县烈士陵园。

不大的陈青坨村街巷整齐，村容秀丽，恰如一位朴实内敛、聪慧俊美的西施，以一道传承多年的豆腐制作技艺，让人记忆深刻、无限向往，成为荒佃庄镇一个独特的小村。

会君坨村：建一汪莲池，赐幸福万年

会君坨村位于昌黎县城南约26千米处、荒佃庄镇政府驻地东南约4千米处。东邻小葛庄村，南与大葛庄村接壤，西邻南小营村，北与张青坨村相连。

明代，山东赵姓移民到此落户建村，因村址建在带草木灰的坨子上，故得名"灰聚坨"，又称"灰坨""灰堆坨"，后以谐音转译为"会君坨"。

2022年，会君坨村共有421户1150人，耕地面积约3800亩。传统农作物以水稻、玉米、大豆和小麦为主。随着时代的发展，传统种植模式已远远无法满足人们对经济生活的需求，勤劳坚定、勇于探索的会君坨村人，便开动脑筋，多方学习，以大地为试卷，写出了独具会君坨特色的答案。村里的土地承包大户有：杨贺楠，本村村民，承包土地300多亩，种植水稻，水稻的插秧、收割、脱粒、灌装等整个过程均由机器作业，充分体现了现代化农业的快捷高效；杨梦林，本村村民，承包土地400亩左右，施行"麦子－甜玉米"或"麦子－大豆"的上下茬套种模式；杨继伟，本村村民，承包土地200亩左右，施行"水稻－晚玉米"或"麦子－晚玉米"的套种模式；万强，本村村民，承包土地160多亩，为"花生－冬小麦"套种模式；李志强，本村村民，承包土地200多亩，为"花生－冬小麦"套种模式。此外，村民李贺丰承包土地约10亩，经营两个大棚，为油桃及蔬菜套种模式。多种经营模式，极大提高了会君坨村家家户户的经济收入,有效验证了"只要功夫深,土地里依旧可以收获金疙瘩"的道理。

2022年,受皮毛养殖业整个市场行情的影响,会君坨村的狐貉养殖数量较往年有大幅下降,全村狐貉养殖总量五六千头,猪年存栏约1000头,羊总共200多只,奶牛、肉牛总共100多头。养殖业在全村经济收入中所占的比重持续下降。

和全县其他村一样,在会君坨村,打工成为村民经济收入的主要来源之一。由于土地被集中承包,无论是春耕秋收,还是管理,承包户都需要雇用大量人员,因此,本村及

会君坨村的老民居

周边村庄的种植园,成为会君坨村妇女打工的主要地点。村里40—55岁的男子,在乐亭、天津、北京一带的建筑工地打工,以支建模板为主,日工资300元左右。

此外,村里有一个模具生产厂,经营人为会君坨村现任支书李永泽及其舅舅杨永胜。厂房占地面积约700平方米,工人5人,机器设备20台,常年生产订包机、订书机及缝纫机零件,产品销往全国各地;有两个小型缝纫机零件厂,每家雇工2—3人。

近年来,会君坨村给人留下的最深刻印象,就是村民生活环境发生的巨大变化。而整个变化中,最引人瞩目的就是村中以北那个景美境幽的小池塘了。

之前,这个占地约五亩的池塘是村里环境治理的难点。这里的水富氧化严重,水面常年漂浮着垃圾,每到盛夏,便臭气远扬,蝇虫遍布,每每有人

会君坨村莲花池

路过,总会匆忙捂鼻,加快步伐。2019年5月,时任村书记的李春亮下定决心,一定要对这个臭水坑进行清理整治,给老百姓打造出一个优美的休闲生活环境。他想尽各种办法筹集完资金后,一个更大的难题又摆在了眼前:当时这个池塘周围,建有老百姓的4个猪圈、6个厕所,而且其中一个猪圈,是一家村民刚刚花费了4万元建的,这些建筑如果被拆除后,将没有一分钱的经济补偿。怎么办?李书记思来想去,先从做思想动员工作开始吧。谁去做这些人的思想工作?通过多次召开村两委会议,村干部拟定出了一份详细的思想动员入户名单,被列入名单里的,是这几家拆建户的亲朋好友,也是村干部的"心腹"。之后村干部给这些名单内的人员传达了思想动员工作的要求,就是一定要带着诚意,对拆建户动之以情,晓之以理,描述池塘改造后的美景及他们在美景中惬意生活的样子。一次次入户动员,一次次沟通商讨,李书记带着大家"重点击破,多方突围",最后终于做通了所有涉拆村民的思想工作。

接下来,清理河底淤泥、垒砌护坡、搭建围栏、栽花种树、修筑凉亭及亭下木凳,一系列工作有条不紊地开展。除垒砌护坡从卢龙请来了专门的技术人员外,其余工作多由村民义务完成。池塘改造工作始于2019年5月,历时两个月顺利完工。到了8、9月,这里鲜花尽绽,绿树葳蕤,池内荷叶连连,游鱼相嬉,成了一处远近闻名的赏景纳凉的好去处。午后暑气渐退,凉风渐起的时候,便陆续有远近的人往这里赶来,有的在绿荫下安静垂钓,有的坐在亭下的木凳上畅快闲聊,有的倚栏凝望将绽的荷花。昔日人见人躲的臭水沟,此时成了人见人爱的乐园了。

会君坨村曾有4座古庙,分别位于村东、西、南和中部。村东为武道庙,村西为龙王庙,村南为真武庙,村中为财神庙。真武庙占地约3平方米,由石板砌成,屋内有3座泥塑,中间为真武大帝,左右两旁分别为周公和桃花女。本村一年一度的三月三庙会就是因真武庙而办,每到那一天,村中心的主街热闹非凡,炸油糕、油饼的,卖菜的,卖肉的,卖玩具的,商贩的叫卖声、孩童的笑声、买卖两者之间的讨价还价声,此起彼伏。无论是走亲访友的客人,还是热情款待的主人,抑或是赚点小钱的小商贩,脸上都洋溢着喜悦,好一幅和美安顺的乡村生活画卷。

除了农历三月三庙会,会君坨村每年还举办一次农历六月十三庙会。据说,这个庙会是因本村的龙王庙而办的。每年六月极易发生旱灾,所以六月十三的庙会主要是为了求雨,祈求风调雨顺。起初,庙会当日家家户户蒸"龙蛋",也就是蒸饽饽,为了取悦龙王,天降喜雨。后来,庄稼人渐渐摆脱了靠老天爷吃饭的局面,地下井、喷灌机可以随时滋润干旱的农田。六月十三的庙会也就渐渐改变了只蒸"龙蛋"的习惯,而是鸡、鸭、海鲜等,凡是好吃的,一应俱全,六月十三庙会就变成了一个亲朋好友欢聚的快乐佳节。

大营村：有古槐庇护的幸福乡村

大营村位于荒佃庄镇政府驻地南约2.5千米处。东临大葛庄，南接韩营，西至新桃园，北靠南小营。明朝前期，山东苑姓移民到此落户建村，因村址曾是布防营盘的坨子地，故称苑坨营，后因村庄发展较快，人口增多，形成了大村，遂改称大营。

大营村地处平原，地势平坦，以黑色土壤为主。传统农作物包括玉米、小麦、大豆等，后随着养殖业的逐渐发展及外出务工人员的增多，村里越来越多家庭的经济收入已不再过多地依赖农作物，农作物便主要以玉米为主。一方面是因为玉米的种植经营比较简单，除去春种秋收，基本无需人员打理，这样农民可以更多地从土地中解放出来，去参与到更多形式的家庭创收工作中去。另一方面，随着昌黎县皮毛产业的不断发展，作为皮毛养殖主要集聚地的荒佃庄镇，曾经有一段时间，养殖业的规模和种类均达到了前所未有的程度。作为荒佃庄镇较大村庄之一的大营村，几乎家家都有养殖场，人人都是养殖员，而貂、貉、狐狸等皮毛动物饲料的主要成分就是玉米。因此，作为养殖业的重要支撑，村里的玉米种植一直占据相当重要的地位。2022年前后，养殖业的发展势头逐渐下滑，呈现出饱和趋势，农民又把目光更多地聚焦于养育他们的这片土地。不断有土地承包大户种植起花生、小麦、特色蔬菜等，农业种植模式开始多样化，春去秋来，大营村的大地一片碧色，收获颇丰,呈现喜人的态势。

大营村委会院内、门前有三棵古老的国槐,经上级有关部门鉴定,这三棵树大约为明代所栽,经历了几百年的洗礼,这三棵古树依旧生机勃勃,神采奕奕,初春萌绿,仲夏缀花,以一份悠远深沉的寄寓,护佑着这方百姓。这三棵古槐,已被县园林局列入古树保护名录。

七月寻槐,不必探路,槐香为引,情味自来。古槐之香,如影如风,成丝成缕,未见花形,却早已身陷花香,魂润花韵,心随花动,情逸花晕。身为土生土长的大营村人,也已人到中年,也经常来家探亲,却从未见过这样花香四溢、黄花烂漫的家乡国槐,也从没有见过这样浪漫讲究的大营村。那些围聚于树荫下,下象棋、打扑克、谈天说地、击鼓打镲的人们,他们各得其乐、自在惬意,不禁让人心生艳羡、啧啧赞叹。

最小的一棵槐树在村委会院内。这棵树是三棵树中生长得最旺盛的一棵。树干有两个少年合抱那么粗,树干不算高,树冠却十分繁茂,外缘低垂,或触人肩头,或擦拭墙垛,形成一个接近圆形的树伞。黄白相润的槐花对称生长,几瓣成一串,几串成一簇,缀在碧绿的树叶间,把这树打扮得一下子年轻了起来。上小学时,村委会前面围墙内的平房还没有被推倒,我四至六年级都是在这排平房里上的,下课的时候,我们就在这古槐下追追闹闹,可那时的古槐十分瘦削,只记得那深褐色的躯干干巴巴地伸向天空,哪里有现在这么茂盛的绿叶?30多年过去了,我的眼角纹、抬头纹都日渐清晰了,可这古槐怎么开始逆生长了? 它哪里是古槐,分明是长生不老槐!

最美的时刻是风吹过来的时候,有一首歌叫《风吹麦浪》,那意境真和这风吹槐花相仿。黄色的小花窸窣而落,身移香散,在空中瞬间缔造出无数个暗香的轨迹。周围扮着花草的水泥地面,已铺上了一层很奢侈的黄色花毯,夏风轻抚,花坛微澜,香韵四溢。反正我是没从这花毯走上几步的,一是那低垂的花枝把我肩膀挠得格外痒痒;二是树上那黄花瓣间,嘤嗡着无数只小蜜蜂,它们黑亮黑亮的肚子,圆滚滚地腻在花间,我怕惹怒了这醉于花香的蜜蜂,万一它们追我、咬我,把我逐出这赏槐的小院可怎么办!

村委会大门外的这棵古槐是母树。它已有600多年的历史了。这树的一半不知何时也不知何故失去了生命，另一半却依旧生机盎然，且历经漫漫岁月，日渐茁壮健硕。生与死，竟然同时对峙在同一个生命里，这不是奇迹是什么？树干中硕大的树洞是我们小时候经常的藏身之地。我们不是捉迷藏，只是喜欢在那洞里钻着，待一会儿，体会体会深入其中的神秘与惊喜。现在的树洞已无法进入了，村干部早已把它们保护起来了。和我小时候比，它那树冠竟然更大了，紧靠着干枯树干的北部的叶片竟然更繁茂了，树冠上黄白相间的小花也一朵朵随风而落，洋洋洒洒，树下及树下不远处的地面上，竟然也有了一条花色不均匀的大花毯。

大营村的三棵古槐树之一

临近正午，阳光射过母槐半个干枯的树干，于地面投出一个规则的龙头形状，站立在树西北50度左右处，目光向斜上方注视，树冠呈现出一个逼真的凤尾，与地面的龙影相得益彰，好一幅栩栩如生、寄寓美好的龙凤呈祥图！

据考证，三棵国槐为原来的一座大庙建立之后所栽种的，而供奉如来、观音的大庙为建村之后所造，先有村，后有庙，再有树，如此说来，古树确为家乡历史的见证者与亲历者。

历史上，大营村人才辈出，尤其是在血雨腥风的战争年代，更是涌现出了一个又一个血洒战场、以灿烂青春为代价、换得百姓幸福生活的英烈。1938年10月，在遵化宫里遭遇包围、胸中数弹、年仅25岁就壮烈牺牲的抗日英雄丁万有、1946年牺牲在抚宁县马各庄的革命烈士李俊山，以及丁恩波、赵景祥、丁胜海、齐福全等，他们集体为大营村村史刻下了一道分外耀眼的红光。

人淡如菊刘各庄

如果把每个村庄都比喻成一个人的话,刘各庄给我的印象就是——人淡如菊。

那个仲夏的下午,车子驶进刘各庄村的时候,我从车窗向外看去,村庄的街道干净整洁,道路两旁绿树成荫,大树底下坐着纳凉的老人,悠闲地扇动着蒲扇。正值"七一",村里的党员正在村委会开会,我们在另一间屋子里和几位村里的老人座谈,谈村子的往昔和今朝。这个叫刘各庄的村庄总面积为1.43平方千米,居民点面积为0.26平方千米,居民267户826人。刘各庄地处平原,经济以农业为主,主要种植玉米。村里有三个小型的缝纫机零件厂,每个厂大约二三十个工人。因为村子周边分布着大大小小的、为数不少的缝纫机零件厂,村里的年轻人大多都去了厂里上班,五六十岁的人大都出去打工,有的去京唐港一带做绿化,有的去较远的地方修路或搞建筑,土地大多承包流转出去了,刘各庄的村民们就这样过着不慌不忙的日子。

明朝,山东刘姓移民到此落户建村,以姓氏定名为刘家庄,后有翟、齐、陈三姓迁入,改称为刘各庄。

村里的老人说,20世纪六七十年代,刘各庄村也有风光的时候,经常被县里评为先进大队,因为在那个物资匮乏的年代,刘各庄村的村民却都能吃

刘各庄村茂密的花生地

饱饭。那时,刘各庄的土地大都种的红薯,红薯切成片晾干,再磨成米,全村都吃清一色的红薯米粥,红薯米粥管饱。家家户户还用红薯加工粉条。粉条大都运到乐亭姜各庄一带出售。那时交通不便,去乐亭姜各庄需要渡过滦河,村民往往是半夜12点就得起床,赶到滦河边雇船摆渡到对岸,早晨四五点钟才能到达乐亭姜各庄,当时的辛苦自不必说。

土地承包以后,刘各庄人不再单纯地种红薯了,而是大面积种植小麦、玉米。村民再也不用吃清一色的红薯米粥,终于可以吃到白花花的馒头和香喷喷的米饭了,还有饺子、烙饼……农民的生活开始好了起来。

前些年,皮毛生意火爆,刘各庄人大多养貉子和狐狸,不少家庭也因此赚了一大笔钱,但最近几年养貉狐不景气,大多赔钱,就很少有人再养殖了。

刘各庄曾有一个叫刘天宝的手艺人,是老支书刘忠权的大伯。刘天宝不仅唢呐吹得好,画也画得好,心灵手巧,扎纸草的手艺非常精湛。十里八村办白事都请他扎纸草,他扎出的童男、童女、牛、马、羊、摇钱树、金库、银库、九莲灯等都形象逼真、惟妙惟肖。

刘各庄还曾有个手艺人叫翟树祥，会刻章、修表，据说他的手艺是偷学的，他小时候去东北打工，没拜师傅，是偷艺。回家后就开始刻章，修各种钟表，座钟、挂钟、石英钟等他都会修，经常去周边的集市上摆摊修表。

刘各庄出过一位名叫刘梦庚的烈士，1923年2月出生，1941年参加革命，中共党员。1947年，叛徒刘成玉带伙会"扫荡"刘各庄，刘梦庚为了掩护群众撤走被捕，光荣牺牲。

刘各庄村南和陈青坨村交界处有座建于明朝万历年间的双阳塔，原来归刘各庄所有，1958年划归了陈青坨。

刘各庄村位于荒佃庄镇政府驻地东约1.5千米处，东临陈青坨，南接南小营，西至前双坨，北靠荒佃庄。来到刘各庄总让我想起木心先生的《从前慢》，感觉刘各庄就像一个不事声张、平淡如菊的人一样。

韩营村:一个韩愈后人生活的村庄

韩营村,位于荒佃庄镇政府驻地南约3千米处。东临杨太庄,南接北石各庄,西至豆军庄,北靠大营村,总面积1.76平方千米,居民点面积为0.22平方千米,居民190户611人。

明朝初年山东宋姓移民到此落户建村,曾为布防营盘和军垦所在地,移民迁入定居后,曾以姓氏先后得称宋家营、田家营。后来,传说唐朝著名文学家、思想家、教育家韩愈后裔的韩氏家族从韩营村西邻的齐军庄一带迁到此地居住,逐渐成为聚落大户,于是改村名为韩家营,简称韩营。这大致是清朝中期以后之事。

韩营村是一个古老而又神秘的村庄,韩氏后裔世世代代在这里生存繁衍,明、清、民国旧志中也有不少明确记载。20世纪末,因以唐宋八大家之首韩愈为始祖的韩氏家谱的重新面世,这里成为人们关注的焦点。

韩营村给人的第一印象和别的村庄并无太大区别,平顶的红砖房、泥泞的黄土路、成垛的玉米秸,一切都显得有些冷清和荒凉。如果没有散落在小街头、门院前的石碑、狮形石雕的残片碎块,真难以想象这里就是尊韩愈为始祖的韩营村!但是,20世纪60年代初,这里还是青砖碧瓦、古色古香,村东门楼比肩、雕梁画栋,村中庭院高峻、雄狮威严,村西豪门宅院、宁静幽深。

很多人为的因素及1976年的大地震，使古老的韩营受到严重破坏，韩营的历史和文化随着古风古韵的建筑的消失与人们渐行渐远，如今，人们只能从一些历史遗存中去探寻它曾经的辉煌。

昌黎县境内现存的韩文公祠在五峰山上，明崇祯十四年（1641年）春，由山石道范志完提议，为祭祀韩愈而在古圆通寺西侧修建。张溪秋先生在《世界日报》发表的《河北昌黎因韩愈闻名》一文中说："距昌黎城南50里，滦河北岸有韩营，乃韩氏族人家居之所。村中有韩文公祠，祠中悬有'文公世家'匾额。祠中文公塑像端庄肃穆，旧时常年香火不绝。"我们寻访村中老人，他们证实韩营村中确有文公祠，并存有"文公世家"匾额，由韩振先的曾孙媳（人称宝二奶奶）保存到20世纪50年代。后因生活窘迫，宝二奶奶将匾卖掉了，现已无从追寻。

位于韩营村西面的白衣庵，是先辈为乡众祈求风调雨顺、子民安康而建，初次建庵年代无从考证，由清同治十二年（1873年）韩祖德等人所立，原任贵州巡抚的韩超撰文，韩方炳书丹的《重修本村白衣庵碑记》上记载了白衣庵的位置，数次重修的年代、规模等，可见白衣庵构建年代之久远。另外，白衣庵还有一对联碑："心存恭敬神如在，意秉虔诚圣有灵。"对联碑被砌于村委会东墙与南墙内至今。韩营村中还曾建有五道庙，有石刻神像数件，后被弃置于村十字路口。

韩愈第三十九代孙韩英利向我们展示了韩愈第三十四代孙韩连仲于清光绪二十三年（1897年）重修的《韩氏家谱》。此家谱前有序，以下依次为宗子世表、先代遗迹、韩氏氏谱等。韩愈第三十九代孙韩继昌从家中找出一本

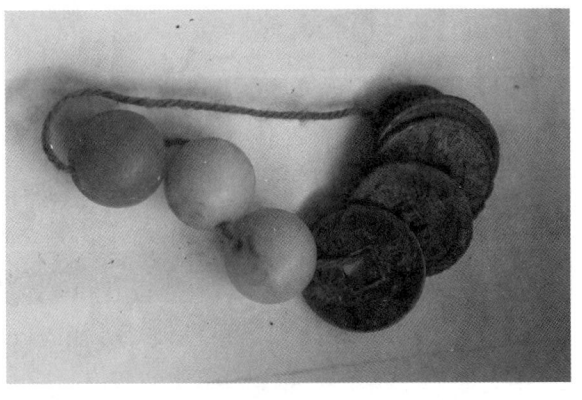

韩超墓出土的朝珠

《韩氏家谱》,此谱为韩愈第三十一代孙韩启心于清嘉庆十八年(1813年)的重修本,较前一次发现的早84年。两本家谱均记载了韩愈为昌黎韩姓的始祖,从而引起了考古界及媒体的极大关注。

韩营人曾有过什么历史光环?从韩氏后人韩绍明那里翻开饱经历史沧桑的《韩氏家谱》得知,明朝时期,韩营的韩氏家族因族系过于庞大,分成了四支。一支徙城中奉祀公祠,其余三支仍留在韩营,多以农耕为业。清道光年间,留在韩营的韩氏一族开始名声大振。先是韩超于道光十四年(1834年)武试考中副贡,逐步升至贵州巡抚。后是韩振先在道光二十四年(1844年)文试考中举人,官为广宁县(今辽宁省北镇市)训导。又有巡检韩锡三、千总韩德祖等人入仕,此外,还有多人取得功名,还有许多享有荫封或诰封官爵之人,使地处大荒之地的韩营韩氏一族,在昌黎成为名重一时的望族。通过翻阅韩氏家谱和多方询问,我们了解到了一个特殊人物——末代知府韩方朴。20世纪初,辛亥革命爆发,清王朝被推翻,曾经显赫一时的"名门望族"韩营韩氏逐渐失去了昔日光彩,这个时期被授予福建兴化知府的韩方朴可以说是一个生不逢时的悲剧性人物。在光绪二十三年(1897年)重修的《韩氏家谱》中这样记载:"方朴,字芝轩。清宣统三年特授福建兴化知府,游历东洋学监狱事,办理湖北枪码场事务所,充当广东文巡捕,差候补知县,任洸水场大使。"《世界日报》刊载的张溪秋先生的一篇文章中说:"一位不详其名,被称为'韩知府'的老翁,其人清末任武昌(兴化)知府,曾官送留学日本,博才多学,为上所重,以知府顶戴被破格晋谒慈禧太后。1911年辛亥革命爆发,弃妻、子仓皇出逃,幸免于难,北返故里……回到故乡韩营,因其博学多才、见识广博而受到村民尊敬。村民的婚丧嫁娶、大事小情都请他前去主持。"

韩氏祖茔位于韩营村西南,已被毁,呈大坑状,有断裂为二的石雕赑屃,虽经历年风雨剥蚀,风韵犹存。祖茔中有五眼透龙碑,为清道光二十五年(1845年)中举不久的韩愈三十三代孙韩振先与全族人敬立列祖之墓碑,雕制华丽气派,其额四字"国恩祖德",正文为"唐昌黎伯韩文公嫡裔袭承锦衣千户俸列祖之墓",此碑已碎裂成块。韩超墓位于韩营村东南约500米处的田野间,葬地南北长约51米,东西宽约65米,封土高约1.5米,在墓西北处有一条长约30米,宽约2米的墓道。韩超为韩愈的三十三世嫡孙,清道光年间被选派到贵州都匀府,先后任三角屯副知州、独山知州,咸丰年间升任镇远府清江厅通判、石阡府知府和贵州粮储道、贵州按察使。同治元年(1862年)加布政使衔,获赐"武勇巴图鲁"(巴图鲁,蒙语,意为勇士)称号,得授二品顶戴,升任贵州巡抚。同治二年(1863年),韩超乞病回籍,回乡后,主持团练,于光绪四年(1878年)病死家乡。其墓在1969年被平,平坟时人们发现棺外有椁,但棺中的金银首饰被盗,有一颗鸡蛋大小的珠子帽顶和三颗朝珠尚存。据韩营村民介绍,韩超去世后,后人将他生前喜爱的战马和铜制马鞍、马镫、上马石等一同埋到了墓道内;1969年平坟时,马鞍、马镫、上马石等未出土,依然埋在墓道处。此外,还有韩振先墓碑,此碑为清光绪二十七年(1901年)韩恩逢等为韩振先立的墓碑,此碑现在韩宝瑞家院南。韩振先,字晓山。其名在《永平府志》《昌黎县志》中均有记载,生卒年不详。清道光二十四年(1844年),时年25岁左右的韩振先文试中了举人,第二年他率领韩氏族人在韩营村西南建造了文公墓冢,敬立了华贵气派的五眼透龙碑,向世人昭示韩营韩氏乃文公嫡传后裔。韩振先中举后,被授广宁县训导,在八、九品之间,并被封定为奉祀生,于清同治八年(1869年)正月,主持重修本村白衣庵的工作,历经四年竣工。清同治十三年(1874年)春,花甲之年的韩振先以奉祀生之职,重修了位于五峰山上的韩文公祠,从而留下了"贤裔"的美名。

　　对于世代守望在韩营的韩氏后裔来说,韩营留给了他们太多的回忆,然而,面对今天相对贫穷落后的状况,韩营人开始了反思与行动。韩愈第三十七代孙韩作海认为,挖掘韩营村深厚的文化内涵,发展旅游事业,是改变韩营落后面貌的出路所在,并提出了重修历史古建筑、建设碑林、修造文公湖等建议,以此来展示韩营村的厚重历史。他还提出了开发村北稻子沟,修建水上竞技场,发挥养殖特种毛皮动物的优势,建狩猎园、射箭场等具有现代特色的旅游项目,来满足不同游客的需求。韩营的开发蓝图美好,但是道路漫长。

丰富的历史遗存,是开发韩营的基础,这些文物散落损毁严重,如不及时保护、开发、利用,将会造成更大的遗憾。韩营村确实应该好好开发旅游项目,以展示厚重的韩愈文化为主题,把韩营打造成发思古之幽情的旅游胜地。

想起了韩营村的韩愈后裔栽种过葡萄树,进而联想到韩愈的《葡萄》:"新茎未遍半犹枯,高架支离倒复扶。若欲满盘堆马乳,莫辞添竹引龙须。"

韩愈这首诗通过描绘葡萄生长之态,表达了自己仕途困顿、渴望有人援引的心情。实际上,韩营村要实现宏愿,又何尝不希望有高人可以帮一把,"添竹""引龙须",结出丰硕的果实?

南小营村：文雅小村故事多

　　荒佃庄镇南小营村，耕地面积2395亩，居民190户805人，因地处平原，经济以农业为主，主要种植玉米。明朝前期，山西李姓移民到此落户建村，此地原为营盘，故得名李家营，后来李姓迁走，为与邻近的大营村区别开，便被改称为南小营村。

　　在南小营村和当地的老人座谈，发现这个绿树掩映的清秀小村，竟流传着不少脍炙人口的故事。也许这些主人公的名字并没有以铅字的形式记录在历史的书页里，可这丝毫不影响他们在我心目中的高大形象。

　　郭廷奎，在抗日战争时期，被八路军称为"老抗日"。一个寒冷的冬天，身材魁梧、高过一米八的郭廷奎肩扛大镐，准备下地刨茬头，拾柴火。刚出村北，就看到对面来了几个日本兵。郭廷奎怒火中烧，恨不得一镐头把他们全弄死。可这几个日本兵手里各个都握着刺刀，一旦引起打斗，郭廷奎明显不是他们的对手。郭廷奎思来想去，不得不强压住内心的愤怒，低头向前走。可当他和这群日本兵碰头时，最终还是气愤战胜了理智，一下没忍住，就抡起大镐对着其中的一个日本兵当头一下，疼得那个日本兵抱头哇哇大叫。日本兵岂肯罢休，用刺刀朝着郭廷奎的腹部就是一通乱刺，见他奄奄一息，全身是血，又把他拖到了冰上面，心想就是刺不死也肯定会把他冻死。

说来郭廷奎的生命力还真是强大,被日本兵丢弃在冰面不久,就有村民发现了奄奄一息的他,见他浑身是血,气若游丝,觉得他肯定不行了,却不忍看他死去,于是从灶火坑里取出来了一些草木灰,涂抹在了他的伤口上。没想到,这神奇的草木灰竟然护住了郭廷奎的生命,没过几天,他便睁开了紧闭的双眼,后来,开始一点点吃起了东西,又过了几天,竟然能够扶着炕沿下地活动了。后来,郭廷奎痛打日本鬼子的事传到了八路军的耳中,八路军便送了他"老抗日"的美称。

据村里老辈人讲述,郭廷奎就是那种天不怕、地不怕的汉子。在他眼里,似乎就没有什么值得害怕的事情,无论是拿刺刀的日本鬼子,还是强盗土匪,他全然不怕。他骨子里,有一种大家特别钦佩的硬气、骨气和豪气。

郭廷奎无儿无女,家里的负担自然比别人家要轻,加上他干活不惜力,能吃苦,天长日久,便成了南小营村的家境殷实之户。郭廷奎虽然看起来力大粗鲁,让人发怵,骨子里却是个心细、心暖之人。他的庭院内,常常散养着很多小动物和牲畜,鸡鸭牛羊的,都是他一手照料。他对这些动物可上心了,一日几餐,保质保量按时准备。他养的鸡鸭,一周下来,准保比别人家的多产几个蛋;他照料的牛羊,经过百草丰茂的春夏,一准皮毛油滑,膘肥体壮。一个秋天,眼瞅着院子里的动物太多了,也架不住夫人的反复叨咕了,郭廷奎不得不卖了家里那头他最喜爱的黑白花牛。卖完之后,郭廷奎把钱藏在了家里柜底的铁匣子里后,心里特别不是滋味,躺在炕头上,翻来覆去睡不着,耳畔总是响起那头黑白花牛低沉的哞哞声,这个莽汉老泪纵横,然后从炕头爬起,对着窗外的夜色发呆,突然,听到后门传来啪啪的敲门声。郭廷奎突然想起,最近南小营一带"胡子"流窜,并和牲口贩子勾结,四处探听消息。该不会是这些"胡子"听说我卖了老牛前来抢劫吧?想到这里,郭廷奎气不打一处来,大喝一声:"谁?"从过堂屋墙角拿起禾叉(过去一种挑柴火的用具),一手握叉,一手便开了后门。五六个"胡子"从后门一拥而入,郭廷奎对着其中一个的腹部便刺去一叉。"胡子"从没遇到过像郭廷奎这样胆子大的人,一时就慌了手脚,不知如何是好。这时,郭廷奎便大喊,来"胡子"

了,大家过来捉"胡子"啊。周围的邻居听到声响,纷纷拿出火枪,对着天空大放。胡子吓得四处逃窜,不知所踪。第二天一大早,有人在村北高粱地里,见到了那个腹部被刺的胡子的死尸。郭廷奎的名号很快流传出去,相当长的一段时间内,"胡子"们不敢进犯,南小营村百姓生活安稳。

历史上,南小营村曾出现过三位为国捐躯的烈士,他们是王荣光、王少昌和郭庆太。其中,王荣光在辽沈战役中攻打四平时牺牲。据村里的老一辈人回忆,当时,王荣光担任营长职务,牺牲时40岁左右。

1944年9月8日,美国盟军约百架B-29型远程轰炸机,由成都基地起飞,轰炸鞍山和本溪湖。就在这一天,一架B-29型远程轰炸机在返程中出现故障,在昌黎县城南偏西约21千米处的范庄子村的一个坟场坠毁。

当时,失事的美国盟军B-29型远程轰炸机上有9名驾驶员和机组人员,在飞抵昌黎沿海时,有2人先行跳伞,落入海中失踪;另外7人是在飞机掠过昌黎县城东南偏南海边的潟湖——七里海上空,见到陆地后跳伞的。这7名"天上的来客"跳伞落地后,很快就被战斗在当地的抗日军民发现,一一获救。其中,南小营村的王荣光,就是参与营救的一员。正如他的名字"荣光"一样,王荣光的一生,就是短暂而无上光荣的一生。

说起南小营村的凡人轶事,少不了村里一位赵姓的老祖。据说这个人虽然身高只有一米七,而且身材消瘦,却力大无穷,堪称传奇,乃至多年后的今日,依然是南小营村村民闲暇时的谈资。这位赵姓老祖究竟力气大到什么程度?但凡他没事的时候,就习惯把打谷场上的石碾举起来,放在粗壮的树杈上,然后,再把它拿下来,以此锻炼自己的臂力。

当时,南小营村共有四口井,不知何故,唯有西北角的井井水甘甜清洌,其余井的井水都带有涩味。村民们便不论远近,都到西北角的这口井汲水。可毕竟井水有限,一口井说什么也满足不了全村人的供水,于是为了争水,家家户户一大早,便到这里排队,而且因为排队占位置,常常引起纠纷,说话间,你推我搡就发展为拳打脚踢。时间长了,这位赵姓老祖便来了脾气,一天早上,排队等水的人群里又传来斗殴的吵闹声,他便气呼呼地走出排队的队伍,一会儿工夫,双手拢着三个大石碾来到井前,把三个大石碾往井沿一架,就把井口严严实实地堵住了。见状,等水的人都目瞪口呆,打架的人也住了手。大家一起央求着老赵赶紧把石碾搬走。老赵指着那几个爱打架的人喊:"你们只管打架吧,咱们都别喝水了。""不了,今后再不打架了。求求你快把大碌碡搬走吧。"老赵对他们使劲批评一通后,才再次伸出双臂,发动神力,把三个石碾移开。从此以后,大家再次排队打水时,都是规规矩矩,再没有随便插队的事情发生。老赵依靠自己的神力,为维持村庄的安宁立了一大功。

老赵不仅在全村,在全县都是出了名的。一次,村里有人家盖房子,需要从县城把一根大梁运回来。当时交通非常不便,运送成为一大难题。心善的"赵神力"便自告奋勇,说他能解决这个难题。一开始,主人说什么也不答应,因为他觉得一个人肩扛重达500斤的大梁从几十里地远的县城走回村里,这简直就是天方夜谭,一定是这位"赵神力"神经错乱了,才口出狂言。可主人越是推辞,"赵神力"越是要证明自己。无奈,主人只好把运送任务交给了他。到了城里,"赵神力"把大梁往肩头一扛,就喜滋滋地甩开双臂往村里奔去。路上,不断有人前来围观。走到约一半路程时,老赵遇到了一处打谷场,打谷场上的男子跟他打赌:"我这场上有两捆豆子,你若能带回你家去,就给你了。""说话算数?""当然算数。"话音未落,"赵神力"便停住步子,弯腰躬身,一一将豆子挂在大梁两端,甩开双臂,在众人惊异的目光中上了路。虽然损失了两捆豆子,可这位打谷场的主人一点也不失落,以前只有在神话传说里才能听到的情形,如今被他亲眼看了个清清楚楚,他内心能不激动、不艳羡吗?一时,这位南小营村的"赵神力"的事迹在附近村庄传开了,越传越神。

南小营村文化底蕴深厚,能书善画、能说会唱之人辈出。新中国成立初期到20世纪70年代,这里还有一个小有名气的皮影班。后来,随着经济生活水平的不断提高,村民的文化娱乐活动也渐渐丰富了起来,除了业余时间看电视、上网聊天、玩游戏、唱歌,逢年过节,还经常扭大秧歌。节日当天,喇

品味荒佃庄——一个有传说与梦想的地方

南小营村旧民居上的花格窗

叭锣鼓一响,秧歌角儿们便纷纷登场,为小村平添了很多喜庆氛围。近年来,广场舞也非常热络,尤其在夏日,晚饭过后,人们便成群结伴到大队的水泥广场,或纳凉,或合乐起舞,场面好不热闹。年岁大的人,不乏高雅之人,有的寄情山水描摹丹青,有的潜心翰墨研习书法,有的着迷文学轻吟低唱、讴歌美好生活。这些文人雅士,为南小营村镀上了一层鲜明的文化气息,这层文化气息和农民努力过上好日子的精气神一起,形成了异常耀眼的村魂,笃定守护着老百姓的美好未来。

后双坨村：小弯针挑出致富路

后双坨村位于荒佃庄镇政府驻地西约1.5千米处，东邻荒佃庄村，南接前双坨村，西至新家寨村，北靠杨柳上各庄村。

关于后双坨村的来源，通过文化调研，我们共收集到两个版本。一个说明朝时期，山东孔姓移民到此落户建村，因村庄附近有两个大土坨，经常有一对凤凰落到此处，得村名双坨，为与邻近的另一个村相区别，以村落居北而称后双坨。另一个说在远古时期，一对凤凰落于此地的一个大高坨，被此时闯关东的周氏兄弟发现。俗话说，凤凰不落无宝之地，周氏兄弟看好了这块凤凰落足的风水宝地，自此安营扎寨，繁衍生息。村庄原名双凤坨，后去掉了中间的"凤"字改为双坨，为与邻村区别，称为后双坨。

后双坨村有个可以载入村庄经济发展史册的人物——孔广和。孔广和出生于1921年，长大后就职于原天津工业缝纫机厂，担任技术骨干。1967年，孔广和病退后回到了家乡后双坨村，在思想超前的孔广云队长的支持和策划下，利用自身独有的弯针技术，在后双坨四队进行工业缝纫机零件加工。感觉到小小弯针的发展前景巨大，很有可能使大家过上梦寐以求的富裕日子，两年后，孔广和便调入大队，一心一意带领大家成规模生产缝纫机零件。当时的生产环境非常简陋，没有厂房，只有原第四生产队的一间牲畜饲养草棚做厂房,生产设备原料也无法与当今现代化的设备相比,只是购置了手摇钻、板锉、烘炉等几件破旧的工具进行手工制作,生产的产品品种比较单一。虽然生产条件艰苦,可大家生产的弯针产品保质保量,很快得到了业界的认可,尤其在唐山、天津一带颇受欢迎,产生了可观的经济效益。

1972年,单纯手工生产的产品数量已远远无法满足市场需求,村党支部决定将四组副业划转大队经营管理,与此同时,添置了电钻、大小冲床、锻压机、平面搪床等比较精密的设备,加工工艺由纯手工制作发展到生产半自动化,生产的产品种类也由原来有限的几种发展到了几十种。见经济效益非常可观,村里的年轻人纷纷入厂,刘相来、周启恩、刘锡民、刘政清、刘玉屏等优秀技术骨干层出不穷。产品销量倍增,销路进一步拓宽,至天津、上海、广州等地。

1985年以后,随着改革开放的不断深入,后双坨村缝纫机弯针生产全面发展,由集体经营转为个体经营,私营企业如雨后春笋般发展起来,这是后双坨村缝纫机弯针产业的第一次转型、跨越。

1986年,村民刘锡民、刘育平、刘洪喜、周玉成、周金田、刘政清投资2万元,创办了缝纫机零件加工厂,有工人20名,年产值50万元,利润15万元。2015年,全村有企业48家,产值8000万元,收入2400万元。最大的企业金山缝制设备有限公司,创办人刘锡民,工人260名,产值3000万元,年收入750万元。规模较大的企业还有刘政清的华杰缝纫机零件有限公司,刘玉平的利国缝纫机零件厂,周占田的宏昌衣车有限公司等。

2018年6月,后双坨村生产的缝纫机配件的市场份额占到了中国的95%、世界的80%以上,成为中国最重要的缝纫机配件产业基地之一。说后双坨村用小小弯针拼出了一条致富之路,此话一点也不为过。

如果说蓬勃发展的弯针产业为后双坨村注入了颇具活力的潜质,那么,后双坨村村民保管完整的古房契地契,则为这个富裕小村增添了一份古朴的味道。

后双坨村村民刘海江家珍藏着数卷刘家流传下来的老契约,均为黄色宣纸,大小不一,卷在一起,裹在一长约45厘米的方形靛蓝色家织布里。历经岁月磨砺,包裹着老卷的家织布已被蠹虫咬出了小巴掌大的碎洞,需要两块家织布的合作才能完成包裹老卷的神圣使命。

老卷渐渐展开,为各种官方或私家契约。以房契、地契为多。虽年代久远,契约依旧品相良好。契约中的字均为清秀行书,自右而左,自上而下,将契约缘由、经过、所涉双方等重要细节一一清晰呈现、罗列,行文从容、简练、雅致,用词考究,无一赘字,也绝无漏字。每一契约均为一份值得收藏的书法作品。"乏手""净手"等具有浓厚年代气息的字眼赫然入

后双坨村民保存的清咸丰年间的契约

眼,如沐古风,与现实感相互碰撞,形成一种强烈的冲击力。

这些老卷包括清咸丰年间、光绪年间、道光年间和民国时期的各种房契、地契、当契、房屋地亩分劈清单、卖庄窠地基字据、卖地契约字据等,盖有昌黎县第一任县长马树芳印章的1950年河北省土地房产所有证一个,民国十年昌乐裕通汽车股份有限公司的营业执照一个,1951年中华人民共和国国防部颁发的中国人民解放军复员军人证明书一个。

历史上,后双坨村名人辈出。清朝时,出过一位名叫刘准的秀才;战争时期,出过孔宪陆、周文勋、周存富和周文森四位烈士;此外,还出过在各部队担任要职的刘照渊、刘恒太、周宝良、周立民、周家平等。这些后双坨村孕育出来的优秀子女,用自己的满腔热血和杰出才华,为故乡的历史写上了极其辉煌的一笔,也必将作为一份珍贵的精神财富,助力后双坨村奔向美好的未来。

绿色韭菜撑出一片新天地

明朝,山东梁姓移民在河南庄落户建村。当时,在现通往施各庄的水泥板路上,即村北约1千米处,有一条古漕运人工河道,被称为"铜梆铁底运粮河",因河南庄村址位于其南,故称为河南庄。2002年,村民在路南那个传说曾坐落有古漕运河的地方挖沟,挖出了木头、船钉等物品,进一步印证了这个位置就是古时以运粮为主的"铜梆铁底运粮河"所途经之地。河南庄村主要姓氏有刘、王、张,此外还有郝、赵、曾、李等,共10个姓氏。

河南庄曾有三座古庙。

村东部,即现村小学墙外,有一座老爷庙。每逢初一、十五或是其他节日,就会有人到此烧香、拜佛、祈愿,常有难民居住于此。古时老百姓靠天吃饭,逢上久旱无雨,村里管事的人就会组织人员到老爷庙求雨。求雨当天,家家门前放一水桶,桶内盛水,水中插柳枝。全村女子不出户,男子则卷起裤管,赤脚。备好瓜果、香、纸、大红布、旗帜、轿子、锣、鼓等,由村里事先选好的几位壮小伙,将一德高望重的老年男子抬往老爷庙。被高高抬起的老年男子手中举伞,时刻旋转伞柄,嘴里默念祈雨词。到达老爷庙后,将所带供品一一摆出,人们跪拜,默念祈雨词,之后围着庙转上一圈。仪式结束后,用带来的红布恭恭敬敬地给关老爷披上。当然,雨,有时求而得之,有时求

河南庄头,曾经的古漕运河,被当地人称为"铜梆铁底运粮河"

而无果,但在科学并不发达的年代,这常常是老百姓排除内心焦虑、表达内心诉求的一种方式。

此外,村东和村东北各有一座烧纸的小庙。两座庙均为砖瓦结构,各有一个门,长、宽、高都约两米。庙虽简陋,在老百姓心中却有着不可忽视的作用。因为,每每家里有老人故去,子女们便需要借助此庙,表达一份哀思,尽最后一次孝道。是日,逝者的儿女、子孙等一众亲人着孝衫,其中,孙子打打灯笼,儿子端盘子,盘子里放着酒壶。妇女们跟在儿孙后,跟随主事人口令,每每下跪痛哭时,她们便点火燃纸。一支队伍,从逝者家里,朝烧纸小庙逶迤而去,每逢十字路口,就下跪烧纸痛哭,寄托哀思,走走停停,停停走走,到达小庙后,更是放开喉咙,大声嘶吼,宣泄失去至亲的人生大悲。据村里的老书记曾广生回忆,1955年,他刚刚记事时,小庙空空,无任何东西,但人们依然到这里为故去的亲人烧纸、送行。

历史悠悠,岁月如歌,近年来,河南庄村无论是在经济发展还是村容村貌等方面都发生了翻天覆地的变化,尤其是以韭菜为代表的果蔬种植业不断发展,使它迅速发展成为荒佃庄镇颇具潜质的特色村庄之一。

2022年,河南庄村全村有500户,人口约1500人,拥有耕地约3390亩,高粱、玉米、花生、白薯等传统农作物约占耕地总面积的30%,其余均是果蔬种植。而果蔬种植中,韭菜的种植面积就占三分之二左右。河南庄的韭菜种植,有以家庭为单位的经营模式,也就是老百姓不租地,只是把自己家里所有的土地用来种韭菜。当然也有体力和精力充足的人,不满足于现有收益,于是外租土地扩大韭菜种植面积。村里的韭菜种植面积达二三十亩的村民有刘健、张会永、张德存等。韭菜种植分露天种植和大棚种植两种，其中，露天韭菜的收割月份为4—10月，大棚韭菜因温度可人为控制，收割周期相对比较长，暖棚的韭菜头春节就可以收割出售，冷棚韭菜可以卖到11月。这样，大棚与露天相结合，河南庄一年四季，都可以收获鲜嫩的韭菜，满足全县乃至更远地区的人们的味蕾。一般来说，韭菜经营的成本包括购买种子、化肥、农药，浇水打卡及人工费。韭菜种植的难点是整个种植过程中的管理。一亩地一年的纯收入为1万元左右。在河南庄村，年收入20万元及以上的韭菜种植户不在少数，可以说，是一片片绿色的韭菜，撑起了河南庄村一个绿色发展的未来。

河南庄村也有大头菜、菜花、茴香、香菜种植户，但人数不多，全村总种植面积加在一起也就二三十亩。2018年以前，全村种苹果树的人家比较多，鼎盛时全村苹果种植的总面积达1000亩。当时以奥金苹果为主，还有红富士、王林、嘎啦、美八等。后来苹果市场不景气，而韭菜效益却要好很多，于是果树逐渐被韭菜取代。到了2022年，全村的苹果树种植面积仅有200亩，以红富士为主，奥金因为易发落叶病，数量锐减。

2022年，全村的养猪大户有赵秀河、赵健军、赵国祥等，每家养殖约二三百头；养羊大户有赵玉东、赵健民、赵学辉，每家养殖约100多只；养牛大户有两家，一户是李洪涛，养牛100多头，一户是张建林，养牛20多头。村里多数的年轻人在城里打工，时间久了，便在城里买了房，安了家。年长一些的多在外省打工，妇女则在本村的果蔬种植大户家打工。

河南庄的韭菜

郭青坨村：一个朴实、有底气的小村

郭青坨位于荒佃庄镇政府驻地东约1.5千米处，东临张青坨，南接陈青坨，西至荒佃庄，北靠东腾远。据悉，明朝初期，有山东郭姓移民到此落户建村，且居地附近有一长满杂草的土坨，故得名郭家青坨，现为郭青坨。郭为本村大姓，此外还有马、李、张、刘、朱、冷、韩、王等共15个姓氏。

郭青坨村是荒佃庄镇较小的村庄之一，共有290多人，全村总耕地面积约750多亩。耕地土质为沙土和黑土混合土，主要作物为玉米、小麦和花生。2022年，全村共有两个土地承包大户，一位是张青坨村的张建军，承包土地约300亩，种植花生，从2021年开始承包；一位是荒佃庄村的樊成奎，承包土地约400亩，小麦、玉米两茬交种，从2019年开始承包。除了这两位承包大户，郭青坨村几乎无人种地，承包户付给土地拥有者每亩每年950元的承包费，这个价格在全县范围内来说还是比较高的。

那么，这些不再种地的郭青坨村村民，主要的经济收入来自哪些方面呢？

这些村民大部分到荒佃镇的缝纫机零件厂上班。众所周知，最先以双坨村为中心的荒佃庄镇弯针产业在全县乃至全省、全国都是首屈一指的，同时，弯针产业在荒佃庄镇以内的范围，也是由点带面，发展越来越壮大，如今，据郭青坨村曾任职36年的老支书郭玉斌口述，仅郭青坨村及其周边村庄,就拥有规模不一的缝纫机零件厂百余家,其中荒佃庄村60—70家,双坨村20余家,陈青坨和张青坨村各2—3家。一些规模比较大的厂子,常年雇用工人达150人,人均1台设备。众多缝纫机零件厂的建立,使附近百姓获得了更多的就业机会。这些缝纫机零件厂男工、女工都招,工人的月收入与工作量挂钩,平均每人每月工资5000—8000元不等,有三险,一年四季不停工。

郭青坨村有一个小建筑队,建筑队成立于2012年,现有工人20人,在盖平房、楼房中承接支模板、搬钢筋等业务,队长为郭向东。服务范围在刘台庄、荒佃庄、泥井等附近。工人人均年龄四五十岁,多数是本村人。此外,村里还有去外地打工的建筑工人。

至于30岁以下的年轻人,如今在村里已鲜少见到了。他们在外地求学的求学,工作的工作,也有部分在天津、北京、湖南、湖北等地打工的,多数都是在外成家,只有逢年过节,才能见到他们出现在郭青坨村。

座谈中,郭玉斌老人给我们讲了一个他亲历过的故事。

时光追溯到新中国成立前,郭玉斌的太爷历经艰辛打拼,在东北一带发了家。发家后的郭老太爷衣锦还乡,在村里盖起了气派的五间大瓦房,重新立了祖坟,祖坟高过房顶,村里人无比羡慕。到了郭玉斌爷爷这一代,郭玉斌二爷临死前,把他孙子辈里最得意的孙子郭玉斌叫到跟前,用尽最后力气,跟他说了一句话:"祖坟里面有东西。"听到此言,郭玉斌心里有了底,一年后,村里组织平坟,时任村书记的郭玉斌把推平后的祖坟又继续深推了一人多深,发现了一个长、宽、高均10多厘米的四四方方的小木匣,外涂红漆。打开木匣,折页是金

郭青坨村景

的,木匣内有个二龙戏珠,龙身为玉,龙珠为包金。当时折页的金子被昌黎的一家银行收购了,二龙戏珠则被唐山地区的文物部门收购了。郭玉斌用售卖所得建起了油厂,却不知为何,一向头脑灵活、干啥啥成的老支书经营的这个油厂却非常不景气,不仅就很快倒闭了,还背了一笔在当时看起来数目不小的债务,用郭老支书的话来说就是"唉,别提这事了,我这是败了家呀"。

郭青坨村,有一家人从事纯手工白薯粉条加工业。主人叫张守义,他头脑灵活,几年前就发现白薯粉条市场几乎完全被机器加工的白薯粉条所挤占,而备受人们喜爱的纯手工白薯粉条市场短缺,于是他抓住机遇,从2019年开始,成规模地手工漏制纯白薯粉条。张守义生产粉条所需的白薯原料,均由他自己种植。2022年,他承包土地30亩,专门种植自家漏粉条所需的白薯。白薯收获后,张守义的手工粉条加工主要有两个时段,一个是每年的10月20日—11月5日之间,漏制细、中、粗粉;另一个是每年的深冬,气温比较低的时候,加工特细粉条。特细粉条因为太细,漏完必须借助低温在户外的储存室冷冻一至两天后,经过手工捶打,再自然风干后才可保存或出售。

说起漏粉的过程,可能很多老辈人都比较了解,就连70后的我,于儿时的记忆里也有着深刻的印象。那是天气将冷不冷的时候,到了傍晚暮色降临时分,家里总要请来几个村里德高望重同时又特别能干的老人,连同父亲母亲,大家烧火的烧火,搬的搬,抬的抬,洗的洗,具体我也说不清在干什么,反正整个堂屋的人都很忙,虽然没人跟我介绍,我依然能看出这些人中的主角就是在开水锅前拿着模具漏粉的人。之前那些黏糊糊的白薯粉团,无论经过大人们怎么加工,依旧改变不了它们身为白薯粉的外在形态,可经过这个手拿模具的大叔的两个手腕颇有节奏和力度的抬、抖、停、拉等,这些白薯粉就彻头彻尾地改换了身姿和容颜,成了细长光滑的另一种形态,它们不仅看起来与众不同,放在嘴里也是嚼劲十足,倘若配以酱油、香油、蒜末等佐料,那可真是我们那个时代少有的佳品。漏粉之后的好几天内,我的生活里都弥漫着浓浓的喜庆氛围,那几日不仅家里的伙食好了起来,粉条熬白菜、凉拌粉条等这些平日里不多见的菜肴频频搬上了饭桌,而且我和小伙伴们多了一个特别好玩的场所,就是在挂满粉条的场院内穿梭,捉迷藏,鼻孔中充满了好闻的薯粉的味道,眼睛不时扫视着地面,寻找断落在地面上的粉条,一旦发现就迫不及待地放在嘴里,感受因阳光照射水分不断消失而晾晒出来的不同硬度的筋道粉条。后来,晾晒的粉条底部不断向上卷,放在嘴里嚼起来也有嘎嘣响的脆度了,大人们就把它们收走储藏起来了。我们那一段快乐的时光也便随之宣告结束了。

这次座谈,郭青坨的村支书郭金山跟我讲述了手工漏粉的完整过程。将白薯用机器洗净、粉碎、过滤后打成浆,用池子沉淀两日后,放走清水,之后在大缸里搅拌,再次沉淀,清除表面的黑浆,然后用粉包滤水,形成椭圆形粉坨子。粉坨子掰碎后,在房顶晾晒,一周后晾干,形成白薯干淀粉。漏粉前,先把白薯干淀粉在热炕上放一天加温。漏粉当天,在瓷盆中放入干淀粉,再放入少量温水,形成浆糊状的芡,边加开水边搅拌,芡里加适量干淀粉,用机器搅匀。这时,在大锅旁,一个人往粉瓢里放处理好的淀粉,另一个人敲打粉瓢,就会有不同粗细的粉条从瓢里自然落入事先烧好的开水锅里。这时守锅的人就把成形的热粉条不断拨入凉水盆里,有人用凉水洗粉条,之后会有人把洗过的粉条穿到用木棍或秸秆制成的粉杖子上,放入冷一点的屋子里晾一夜,自然风干后于第二天拿到通风、暖光处晾晒一天,就可以储存起来售卖了。

2022年,张守义共生产粉条1万多斤,在线上线下同时销售,因为品质有保证,很多人都是慕名而来。每年在一个月内,他生产的粉条就会售尽,丝毫不必担心销路。因注重质量,张守义的生产规模没有往大了发展,每年纯收入6万元

郭青坨手工粉丝

左右。漏粉时他雇用的工人,每天收入300元左右。这些人多数都是本村的,以前大家都是免费给他帮忙的,后来随着这个小粉条加工作坊名气越来越大,收益越来越好,老板便也开始给他们发起了工资,管理走上了比较正规化的道路。

郭青坨村,虽朴实却并不寂寞,这个如今以中老年人为主的小村,处处展现出令我们拍手叫好的生机与底气。

西腾远往事

相传,明朝时山西的杨姓,山东的赵姓、郜姓逃难来到了现西腾远村所在地,在此落户建村,起名为同野村。后来村民嫌村名粗俗改成了腾远庄。再往后,村庄越来越大,分成了两个村,此村居西,因此叫西腾远。

西腾远村北有条大沟,叫刘坨沟。现年80岁的老支书郜玉芝说,他小时候听老人讲,这条沟曾经很宽很长,是古时候的运粮河,大概在隋朝时这条沟就已存在,人称"铜梆铁底运粮河"。随着时间的推移,河床慢慢变浅,河水渐渐干涸,河面也越来越窄。20世纪60年代,昌黎县委、县政府为了治理境内水患,重修刘坨沟,挖沟时,村民挖出了大块的船帮。可见,这条大沟里确实曾有船只行驶,而那时造船的木料和工艺也是非常防腐的。现在的刘坨沟西腾远段已修建了大桥,河畔草木葱郁,桥下流水潺潺,东奔入海。

村里曾有一座大庙,坐落在现村委会的北面。庙的面积有三间正房大小,一进门悬挂着一口大钟,直径有1米左右。庙里有红色的大柱子,有几尊泥塑佛像,具体是哪位神仙,因年代久远,郜玉芝老人已记不清了。但西腾远村过两个庙会,分别是在农历二月十九和农历六月二十四,不知和庙里供奉的神仙是否有关。新中国成立初期那座庙还保存着,村委会(那时叫大队)开会时就敲那口大钟,钟声洪亮悠长,全村人都听得非常清楚,听到钟声便来此聚集开会。直到1958年时,这口钟被当作废铁卖掉了,"文革"时庙亦被毁。

在西腾远村,有郜元岐(郜玉芝的干哥哥)、郜永民父子二人。郜元岐生于20世纪二三十年代,1947年参加中国人民解放军,在部队光荣地加入了中国共产党,1951年参加了抗美援朝战争,在朝鲜战场的烽火硝烟中,被美军的炮弹炸掉了一条腿。部队把他送到了湖南某医院救治,并给他安装了假肢。郜元岐想,自己残废了,不能上前线打仗,没有文化留在后方也做不了什么,就要求复员回乡了。郜元岐有个儿子名叫郜永民,1958年出生。郜永民长大后,郜元岐便鼓励儿子参军。1979年,郜永民参加了中国人民解放军,驻守新疆。郜永民在部队表现出色,深受官兵喜欢。

西腾远村的烈士有:孙德恩,1931年出生,解放战争爆发后,他丢下刚出生不久的儿子,毅然参加了中国人民解放军。参军前,他是村里的武装队长(现在的民兵连长),参军后,部队派他去北京陆军学校进修,他说:"我参军前练过枪,习过武,有作战经验,把学习机会让给别人吧。"他没去进修。1947年在解放密云的战役中,他血洒沙场,壮烈牺牲。王树恩,1928年出生,他是和孙德恩一起参军的。王树恩是部队的理发员,1947年,解放密云的战斗打响,王树恩正给一名战士理发时,一颗炸弹突然落在了他身边,王树恩不幸牺牲。(此为郜玉芝老人所讲,与村志中王树恩牺牲于抚宁石门寨有所不同,有待考证。)张敏,1929年出生,1951年在朝鲜战场牺牲。杨学成,1931年出生,1951年在朝鲜战场牺牲。郜海光,1972年出生,1994年在荒佃庄因公牺牲。

西腾远的文化活动很是活跃,1955年,村里就组建了农民文艺宣传队。西腾远的地秧歌曾在昌黎很有名气,尤其是老一辈的秧歌队员,演艺精湛。村民张洪成扭秧歌堪称一绝,他扮丑角,那棒槌舞得能在空中飞起来,不用眼看就能接住。张洪成顶灯的技艺更是高人一等:碗里放一根点着的蜡烛,立在碗中央,顶在头上,张洪成边顶碗边飞动着棒槌扭秧歌,烛火不灭,碗不翻不掉,稳稳当当,引得观众一阵阵喝彩。村里逢年过节都要扭秧歌。秧歌的曲目有踩高跷、跑驴、老汉背少妻、卷席筒等，周边村的村民如河南庄、施各庄、潘各庄、杨柳上庄等村的男女老少都过来观看，把秧歌场地围得水泄不通。秧歌队有30人左右，只要秧歌鼓点一响，秧歌队员便从四面八方赶过来扭，每年春节都要扭七八天的秧歌，走街串巷地扭，白天黑夜地扭。那时村里没有电，人们就用秫秸挑着马灯，打鼓的、敲锣的、扭秧歌的，好不热闹。

曾经，西腾远村有木匠10多人，瓦匠50多人，还有过铁匠。邰玉芝老人讲，1976年唐山大地震时，西腾远的房屋大多坍塌。灾后重建时，村里统一规划，每家自己备料，村委会组织村里的木匠、瓦匠一起去盖房，不到两年，倒塌的房屋全部盖了起来。

村里曾有面粉厂、挂面厂、油坊、豆腐坊，村里做豆腐的曾有十几人。现在，村里只剩邰振帝一个会做豆腐的手艺人了。邰振帝40出头，做豆腐的手艺是跟他父亲学的，他现在干豆腐、水豆腐都做，做出的豆腐卖给村里和周边的村及超市。

西腾远村现有1030人，耕地面积2560亩，土地大多为沙性，适合种植花生。在经济上以种植业和养殖业为主，种植有花生、玉米、小麦等，村里有400多亩地承包给了外地人种植土豆；养殖有牛、羊、猪，养羊数量在100只左右的有4户，分别是高永力、高建军、王建新、张玉田，养猪数量在100头以上的有高振海；养牛较多的有高艳忠、杨志新两户，他们分别有三四十头。

西腾远村有一个老坑，名叫杨家坑，已有300多年的历史了，西腾远有杨、邰、王、刘四大姓氏，因杨户先在西腾远落户，便把坑起名为杨家坑。杨家坑原来占地10多亩，现在尚有5亩，坑边草木葳蕤，坑中一湾碧水，莹莹地宛如西腾远的眼睛，目睹了西腾远300年来的往昔，也会见证西腾远美好的未来。

前双坨村，一个凤凰栖落的地方

前双坨村位于荒佃庄镇政府驻地约1.5千米处，东临荒佃庄，南接老君坨，西至新家寨，北靠后双坨，总面积2.03平方千米，居民333户997人。据历史记载，明朝时山东周姓移民到此落户建村。据说，周家有兄弟五人，走到昌黎五里营村时，大哥就此留下了，剩下的四人继续南行来到了现在的前双坨村便定居下来。几百年过去了，如今前双坨村和五里营村仍亲如兄弟，前双坨村的人到了五里营，五里营人像兄长一样盛情款待，管吃管住。

前双坨村原来叫双凤坨。相传，村东有个大土岗子（后来平整土地时铲平了），光秃秃的大岗子很少有人光顾。有一天，一个村民从此路过，见大土岗子上停落着两只美丽的凤凰。凤凰是吉祥物，村里人很是膜拜，于是把村名定为双凤坨。后来村里人丁越来越多，就分成了两个村，人们就把凤凰先飞走的地方叫前双坨，后飞走的地方叫后双坨。

在1949年前后，前双坨村是个穷村。2022年，88岁的老村支书周焕存介绍说，那时村里有"两多"：要饭的多，扛活的多。村里人绝大多数都讨饭、扛活、当劳工，当时村里100多户人家中有37户要饭的。1954年，村里成立了初级社，即初级农业合作社，最初只有16家入社，同年晚秋时，入社户数64户，1956年成立高级社，全村80%—90%的入了社，1958年成立人民公社。人民公社成立后，前双坨村大面积种植小麦和棉花，但由于其土质原因，产量并不理想。周焕存老人说，前双坨村的土地属"漏风地"，禁不住旱，下雨后雨水会很快就漏下去，且涵养性差，雨水少的年份干旱，雨水多的时候洪涝。1959年大旱，前双坨村小麦亩产量只有60斤，每人一年只能分得10斤粮食。面对这种情况，村支部决定打井。1960年，前双坨村民靠人工打出了第一眼井，清洌洌的井水缓缓地流向干涸的土地。在井水的滋润下，第二年，小麦亩产量达到了400斤，于是村里开始大面积打井，全村共打了32眼井。村里还买了柴油机，每个生产队配有两台柴油机，抽水灌溉。旱情的问题解决了，但雨水多的年份，田里的雨水流不出去，水涝又成了问题，于是村领导又带领群众开始挖泄水沟。打了井又挖了泄水沟，前双坨的粮食产量有了质的飞跃，每年小麦亩产量均达到了400斤以上，前双坨成了交公粮最多的村庄。

因业绩突出，村支书周焕存年年被评为地区和县级先进个人。1964、1965年，前双坨村大面积种植棉花，全村2300亩地种植棉花达800多亩，而且棉花年年喜获丰收，前双坨的棉花在当时远近闻名。粮食作物、经济作物双丰收，前双坨村农民的收入远远高于其他村庄，那时别的村庄平均一个工分两三毛钱，前双坨村每个工分竟高达8毛钱，引得外村的姑娘纷纷来嫁前双坨的小伙子。由于前双坨农业生产搞得出色，县里率先给前双坨村通了电，前双坨是昌黎县农村第一个通电的村庄。

前双坨农业生产的发展得益于一个叫周万顺的人，他是老村支书周焕存同族的叔叔。当时，周万顺任唐山地委供销社生产资料科科长。那个时候，村里的运输工具是老式的木轮车，运输效率低下。新的胶皮车面市后，周万顺就帮村里买了六辆胶皮车，每个生产队一辆，大大提高了运输效率。供销社里曾从内蒙古购进了一批马，其中有六匹检疫出有病，当时如果检疫出有病就会立刻宰杀。周万顺看着六匹马有些不舍，他把这六匹马留了下来，让前双坨村牵走，到海边放牧疗养。经过放养，六匹马都恢复了健康，大大增强了前双坨村的畜力。为了增加村民收入，前双坨村委决定成立一个塑料厂，组装设备时需要一节无缝钢管，当时县里买不到，书记周焕存便跑到唐山找到了叔叔周万顺。那天正下着大雨，周万顺一听家乡急需无缝钢管，便拿起一把雨伞出了家门，他一家一家打听，最后在迁安钢厂买到了。周焕存便从迁安一路搭车、步行，费尽周折将钢管扛回了前双坨村。周万顺还经常帮助前双坨村购买化肥、氨水等肥料，为前双坨村的增产增收起到了一定的促进作用。

在抗日战争和解放战争中，前双坨村的有志青年都踊跃参军，有的甚至献出了自己宝贵的生命。周树凡，1921年出生，参军前给人扛活。1944年，他和同村的周贵荣两个人瞒着家人悄悄地参了军。后来，周树凡在部队当了班长。1945年1月，由于叛徒的出卖，日本人和汉奸包围了他所在的刘林子村，在率兵突围中，周树凡壮烈牺牲。周焕友，1927年出生，最初在东北从事地下党的秘密活动，身份暴露便回到家乡，去了共产党办的乐亭师范学校学习。后来共产党把学校的全部师生转移到了东北医科大学，支援前线，为前线的伤病人员疗伤，周焕友便又辗转在东北一带从事革命活动。1948年6月，周焕友在解放战争的一场战役中英勇牺牲。周印恒，1919年出生，1947年参加革命，后到了抗美援朝的前线，1951年牺牲在了朝鲜战场上，时任中国人民志愿军65军194师52团1连班长。蒋玉芳，1925年出生，中共党员，1942年参加革命，1952年在朝鲜战场牺牲。周印政，1923年出生，1947年8月于唐山丰南牺牲，时任昌黎县大队战士。周永富，1922年出生，1946年在解放战争中牺牲。

"有凤来仪"，"非桐不栖"。改革开放以后，前双坨村民勤劳致富奔小康，涌现出了不少养殖大户、种粮大户，还创建了缝纫机零件厂。村民周字成第一个在村里建立了貉狐养殖场，投资8万元，养殖貉子、狐狸共280只，年收入20万元，带动了村民纷纷养殖貉狐，收入非常可观。村民周福生养殖貉狐最多时达到4000多只，年收入达200多万元。养牛大户周长彬，养牛100多头，年收入100多万元。养猪大户赵沛林养猪200多头，自繁自养，一年有三批猪出栏，每批收入70多万元。现有几十亩地的种粮大户四户，其小麦亩产量达1300余斤。村里较大的缝纫机零件厂有四家,每家工人20余人,年利润200万元左右。

　　前双坨村还有闻名全县的特色美食干豆腐。村支书周宗成自豪地说:"我们这的干豆腐比肉还贵,想买得提前预订,要不都抢光了。"这么好的东西必须去看看。于是我们来到做豆腐的周长喜家。周长喜,1962年出生,做豆腐是他祖传的手艺,他的父亲在人民公社时期就给生产队做干豆腐,后来把手艺传给了他,他就开了这间豆腐作坊。周长喜平均每天用30斤的黄豆,多的时候50斤,做出来的豆腐会卖给饭店、超市、村民,还有县招待所,平时基本卖15元一斤,有时也卖到18元一斤,因为豆片薄、口感好,味道纯正,常被当作送礼的佳品,甚至还被带到了国外。我们到了周长喜家,他家有五间正房,宽敞的门厅里挂着两排白白的包豆腐的白布,像大染坊的白布一样很铺张地挂着,把宽敞的门厅挤得不再宽敞。我们从两排白布包中间穿过,来到豆腐制作间。碎豆机、古老笨拙的石磨盘、大缸,大缸里还有豆绿色的豆水,这一切都告诉我们这是个家庭手工作坊。热情的老板娘诚挚地邀请我们品尝她家的干豆腐,那薄如蝉翼的干豆腐卷起来咬一口,哇!浓浓的豆香直往嗓子眼里钻,软、嫩、唇齿留香。难怪村支书说起这干豆腐那么自豪呢。

　　最后,我们参观了琦鑫缝纫机零件厂。我看到工人们正认真地做着轧、磨等一道道工艺。该厂生产的缝纫机零件有一二百种,那一寸见方的小小零件需要经过20多道工序才能出成品,然后销往世界各地,再组装成一台台缝纫机,缝纫机再缝制出一件件或华贵、或美丽的衣服及其他用品。我忽然觉得,前双坨人正是这一枚枚小小的零件,全村人组装成了一台硕大的缝纫机,共同编织幸福美好的生活。

腾飞致远东腾远

东腾远村位于荒佃庄镇政府驻地东北约4千米处,东接左营村,南接张青坨村,西至西腾远村,北靠河南庄村。沿海高速荒佃庄出口位于东腾远村村南。

据接受我们采访的李玉满老人介绍,明朝中期,山西杨姓和山东张姓移民来此落户建村,初时称同野村,后村民嫌庄名粗俗,改称腾远庄。早期,这里为一片荒滩,后来人们在这里开荒种地,原来的不毛之地上长起了成片的庄稼。新中国成立后,以西坑为界,将腾远庄进行了划分,西坑以西称为西腾远村,西坑以东称为东腾远村。全村共有姓氏54个,主要姓氏有赵、李、郝、张、王、刘、杨、陈、何、丁、韩、郝、周等,其他姓氏有贾、庄、代、常、马、邰、齐、翟等。在全县的农村中来说,东腾远村应该算是姓氏比较庞杂的村庄之一了。

历史上,东腾远村曾有一座老爷庙(又叫关公庙),为一大间瓦房,雕梁画栋,也算壮观。内有关公立像,左关平,右周仓。庙内有一口铁钟,重数百斤。农历二月十九是关公关老爷的生日,也是东腾远村一年一度的庙会之日。1957—1958年间老爷庙被拆毁,但农历二月十九的庙会,却一直延续至今,且随着村民经济生活水平的不断提高,庙会宴席越发丰盛,成为全村

在东腾远村发现一块石碑

一个热闹程度不亚于春节的重要节日。

东、西腾远中间,曾有一座庵子庙,为三间青砖瓦房。新中国成立前,庵内便不再居住尼姑。1953年,庵子庙所在地被改建成为村小学。庵内曾有一棵巨大的杨树,有几人合抱那么粗,1958年被毁。庵内还有一座千斤重的大钟,敲钟时,声音能传到前刘坨村。那时,前刘坨村也有一座大钟,那里敲钟时也能传到东腾远村。每每两村敲钟,两村村民都听得真真切切,想来,也是一件无比奇妙的事情。庵子庙内的这座大钟,也毁于1958年"大炼钢铁"时期。

2022年,东腾远村有600多户1900多人,拥有耕地面积4000多亩。传统农作物有玉米、花生、小麦和白薯。村北、村东是沙土地,村南是黄土地。

在之前老百姓靠天吃饭的年代里,东腾远村的粮食收成很低,麦子亩产量80斤左右,玉米亩产量200—300斤,庄稼地不是旱就是涝,那时候农民也买不起化肥,家家吃不饱穿不暖,日子过得很是寒酸。生产队时期村里也搞过副业,办起了挂面坊、豆腐坊、漏粉厂、米面加工厂等,老百姓的日子却依然紧巴。1982年,生产队解体后,村里分产到户,采用抓阄的方式,将生产队的所有财产分到各家各户。联产承包责任制后,老百姓生产和生活的积极性大大被调动了起来,大家开始在庄稼地里打井,开始找门路买化肥,粮食产量才开始有所提升。到了2022年,东腾远村的麦子亩产量已达到1000多斤,玉米亩产量1200多斤,花生亩产量700多斤。村里承包出去的土地有1000亩,承包户主要种植花生、土豆等,每逢耕种或收获季节,需要雇用大量劳动力,也给村里人带来了许多打零工挣钱的机会。现在,农业种植成为东腾远村人的主要经济来源之一,另一个重要经济来源是外出打工,部分村民在附近村的缝纫机零件厂打工,部分村民在周边的种植养殖大户家打工。相对来说,在缝纫机零件厂打工的收入较多,月收入4000—5000元,日收入100多元,且常年不停工。

2022年,全村有养猪大户五个,为李志祥、郝军、张文新、郝建和张会平。每户养猪四五百头;有养羊大户三个,郝金崧养100多只,赵玉辉养120只左右,郝印武养100只左右;有养鸡大户两个,李勇和王卫民,分别养殖蛋鸡两三万只;养牛大户两个,赵学民和刘德智,每户养牛二三十头。

东腾远村具有悠久的革命传统,在抗日战争、解放战争、抗美援朝战争中,全村参战人数不下50人,先后有张祥、韩景新、杨化堂、李志、赵春来、赵振武、李玉田、张印、王殿生、郝印清等13人牺牲,东腾远村成为一个名副其实的英雄高地。

1947年3月,区干部张祥和助理王品山到本村开展工作时,被敌人围困在了一个堡垒户的地洞中,房上、院内布满了敌人,张祥宁死不投降,当场打伤了一名房上的匪徒,在突围时,张祥被敌人的机枪打中,壮烈牺牲。在人民公社时期,张祥烈士的遗孀郝印贤独自抚养孩子,支撑家业,积极投身到本村的各项建设之中,是一位坚强的女性,村里人都暗暗为她竖大拇指。由于郝印贤的事迹突出、正面、典型、鲜明,她多次被县、区嘉奖。1958年,昌黎县人民政府为她颁发"勤俭持家模范"匾额,后又三次被评为县、区劳动模范,多次出席各级劳模会议。虽为一名平凡的家庭妇女,郝印贤却以自己默默的行动,成为东腾远村一个备受敬佩的响当当的人物。

东腾远,一个普通得不能再普通的村庄,一个渐渐腾飞致远的村庄。

张青坨：生活在淳朴恬淡的日子里

明朝时期，山东张姓移民到此落户建村，因村址附近有一长满杂草的坨子，故称张家青坨，现称张青坨。张青坨位于荒佃庄镇政府驻地东约2千米处，东邻冷各庄村，南接会君坨村，西至郭青坨村，北靠东腾远村，总面积0.73平方千米，居住点面积0.13平方千米。地处平原，地势西高东低，以沙土为主。经济上以农业为主，有耕地686亩，传统农作物包括高粱、玉米、土豆等。村里有一句顺口溜，形象地反映了张青坨村的环境："东风本姓杨，一个月刮三场；一场刮九天，还落三天瓢。"这里"落"读"唠"音，"落瓢"就是庄稼成熟后，通过打场脱粒，将剩余的秸秆反复碾压，做到颗粒归仓。

据老人们回忆，村东曾有两座古庙，因年代久远，村里老人对相关细节均已无记忆。老人们对村西一座古庙记忆尤深，农历二月十五，村里举行一年一度的庙会，这个庙会被当地人称为"吃会里"，就是庙里出钱，让村里人吃一顿。据村里老一辈人回忆，很久之前村里"吃会里"时，重男轻女思想非常严重，表现之一就是，由妇女们辛辛苦苦做出来的粉条炖肉只有村里的男丁有资格吃，女人们却只能靠边站。当然随着时代的发展，这种陋习早已被摒弃，成为渐渐消失在历史中的传说了。有资料显示，农历二月十五，是被称为道德天尊的太上老君的生日，而太上老君被供奉于三清大殿中，是道教中的最高神之一，那么张青坨村西的这座古庙，当是一座三清殿。

这座大庙拆除后，张青坨村与附近的陈青坨、郭青坨村在此地合建了一所小学。小学开设四个年级的课程，采用的是复式教学，其中一、二年级学生在一个班级，三、四年级学生在一个班级。学校开办之初，只有一位老师任教，后来增加为两位。这个小学在培养这几个小自然村的农家子弟方面作出了不可忽视的贡献。

张青坨村曾有一棵古槐，1953年被毁掉了。全村只有一眼古井，每两三年掏一次井，主要进行清理和修护。

村东南曾有一块被称为"官坑"的水塘，原来这里是一块土坨子，由于村民盖房拉土，渐渐成了一个大水坑。据说，村民在这里拉土时曾发现过砖瓦、古币。"官坑"占地18.9亩，2008年村里对此地进行环境治理，现在变成了一个养鱼池。

生产队时期，张青坨村副业搞得很不错，有养殖量达1000只的养鸡场，有米面加工厂，有豆腐坊，有漏粉厂，在当时算得上相对富裕的大队了。漏粉厂鼎盛时期，全村土地约有70%用来种植白薯，生产的粉条不仅在本地销售，还远销至东北地区。2000年以后，由于市场原因，张青坨的粉条生产呈下滑趋势。

村里有一位扎笤帚的老手艺人，名叫张希志。当地把"扎笤帚"叫作"刨条梳"，过去家家户户都使用这种用高粱穈子扎成的清理卫生的工具。现在，随着塑料笤帚的流行，用高粱穈子扎出来的笤帚很少有人使用了。张希志老人年轻的时候就有这门手艺，他扎的笤帚做工精细，结实耐用，每把笤帚卖30元左右，虽挣不到大钱，但也能贴补日常生活。如今，在荒佃庄、刘台庄镇的集市上，经常能看到张希志老人的身影。

张青坨村，有两位革命烈士。一位叫张希禄，1916年出生，1942年在赤崖村掩护战友撤退时壮烈牺牲。另一位是张希寿，1918年出生，1947年在侯家营阻击战中不幸牺牲。先辈的牺牲，换来了我们今天的幸福生活，我们当永远铭记。

一个以"皇后"命名的村庄

明永乐二年(1404年),刘姓移民到皇后寨落户建村,距今已经有600多年的历史了。原来的村名已经无法考证了,后因一个农家姑娘被选为皇妃的传说,才改了村名。

据说也不知道是哪一朝哪一代的一位皇帝做了个怪梦,梦见滦河有一位姑娘头顶瓦盆,赤脚踩碑,本是皇后,正等着去迎接,于是派大臣前去迎接。经过千难万险,终于将姑娘接入皇宫,成为皇后。村寨里出了个娘娘,故而得名皇后寨。

在皇后寨的历史上,村里曾建有五座庙宇,分别是法华寺、财神庙、文昌公庙各一座和五道庙两座。

法华寺是根据《法华经》建立的寺院,《法华经》即《妙法莲华经》,是中国佛教史上有着深远影响的一部经典。信奉《法华经》所主张学说的佛教出家人建立的寺院叫法华寺,我国各地建有许多法华寺。法华寺一般供奉如来佛祖、菩萨及天王等。皇后寨村法华寺的五间大殿里面供奉了五位神佛。如来佛祖居中,东边是二郎神和三官,西边是关公和仙家堂。法华寺早年可能住有僧人,因寺南约1500米的地方有和尚坟。但是何时有僧人,有多少,已不可考。寺毁于1945年,寺中泥塑像被推倒,铜佛被卖了废品。

财神庙，顾名思义，供奉的是财神。皇后寨村供奉的是文财神比干。村民供奉财神，是希望财神保佑，以求大吉大利，财源滚滚，生活富足。

文昌公庙供奉的是文昌帝君。文昌帝君是主宰功名、禄位之神，是中国古代学问、文章、科举士子的守护神。皇后寨村建立文昌公庙，是希望村里文运昌盛，人才辈出。此庙毁于1953年。

五道庙用于祭奠亡灵。1949年以前几乎每个村里都建有五道庙，小村里有一两座，大村里有三四座。

皇后寨村是"河北省宣传文化示范工程示范村"，有着文化宣传的优良传统。

1949年以前，皇后寨的大秧歌远近闻名，据说曾经把县城里来的戏班子都顶跑了。秧歌队里的头儿是李桂香，秧歌用品都由他保管，排练、演出等都由他组织。他扭的秧歌深受观众喜爱。可惜新中国成立前他在一次和新桃园村的秧歌比赛中落败，发誓不再扭秧歌，直到改革开放后才重登舞台。最为人津津乐道的是李树民。他的秧歌深受群众尤其是年轻姑娘的喜爱，他是她们心中的偶像，他把前双坨的一位姑娘"扭"进了家门，二人喜结良缘。

除了秧歌，皇后寨的吹歌亦名满昌黎乃至关外。刘步云，艺名"来财"，与长子刘金凤、次子刘志凤把喇叭吹遍了昌黎。刘步云的双杆小喇叭与大喇叭合起来吹，称"大杆套三机子"，是他吹艺的一绝。刘金凤擅长吹大喇叭，同时也是打鼓好手。刘志凤擅长吹唢呐和拉胡琴。兄弟二人后来都加入了巢家喇叭铺。民国年间，昌黎境内主要活动着两个喇叭铺，即巢家喇叭铺、吴家喇叭铺。巢家喇叭铺位于马坨店乡的巢庄村，集中了昌黎吹歌南派艺人。吴家喇叭铺位于葛条港乡歇马台村，是昌黎吹歌北派艺人的集中地。兄弟二人加入巢家喇叭铺以后，常年随队流动于昌黎、滦县、乐亭、卢龙等地，还到过东北沈阳、四平、绥中等地开展演奏活动。兄弟俩生前都曾经为昌黎县文化馆录制了大量的音像资料。

新中国成立后，除传统的大秧歌外，皇后寨的文艺爱好者还排演了《小女婿》《夺印》等评剧。即使在"文革"时期,也没有停止演出,排演了当时盛行的样板戏,其中《沙家浜》《红灯记》最为成功,不但在本村演出,还去周边村巡演,饰演沙奶奶的刘淑清,经常去昌黎大礼堂演唱《沙家浜》选段。

由于皇后寨的文化活动十分活跃,所以昌黎评剧团、迁安评剧团、汉沽评剧团、天津河北梆子剧团等都曾经来村里演出。1964年,汉沽评剧团来演出后还辅导过村里俱乐部的演员,帮助他们提高演艺水平。

1994年开始,皇后寨重点搞文化村建设。最初,只有两间活动室:一间广播室,一间游戏室。广播室内,用唱歌、讲故事、诗朗诵等方式,大力宣传村里的好人好事,树立社会主义新风尚。有时还举行比赛,村里曾有30多人获奖。游戏室里,人们有的下象棋,有的打乒乓球,有的读报刊,有时村民乐队还演奏各种乐曲。室内太狭窄,有的就在室外敲锣打鼓,扭大秧歌。昌黎电视台曾经多次来村里采访并录音录像,有的片段还在中央电视台综艺频道播出过。这里活动场地虽小,作用却很大,不但丰富了村民的业余文化生活,而且极大地促进了社会主义精神文明建设,引起了上级领导的高度重视。2000年,皇后寨村荣获"河北省委宣传文化示范工程示范村"的称号。到2016年,村里先后建起了广播室、文化活动室、图书室、阅览室、放映室、乐器演奏室、乒乓球室以及文化广场、篮球场等,有各类书籍1.5万册,有家庭影院彩色电视机和电影机,有扬琴、提琴、胡琴等各种管弦乐器150多件,有大、中、小鼓和架子鼓组成的打击乐器4套,还有篮球、排球、乒乓球及各种运动器材若干件,建成了一个组织有领导、学习有场所、开展有内容、活动有基地、处处有成果的名副其实的"宣传文化示范村"。

文化广场建成后,不仅皇后寨的秧歌、广场舞爱好者在这里演出,周边十里八乡的也都来演出,有时外县的名角也来助兴,乡里多次在此举行各类文艺汇演,既丰富了村民的业余文化生活,也扩大了皇后寨的社会影响力。

皇后寨村的文化建设是全体村民共同努力的结果,同时与刘志忠的组织和参与也密不可分。刘志忠在1958年18岁时就担任村团支书,那时他就积极支持和组织村里的文艺活动。评剧《小女婿》《夺印》,京剧《沙家浜》《红灯记》等就是在他的组织下排演的。1964年到1966年,刘志忠参加了"四清"工作队,工作队的成员大部分都安排了正式工作,刘志忠因为村里需要,又回到了村里,继续担任村里的领导。现在,他已是80多岁高龄,仍然热衷于村里的文化活动,而且还经常组织周边村的文艺爱好者交流、切磋、联欢。

皇后寨还有一个文化名人林丹泉,今年83岁。他曾经是昌黎一中乐器队的成员,二胡、小提琴、手风琴样样精通。1961年,林丹泉从昌黎一中毕业,高考落榜后,回村里当了一名民办教师,他的学生参加奥林匹克数学竞赛有多人获奖。1979年,林丹泉转为公办教师,1980年开始担任皇后寨公社社中校长,1994年获昌黎县教育局嘉奖,1996年获昌黎县人民政府三等功奖励。他的书法过硬,直到现在,村里的标语都由他书写。

皇后寨现任村支书李壮君,是村里秧歌界年轻的代表人物。1988年出生的李壮君从5岁就开始扭秧歌,14岁拜南派秧歌大佬刘金明为师,学习扮演公子。如今的他,青出于蓝而胜于蓝,在南派秧歌界大放异彩。昌黎秧歌分为南北两派,北派叫地秧歌,南派叫大秧歌。人们提到昌黎秧歌往往指的是北派地秧歌,南派大秧歌则很少有人关注、研究和宣传,现在,李壮君正在和周洪宾老师合作,编写一部关于昌黎大秧歌的专著。

李壮君的文艺才能,不仅体现在扭秧歌上,他还是个即兴诗人,或者叫顺口溜天才。12岁时,他就跟随母亲赶集,帮忙卖货。初中毕业后,他没有继续深造,小小年纪就投入商海,倒卖过金鱼、鸽子、鸡雏、羊,跟着私家车售过票,收过皮毛,后来做了皮毛经纪人直到现在。

这是他在卖鸡雏时编的顺口溜:"大的不见得好,小的不见得赖。真金不怕火来炼,好货不怕咱试验。比一比,看一看,走一走,转一转。集集来,集集到,集集带着小鸡料。要公鸡,给公鸡,要母鸡,给母鸡。母鸡下蛋不截窝,十天八天下一车。"

李壮君在做了一段时间的售票员之后,商业头脑更加活络,萌生了自己买车的想法。于是,2013年他买了第一辆客运汽车,2016年买了第二辆,2018年买了第三辆。一辆跑西线新集方向,一辆跑东线刘台庄方向。2020

年,李壮君在荒佃庄镇买下了一座三层楼,建成了晟源酒楼。他凭借自己的经商才干,短短几年就成了村里年轻有为的企业家。于是村里人在2015年选他担任代理村主任。2018年,李壮君当选为村主任,2021年当选为村支书。成为村支书以后,他的口号是:一不贪,二不占,团结班子向前干。他还说:"人的生命是有限的,皇后寨的发展是无限的。要争分夺秒把皇后寨发展好,为老百姓谋福利。"他不仅口头上这样说,也是这样做的。参加座谈的群众说:原来皇后寨上访的多,告状的多,解决问题的少。他上任以来,努力解决群众关心的问题,赢得了村民的信任。短短一年,修了一座桥,清了一条沟,建了一片墓。村里有一条河流叫西沟,因为挨着集市,垃圾把沟都填满了,臭气熏天,村民们强烈要求改变现状。于是,他组织人力清理了西沟的垃圾。有些漂浮的塑料用人工划着小船捞,不能捞的就用开沟机挖,然后把垃圾集中掩埋。环境治理好了后,又在西沟上修了一座桥,方便人们来往。他还为村里修建了新型墓地,只收不超过一千元,这在昌黎农村里是头一份。

民国年间皇后寨有一个名人叫赵德昌,外号"赵老德",他在黑龙江绥化做买卖,经营米粮和百货。这些商号与张作霖有关,因此发展快,盈利多。赵德昌买了大量土地,雇用了四个长工来经营,成了皇后寨的头等富户。1924年9月第二次直奉战争,张作霖打败了吴佩孚,直军退到了滦河以西,奉系驻军昌黎各地。奉军首领下令,军人不许住在皇后寨村,以免骚扰百姓,并令团级以上军官,都必须到赵德昌家拜访。赵德昌病故时,东北军将领马占山亲自来赵家吊唁,此事在昌黎影响很大。

周德善先生从乐亭县农业农村局退休回到村里后,热心村里的公益事业,为村里引进南瓜、西红柿、棉花等优良品种,增加村民收入,为村庄绿化培育了许多花草树木,用时四个多月,在2017年2月写成了一部《皇后寨村志》。村志包括村名、环境、社会、经济、沿革等五章二十五节,洋洋洒洒,蔚为壮观,反映了皇后寨人战天斗地的历史,史料翔实,数据可信,为后人留下了一笔宝贵的精神财富。

养貂之源新家寨

明朝,山东宋、姚、贺等姓移民到此落户建村,因与黄土庙邻近,取名黄土庙小庄和东南庄子,后改称新家寨。新家寨原来是黄土庙村的自然村,1961年建为行政村。

自20世纪七八十年代开始,皮毛动物养殖发展迅猛,昌黎成为全国皮毛养殖大县,其貂养殖量占总养殖量的70%以上,因此在业内形成了"世界貂皮看中国,中国貂皮看昌黎"的说法。那么昌黎的貂皮看哪里?自然是建有远近闻名的昌黎皮毛交易市场的荒佃庄镇了。2022年7月6日,当我们冒雨走进昌黎县荒佃庄镇新家寨村时,又听到了当地老百姓流传的对于以上说法的续接,便是"荒佃庄貂皮看新家寨"。

早在1986年,当绝大多数农民依旧过着面朝黄土背朝天、依靠土地混吃喝的日子时,头脑活络的新家寨人心里就起了"小九九",觉得要想过上好日子,不能把所有赌注都放在自家的那几亩庄稼地上。想到了就要努力尝试,具有创新精神的村民代表郭中、符东生首开先河,揣上家里仅有的一小卷钞票,坐上火车,远涉东北,从阿城、饶河一带买来5对种貂。当时貂子不论组计量,而是论对计量,一公一母两只貂子组成一对,一只貂子均价约800元。就这样,在村民好奇的目光下,郭中、符东生开启了自己认真、谨慎又新奇的养貉生涯。当时貉子主要以吊种谋利,几乎没有售卖貉皮这一说法。

见养貉收益远远高于土地收入,村民们便对郭中、符东生的养貉生涯由好奇变成了羡慕。稍有空闲,他们便三三两两,结伴到郭、符二人家里,看这些可爱的"金疙瘩",暗中学习郭、符二人神秘的养貉技艺。郭、符二人和他们的家人相当热情,每次都不厌其烦地解答大家提出的养殖技术等方面的疑问。他们二人敞开心扉、知无不言的态度快速点燃了全村的养殖热忱。当村民一开始小心翼翼向他们提出打算养貉的想法时,郭、符二人便鼎力支持,积极帮助他们联系买种貉,买饲料,多次亲授养殖经验,还向大家推荐各种各样的养殖资料,叮嘱他们要想养好貉,科学技术少不了。榜样的力量总是无穷的,在他们的带动下,村里的养貉户有了主心骨,养殖投入渐渐多了起来,起先那些持观望态度的村民也开始规划起自己的小院,考虑应该在哪里搭建貉笼。当然,任何皮毛动物养殖都有一定的风险,在1987、1988年,养貉收益下滑,多数养貉户赔了钱。到了1989年,投资和收益基本持平。从1990年开始,养貉户终于迎来了属于自己的春天。

2000年以后,新家寨村开始大规模养貉。随着养殖经验的不断丰富和资金投入力度的不断增加,村里皮毛动物养殖的种类也日益丰富起来。貂、狐狸等陆续到新家寨安家,貉子的种类也逐渐细化。茶余饭后,村民们聚在一起,谈论的话题只有养殖技术。就连打电话、下地干农活,话语间也离不开养貉养貂。依靠渐渐兴起的养殖业,村民的生活水平有了很大幅度的提高,吃穿用度均达到了以前无法想象的水平。家家户户的庭院内,全是貉、貂、狐,这还不够,村外还建有40个大养殖场,涌现出了符中、郭洪平、郭小林、郭路泉、郭井

彩狐养殖

平、郭宝平、郭爱平、刘爱坡等养殖大户。到了2013年，养殖收益达到了有史以来的最顶峰，一张优质貂子皮的价值高达1300元左右。当时，村里有90%以上的住户养殖皮毛动物，就连儿女在外的老两口、"五保户"等也不甘落后，在自家小院养上十只八只种貂，到秋天也能获得一份不小的收益。最多的养殖大户的养殖数量多达三四千头，仅一年收益就达一二百万。当时村里人均养貂二三百头，年收入几十万的人家只能算是小打小闹。依靠如火如荼的皮毛养殖业，早在10年前，新家寨村就几乎家家都买上了车，相当多的年轻人还从城里买上了楼房，计划把孩子送去城里读书。

新家寨村养殖业发展得如此好，不只是胜在起步早和养殖规模大，更是胜在村民们想要过上好日子的坚定信念。为了梦想早日成真，他们将不怕苦、不怕累的光荣传统发扬到了极致，一天24个小时，恨不得每时每刻都和貂子们在一起，细心观察它们的身体和精神状况，用心调理它们每餐的饮食。他们不仅读书看报，时刻给自己充电，还开动脑筋，给各个貂子建档编号，记录它们的日常状况。每个养殖户生生把自己的身份由农民变成了养殖专家。貂子虽看起来可爱，皮毛光滑，可由于独特的饮食结构和生活习惯，会使周围的空气弥漫着一种难闻的骚臭味。尤其到了夏天，貂子食和粪便会招来大量苍蝇，养殖户不仅需要忍受高温和异味，还要忍受这些黑乎乎的蝇虫。再艰苦的环境也难不倒这些坚强执着的新家寨人，他们满心欢喜地努力着，兴致勃勃地探索着，一年365天，日日都脚踏实地地干着，谦虚认真地学习着，这才积累起了丰富的养殖经验，用一双双勤劳的手，高擎起了属于自己的美好日子。

提起鼎盛时期的辉煌，村书记郭路泉骄傲地说，当时，新家寨村的貂皮质量，那可是出了名的好，每张貂子皮，一准比其他村的贵上个几十元。这又是为啥呢？郭书记说，要想产出优质貂子皮，科学养殖最关键。新家寨村的养殖技术那时谁能比得了？大家对貂子各个阶段的饲料都做到了科学搭配，前期做好防疫，到了貂子的长绒期，家家户户更是认真观察貂子的状态，及时、科学地给它们补充营养，这样才能长出绒长、密度高的优质貂皮。提起养殖技术,这位腼腆、质朴的郭书记便滔滔不绝地畅谈起来,大有一经开口便无法收尾之势。这些经验听起来似乎很简单,可从当初艰难探索,反复实验,多次斟酌,历经一次次失败后,又不断调整心态,重整旗鼓,到获得最后的成效,其间所跋涉的路,所攀越的峰,没经历过的人谁又能体会得到呢?我想,家乡的每个人,都会以这群质朴勤奋的新家寨人为荣的,他们的子孙后代,更会将前辈们闪亮的精神不断继承,发扬光大。

白貉养殖

时代在发展,思想活跃的新家寨人也与时俱进,他们在全镇乃至全县范围内,率先把皮毛养殖与日益普及的互联网相融合,建立虚拟网络世界内的真实养殖场,大大提高了新家寨乃至全镇全县的皮毛养殖知名度和美誉度,为昌黎县皮毛产业的发展有效地推波助澜。截至2022年,新家寨村44岁的齐海波,网名"大海说养貉",粉丝量达1.6万,关注度1067,获赞3.8万;57岁的养殖户陈淑荣,网名"和谐SR",粉丝2.9万,关注度453,获赞5.6万。村书记说,村里这两位网红,吸引了很多外地人前来参观,为村里的养殖户提供了许多便利。我们调研时,正逢陈淑荣搞直播。这位操着东北口音的大姐,言语利落,性格直率,正绘声绘色地传授自家独特的养殖经验,介绍宣传自家乃至全村的貉种情况。这位陈大姐,是我们访谈的郭岐老人的大儿媳,她与郭岐的大儿子在天津做园艺工作时结识,因对果树栽培技术有共同爱好,加上同为要强上进之人,很快便相知相爱。从天津回村后,陈大姐夫妇二人率先带领村民种植酒葡萄,热心推广酒葡萄种植技艺,在新家寨村颇有一定的影响力。

在新家寨村东北,曾有烈士墓一座。这些烈士均为中共抗日武装队伍在与日伪军的激烈战斗中牺牲的指战员。起初,烈士墓占地约3亩,四周栽有苍翠柏树。每逢清明节前后,附近一带的学校经常组织师生前来扫墓,祭奠烈士英灵。2012年,县民政局将烈士墓迁到了昌黎县烈士陵园。

在我们冒雨前往新家寨烈士墓原址的途中,遇到了一口废弃许久的老井。这口老井是如何成功吸引到我们的注意力的呢?原本,映入我们眼帘的红砖垒砌的墙是直的,突然就有那么一段,直线变成了弧线,弯转的弧线墙体自然围拢出一个半圆形。为什么要别出心裁地这么建墙呢?在好奇心的驱使下,我们推开车门,撑一把雨伞,踩着没及鞋面的水路前去探寻。原来,那弧形墙体,护住的是一口闲置的老井。答案揭晓时,我的心怦地使劲跳动了一下。如今,在我的家乡河北一带,老井早已失去了往日的作用,其形其貌,已完全遁入历史深处或者老一辈人的记忆里,倘若以《古井》为题写一篇作文,鲜有孩子能绘声绘色地描摹出一番古井的形貌了吧。可新家寨村的这眼已被土填平的老井,在心怀诗情之人别致的规划下,墙为井让路,井为墙添趣,不仅为后人留下了一份生动形象的胜过教科书的历史,更为一颗颗思幽忆旧的心提供了可栖息的枝丫。而在我看来,除了以上作用,这会跳舞的红墙,更是一处难得一见的人文景观。有人会因为一首歌,而记住一座城,而我却只因一堵墙,记住了荒佃庄镇的新家寨村。

陪同华老师去村书记郭路泉家拍摄皮毛动物时,在庭院的东南角落,我看到了一株正举着满树果实炫耀的树。这树虽不强壮高大,树形却颇美,仿佛园艺师精心修剪过一般，尤其是那累累果实，以黄为主，夹杂着不同程度的绿，和一排排皮毛动物的窝笼形成强烈反差，自然成为一景。多半日的中雨，仿佛一双双无形的大手，调皮地将果实捶打在地。落地的黄果、败叶，满地的野草，檐下的雨滴，一切都自然而然地迎合着"夏雨，农家院"这一主题，所以，这一切都是刚刚好。仿佛差几分就满的闲适日子或者从容人生，恰恰达到了我的审美点。见我长时间对树迟疑，一直热心为我们带路的一名村委成员朝我走来。这是杏树吧？为什么这杏树结果这么晚？不是杏树，这是杏梅。这杏梅没熟，很酸涩，不然就可以让你们品尝了。呀，杏梅，多么脱俗的名字，难怪生得一番如此不同的品貌呢。为了与更多的人分享这杏梅，我一手撑伞，一手拿出手机，拍了一段杏梅沐雨的小视频。

是的，一切都刚刚好。多一点就过满，缺一点就不足。在这刚刚好的状态里，我们结束了对新家寨村的访问。车窗外的雨，似乎越来越大了，我的肚子，也咕咕叫了起来。身上的衣服，脚上的鞋子，差不多全都淋湿了，可这一切都刚刚好，因此，我的心里，是一片上好的艳阳天。

从"换头庙"到"黄土庙"

有关资料显示,明朝,山西耿姓移民到黄土庙落户建村。黄土庙建村究竟已有多少年的历史?资料上没有具体显示,但昌黎明朝的移民最早可追溯到明洪武四年(1371年)。

明代以前,昌黎的村庄仅有裴家堡、安山街、西庄、赤崖、赤洋口、中卓庄、槐各庄、拗榆树等少数村落。明朝取得政权以后,此处地广人稀,十室九空,土地荒芜,所以才有了朱元璋的大移民政策,使昌黎人口迅速恢复。

明洪武四年,明政府将今山西、河北两省内外长城之间地区的32000余户迁徙到北平一带屯田,其中一部分民户到昌黎境内建民屯。

昌黎第二次移民是明永乐元年(1403年),明政府迁徙山西、山东等地居民到昌黎一带屯田,并"许永平军民还籍",免差税三年。

接着,明永乐二年又有一次移民,又有几十户山西居民迁徙到昌黎县境内定居,建村垦田。

明万历初年,宰相张居正又搞了一次大规模移民。由此可以推算出,黄土庙村的建村历史最长可达650余年,最短也不低于450年。

黄土庙由三个自然村组合而成,前庄、西庄和后庄,现在的村委会就坐落在后庄。村委会门前有一棵古槐,是昌黎县现存的几株古槐之一,林业部门说它已有300多年的历史了,依然枝干遒劲,绿叶婆娑,村民敬若神灵。

村里曾有大小四座庙宇。最大的当数后庄的地藏王菩萨庙。正殿内供奉有地藏王菩萨坐像、十八罗汉塑像,墙壁上绘有彩绘。院中栽种了古柏,钟架上有寺钟。相传农历七月十三是地藏王生日,所以,黄土庙村在这一天有庙会。这一天,家家户户蒸饽饽,呼朋唤友,看秧歌,赏皮影,逛庙会,如此热闹一番。亲朋好友临走之时,家主又会拿出早就准备好的炸饼、炸糕,令其带走。到了20世纪50年代,地藏王菩萨和十八罗汉均被请出了大殿,往日香火缭绕的神秘

黄土庙村委会门前的老槐树

所在,变成了村小学,传来了农家弟子琅琅的读书声。

黄土庙村东南角还有一座关帝庙,规模要比地藏王菩萨庙小得多,正殿两间,内有关公塑像,周仓关平站立左右。此庙毁于20世纪50年代。另外,村东、村西各有两座五道庙,都是只用几块石板搭就的。

黄土庙村北有一道土丘,始于新集镇槐李庄,止于荒佃庄镇信庄村。传说这是一条土龙,薛礼征东的时候,大军在此路过,遇到这条土龙阻路,薛礼往前走一步,土龙则长一丈。薛礼大怒,挥剑斩去,将土龙斩成几截。据说土丘高达数十米,站在土丘上,能够看到沿海的沙坨峪。可惜由于逐年拉土,土丘已不复存在。

截至2022年,黄土庙村有人口1200余,耕地3300多亩。传统种植作物有高粱、玉米、白薯、大豆、花生、小麦、水稻等。20世纪70年代,黄土庙村的粮食产量一直属于偏下的发展水平,解决不了温饱问题。改革开放以后,

黄土庙农民的生活水平才有了逐步的提高。现在，村里人的经济来源主要分三个部分。

首先是传统的种植业。黄土庙村的耕地流转、承包达2200多亩，其中设施农业已经占据了很大比重。黄土庙村在20世纪80年代开始尝试大棚蔬菜种植，品种有西红柿、黄瓜等，随着市场的不断变化，开始引入大棚油桃。市场好的年份，一个油桃大棚能收入3万元左右，室外油桃每亩收入也能达到1万元。全村200亩左右的油桃，成为黄土庙村的一个响亮的金字招牌。

其次是养殖业。毛皮动物养殖市场热度下降之后，黄土庙村现在主要以猪、羊、牛养殖为主，最好的年份，村里养殖大户的年收入有二三百万之多。如今，村里的庭院养殖势头十分强劲，仅小尾寒羊、奶羊的养殖就达40余户，最大的户能养殖100多只。

最后是打工。在黄土庙村，外出务工人员已经达到50%之多。土地流转承包了，农民反过来又到流转和承包的土地上打工，成为一种新型的、不脱离土地的务工人员。村里的年轻人，又纷纷到乐亭干建筑，到昌黎沿海干养殖，经济收入十分可观。

这次与我们座谈的两位老人都是新中国成立前出生的人。一位是干了30多年村长的陈瑞昌老人，1945年出生，思维清晰，对村里的事记忆深刻；一位是赵印明老人，1944年出生。值得高兴的是，赵印明老人还是《河北日报》的通讯员，从20世纪80年代开始从事新闻写作，到2010年休笔，有500多篇反映基层的新闻稿件被各级报纸选用。

黄土庙村曾有四位烈士为革命英勇献身，他们是赵景荣烈士、陈永昌烈士、赵久奎烈士和赵文彩烈士。有一句话时时感动着我："所谓的岁月静好，只不过是有人替你负重前行。"是啊，这片沃土，浸染了烈士的鲜血，也倾注了一辈辈黄土庙人深深的热爱。

那些时间深处的故事

明永乐二年(1404年),山西移民王、张、孙、史四姓人家来到现在的后王各庄所在地,在此落户建村,因王姓户主年长,遂取村名为王各庄。后来,王各庄的人丁越来越多,村庄越来越大,王各庄便分成前后两个庄,居北的称后王各庄。

据村里75岁的周世成和77岁的周明财老人讲,后王各庄整个村庄原先只有一条长街,长街有1000米左右,坐落在滦河河套,1931年滦河发大水,河套塌陷,后王各庄的好多房屋被洪水冲塌,人们把没有被冲塌的部分叫大庄,被冲塌的人家后来在大庄的东面和北面又盖起了一座座房子,人们把大庄东面的叫东地,大庄北面的叫北小庄,后王各庄就是由大庄、东地、北小庄三个村庄组成的。

后王各庄曾有一座大庙,人称圣母庙,有三间正房大小,里面有圣母像。圣母具体是谁,有何传说,因年代久远,采访的老人都已记不太清,只知道这座庙后来被改作学校,但村里人仍管这里叫大庙。

历史上后王各庄有一个名叫周义德的人,生于20世纪初期,家里是大户人家。周义德在后王各庄曾是个响当当的人物,外号"圆事",就是说他什么事情都能办得圆满。在周世成老人的印象里,周义德个子不高,微胖,秃顶,说话风趣幽默，人很聪明，在村里人缘极好。周义德当时任村里的保长，各方面的关系都处理得非常融洽，村里的红白喜事、大事小情都找他办，村里人若有了困难或者遇到了什么棘手的事情，他都能顺利化解。后王各庄有个叫曹树的大地主，家里拥有很多田地，那一年共产党带领劳苦百姓"打土豪、分田地"，把曹树家的田地分了，曹树家的生活一下子一落千丈。不知是因为家庭矛盾还是别的原因，曹树的两个老婆带着四个孩子跳井自杀了，曹树把这笔账记在了共产党的身上，一气之下投奔了伙会，并混成了伙会的一个小头目。当了伙会小头目的曹树，便带着自己手下的一伙人组成"还乡团"，杀气腾腾地回到了后王各庄来报仇雪恨。他的目标是平分土地的共产党人和村干部，主要针对马风瑞、张献林、石庆元等人，曹树把这几个人抓了起来准备枪毙。周义德闻讯后，立刻找到曹树为这几个共产党员和村干部求情，又托关系找到伙会头子疏通，跟他们谈判，并筹集钱财把这几个共产党员和村干部从曹树的枪口下救了出来。新中国成立后，曹树被政府执行枪决。

周义德一直生活在后王各庄，直到终老。

村里曾有一口老井，井水很甜，水位高出其他水井两米左右，干旱的年头，别的井干涸了，这口井却从未干涸过。

村里曾有一个手艺人叫张泰昌，已故，会木刻，雕刻的花鸟鱼虫惟妙惟肖。

现已70多岁的周明财老人唢呐吹得很好，在十里八村小有名气，他吹的唢呐声音悠扬、嘹亮，荡气回肠，周边村过庙会、举办活动、办红白喜事等常请他去吹唢呐。

后王各庄是个大庄，现有733户人家，1783人，在新中国成立前和新中国成立初期都很穷。1976年，周世成担任村书记，当时全村只有100元，村民糊口都很困难。穷则思变，为了摘掉这顶贫穷的帽子，周世成从北坨、信庄、桃园借来3万元，办起了塑料加工厂、木器厂、冰棍厂。塑料加工厂加工塑料包装，如服装袋、食品袋等，销路顺畅，收益不错。当时村里有个姑娘嫁到了大兴安岭，其夫婿是大兴安岭林业局局长，沾了这夫婿的光，木器厂从大兴安岭买进木材，加工成的桌椅板凳、擀面杖、跨栏架、冰猴等，很受客户欢迎。更值得一提的是后王各庄的冰棍厂，那时昌黎还很少有冰棍厂，后王各庄出产的冰棍、雪糕出奇地好吃，周边的小贩都到这里批发冰棍，冰棍供不应求。有了村办企业，村民的收入大大提高，那时县里别的村庄一个工分几毛钱甚至几分钱，后王各庄一个工分竟达到一块三四。现在，后王各庄有耕地3219亩，经济以种植、养殖、土地承包为主，主要种植花生、玉米和蔬菜，土地大多承包给外地的种植大户。年轻人大都外出打工，主要到缝纫机零件厂、乐亭钢厂，还有的去天津搞建筑、修路等。村里的养殖以貉子、狐狸、猪、牛、羊为主，均没有形成大的规模。养猪数量较多的张永川，养有100头左右的母猪。

下面是村里的一些名人。

周任勤，周义德的养子。周任勤十几岁的时候，有部队在唐山乐亭征兵，周任勤听说后徒步去乐亭报名参军，因年纪小被部队拒收。村里有个叫张春时的小伙子也报了名参军，被批准入伍，并发了军装。部队快要出发时，张春时忽然不想当兵了，周任勤便穿上了张春时的军装混进部队里参了军，并跟着部队出发了。在部队，周任勤表现出色，从班长一步步升到了团长，后转业到唐山滦县商业学校任党委书记。

张焕文，现年80多岁，北京政法学院毕业，曾任辽宁省高级人民法院院长，后任辽宁省人大常委会副主任。

史立军，现年57岁，曾任工商银行秦皇岛分行行长，后调到石家庄任工商银行河北省分行党委书记、行长。

王树长，革命烈士，解放军冀东13军分区48团3营营长，1948年在滦南县的一次战役中牺牲。

张凤纯，革命烈士，1924年出生，中国人民志愿军69军207师3营战士，1951年在抗美援朝战争中牺牲。

孙玉珍，革命烈士。1927年出生，解放军38军113师339团战士，1953

年在一次战役中牺牲。

岁月悠悠,那些发生在后王各庄的故事已成为历史。如今,后王各庄的村民正在村党委的带领下,走在乡村振兴的路上,勤劳致富奔小康,正以崭新的面貌谱写新的篇章。

文明香风飘满院

前王各庄位于荒佃庄镇政府驻地西南约6.5千米处,东临皇后寨村,南接欧坨村,西至滦河大堤,北靠后王各庄村。

明永乐二年(1404年),山西移民王、张、孙、史四姓人家到此落户建村,因王姓户主年长,村名遂被称为王各庄,后分两个村,该村居南,称前王各庄。

2022年,前王各庄村常住276户730人,全村耕地面积1507亩,大田作物以冬小麦为主。全村流转土地一半左右,承包户全为本村人,承包土地以种植白薯、小麦和玉米为主,也有少数种菜的,面积不大,百亩左右,菜品为白菜和大头菜。未流转的土地为农民自家种植,以种植玉米为主,有少数进行豌豆和小麦套种。

早先,在前后王各庄交界处,即村民孙兆海现居住地的南门口,有一处财神庙,为尖瓦房。庙内墙壁上有接近青砖色的神像壁画。村里有人故去时到此烧纸,节日时烧香祈愿。财神作为中国历史上香火最旺盛、民众广为接受的神话形象,实际上并非只有一个,民间财神的供奉数量有九位之多,比如中财神王亥、东财神比干、南财神柴荣、西财神关羽等。至于前王各庄村这座财神庙里到底供奉着哪位财神,老人们均无从听说,更无从记忆。每年农历二月十九，前王各庄村会举办一年一度的庙会，传说农历二月十九是观音的生日，那么村里这个庙会，应该是与本村唯一的财神庙无关了，难道这个庙会是跟随附近村庄过下来的？某些文化现象一旦产生，势必有其特定的

前王各庄村委会

原因，有其清晰的形成及发展脉络，可有时候，这些起因和脉络会隐匿在深深浅浅的岁月叠痕里，需要一代又一代人前仆后继地探究。虽然没有刀光剑影，但也未必不是一场声嘶力竭的战争。

历史上，前王各庄村出过一位大人物，名叫任香亭。

任香亭是原北京军区直属高炮67师独立师师长，作战资历深，备受尊重，和军长平起平坐，是当时军界一位颇有影响力的人物。

任香亭曾在1945年前后在县大队任职。一次，伙会带着日本人与县大队交战，当时敌众我寡，不一会儿，县大队人员就被追得四处逃散，只剩下任香亭一个人，被后面一众日本人围追。眼看日本人越追越近，情急之下，任香亭躲在了一个用秫秸搭成的茅房里。跳入茅房后，任香亭把脖子以上露在粪便外，头躲在茅房一侧，上面盖上木板。日本人进了茅房，见不到任香亭的身影，又因为味道太臭不愿意长时间在这里停留，全都捂着鼻子，仓皇跑走。任香亭这才保住了自己的命。

在县大队任职期间，任香亭机智勇敢，英勇善战，颇受敬重。当时，在距离前王各庄村不远的欧坨村，有一个地主大院，院内大门套小门，护卫极其森严，外面墙上还有打仗时埋伏用的枪眼。县大队追伙会的时候，伙会经常狗急跳墙，跳到这个护卫森严的地主大院，想借此保住自己的性命。可每次

任香亭都跟随伙会，纵身跃入这个大院，成功围堵住敌人。时间长了，任香亭的大名每每被伙会提起，都令他们闻风丧胆。

1947年前后，任香亭参了军，不久后凭借过硬的本领，荣升为营长，并参加了抗美援朝战争。任香亭真是个福大命大的传奇人物，在朝鲜战场上，他历经多次惊险战事，依旧平安无事。甚至有一次，他只身一人冲锋在前，眼看有一颗炸弹投到了他的附近，战友们吓得紧闭双眼，以为这次会失去这位英勇的战友了，没想到这颗炸弹迟迟不响，是一颗哑弹。见到毫发未伤的任香亭后，战友们都异口同声地欢呼起来。

后来，任香亭在部队担任要职。他坚持原则，秉公办事，对自己的亲戚和陌生人一视同仁，从不搞特权。他的亲外甥、小舅子都曾在他的部队里参军，多次跟他表达提干的意愿，任香亭并未满足他们的心愿。就连亲戚托他帮忙买辆自行车，他也连连摆手，说这虽是一件小事，可依旧是破了规矩，当领导的应该带头讲原则、守规矩，而不能带头破规矩，这样影响不好。虽然对待亲人铁面无私，可生活里，任香亭却是一个有温度的人。在部队任职期间，每次返乡，车刚到村口，他就早早从车上下来，细品家乡的变化，和走上前来的乡亲搭话。他在前面走，车在他身后缓缓地走。任香亭和大家边走边聊，他的眼里充满了关爱，话语中充满了温情。他有时怀抱小孩，有时搀扶老人，这位身着戎装的游子和乡亲们之间的互动，形成了一道美丽的风景。

1982—1983年间，任香亭带领自己的部队来东山打靶，把部队驻扎在了他深深依恋的故乡，创造了前王各庄村第一次也是最后一次驻兵的历史。

离休后，任香亭任秦皇岛干休所所长。他的母亲早逝，父亲当过兵，为复员军人，也是一名老党员。他还有一个弟弟，先前就职于密云水库，后调任到山海关堰塞湖，从事水利工作，现已退休；有两个妹妹，任香英已去世，任香芬在前王各庄村务农。

前王各庄出过四位烈士。

孙进武，在县大队与伙会作战时，因敌人追捕从房顶上跳下而牺牲，牺牲地在葛条港乡。当时他才20岁出头,未婚。牺牲后埋葬于前王各庄墓地,县民政部门为他立碑。因孙进武牺牲时,他的父亲还在世,他父亲立下遗嘱,说他故去后要和儿子葬在一起,所以孙进武的墓地依旧在前王各庄,未搬到县烈士陵园。

孙进孝,与孙进武同在与伙会作战时牺牲。

孙存文,1960年参军,在解放军空军驻南京部队服役。1972年,一次轰炸机飞机试飞,飞机在途经南京时出了故障,滑翔到郊区无人处后爆炸,时任中队长的孙存文牺牲,牺牲后与妻子同葬在前王各庄墓地。

任香林,为中国人民解放军40军军部战士,参加过抗美援朝战争,在部队病逝,时年20多岁,未婚。牺牲后被埋葬于辽宁省凌海市,长年有人守墓。2022年,凌海市人民政府经过多方联系,终于与昌黎县民政部门取得联系,为这位在异地沉睡多年的英雄找到了自己的故园。

历史上,前王各庄名人辈出,到了现代,也依然是人才济济,乡村文明蔚然成风。

村民张嘉臣,1987年出生,擅长民间唢呐及笙、管创作设计和制作研究。他从小耳濡目染,对民间唢呐情有独钟,多年跟随师父学习手艺,熟练掌握了选料、制作、调试等技能。一块木头,经过钻孔、打箍、打磨、调音等几十道工序,能被张嘉臣做成一把精致的唢呐。几年来,他参加了广东卫视和山西卫视联合制作的《国乐大典》,中央电视台的《CCTV民族器乐电视大赛》《综艺盛典》《黄金一百秒》等节目的录制。2019年成立雅竹嘉音乐器制作工作室,从事唢呐等民族管乐制作及维修工作。2021年成为中国民族管弦乐学会会员。一个农民小伙,凭借自己的努力和独特的天分,成了一位才华横溢的艺术人才,为前王各庄村增添了一份独特的艺术气息。

村里还有一位值得称道的老党员,他的名字叫孙占明,今年已70多岁。孙占明退休后依旧牢记为人民服务的宗旨,他把前王各庄整个村庄当作自己的家来守护,自愿为村里除草、打扫卫生、捡拾垃圾,尽自己所能,帮助村里任何一个需要帮助的人。村里有个建档立卡户,名叫孙文春,自幼患小儿麻痹症，腿脚残疾，2021年2月不小心摔了一跤后，便只能卧床，大事小情，都离不开他人的照顾。得知这个情况后，孙占明二话没说，不顾自己也已是高龄老人，自愿做起了孙文春的手和脚，帮他洗漱，洗衣服，掏炉灰，生火，烧炕，做饭，理发，倒尿桶，如同年轻人孝顺老人一样精心照顾着与自己毫无血缘和亲属关系的孙文春。而且，一照顾就将近小半年，直到孙文春的腿痊愈。孙占明还是村民家园的义务守护员。谁家忘记关门，他会主动守在人家门口帮忙看护，如果时间太久就拿起自己的锁帮他们把门锁好；谁家在地里劳动时，如果突然下雨，院内晾着的衣服没人收，他就主动帮人家收好；新冠疫情防控期间，他自愿守在村口的卡点执勤……这样一位老百姓的贴心人，老百姓怎么能不尊敬、不爱戴呢？

和坐落在华北大地上的无数村庄相比，掩映在绿树红花之间的前王各庄村，也许有点平凡，有点沉默，却也是"文明香风飘满院，人才齐聚一福地"。

欧坨村：那些永远的记忆和怀念

欧坨村位于荒佃庄镇政府驻地西南约8千米处，东邻皇后寨村，南接信庄村，西至滦河堤坝，北靠前王各庄村。明朝前期，山西张、王二姓移民到此落户建村，因村址建在长有一片欧梨树的土坨上，取名欧李坨，简称欧坨。截至2022年，欧坨村共有居民315户687人，拥有耕地1065亩，地势西高东低，以沙性土壤为主。传统农作物有玉米、水稻、高粱、小麦、白薯和大蒜等。

早在20世纪70年代，欧坨村便是一个比较殷实的小村。那时候，生产队的副业比较多样，也搞得有声有色，比如有马车运输、养羊、米面加工、冰棍厂、建筑队等。这些副业使社员摆脱了靠天吃饭的局限性，可谓旱涝保收，每个工分达8角钱，别说在整个荒佃庄，就是在全县来说，也是比较靠前的村。

1987年开始，有村民从东北引进了水貂、貉子、狐狸等品种。随着经济收入的增长和养殖技术的不断推广，皮毛动物养殖在欧坨村渐渐流行起来。鼎盛时期，仅一户人家的养殖数量就达2万头，当时貉子皮每张最贵达1000元。很多村民抓住了那几年养殖业的大好时机，挣了钱，发了财，过上了富裕的日子。虽然皮毛养殖随着市场变化产生了波动，但欧坨村的养殖热情经久不衰。如今，以养羊为主的养殖业收入依然在欧坨村村民的经济收入中占有不小的比重，全村养羊的达40多户，养殖种类为绵羊和奶羊，村里的羊年存栏2000余只。逢上市场好的年份，一只羊的纯收入就能达到2000元左右。

和其他村一样，外出务工已经成为村民经济收入的重要部分。村里的劳务输出人员占全村总劳力的一半有余。多数村民在周边工厂打工，较远的则在乐亭、滦县一带，逢上农忙时节，这些务工人员也能帮衬家里的农活，可谓家里家外两不误。村里绝大部分土地已经流转、承包，被种植大户租用。土地的相对集中，为春种秋收使用大型机械提供了可能，也使更多的农村劳动力摆脱土地的束缚，走向更广阔的空间。

历史上，欧坨村中心位置曾有一座七圣庙。据村里老人回忆，七圣庙占地一间房左右的面积，室内有画像，院内有一棵古柳，有古碑，后人曾在遗留的残碑上发现了名为《欧坨村重修庙宇碑记》的碑文。此外，村西还有一座五道庙。

历史上，欧坨村曾出过许多名人。

清朝中期，欧坨村有一户李家人去沈阳经商，挣了钱后回村盖房子置地，其后代都受到了很好的教育。比如李树庄、李树万就是老李家的后代，他们一人行医，一人从政，德行和技术皆为上乘，在当地口碑颇好。

清朝末年，村里的老王家曾出过一个秀才，在村里任私塾先生，此人德高望重，为村里培养出了不少人才。

值得一提的是，2022年夏，我们到欧坨村调研时，见到了参加过抗美援朝的老兵、现已90多岁高龄的蒋鹏智老人。蒋鹏智生于1929年，1947年7月到四野部队参军。蒋鹏智参加解放战争时一直从东北打到海南岛。朝鲜战争爆发后，蒋鹏智又随部队到了朝鲜战场，时任连指导员。蒋鹏智1949年在南下途中荣立一大功；1950年因生产、剿匪各荣立一大功；1953年在朝鲜安州入党，并荣立三等功；1954年荣立三等功，获得三等国际勋章一枚。其间荣立小功18次。1962年，晋升为中尉。1964年10月，蒋鹏智光荣退役，被安排在河北省省社宣教处工作。老年的蒋鹏智回到欧坨村生活至今。

纵观蒋鹏智老人的一生，从一个砍柴娃成长为一名革命战士，他为中国人民的解放事业作出了积极的贡献。

此外，欧坨村还有四名革命烈士。

马增先，革命烈士，1907年出生，1943年1月参加革命，1949年3月牺牲于天津蓟县，曾任冀东十二团侦察排长。

李继哲，革命烈士，1924年出生，1945年参加革命，1948年牺牲，时任四川省十五军炮兵团排长。

张国成，革命烈士，1927年出生，1943年参加革命，1946年牺牲，曾任大蒲河村青教主任。

张殿魁，革命烈士，1928年出生，1949年牺牲，曾任县大队青教主任，牺牲于昌黎南门。

历史悠悠，不断地淡化着什么，又留下了什么，一些曾经的辉煌，后辈人将永远铭记和怀念。

蒋鹏智老人

信庄：传统文化和红色血脉双重洗涤之地

信庄村是一个紧傍滦河的村庄，隔着滦河，就能与乐亭县相望。滦河从村西约2千米处向南再向东流过，信庄村河段大约长5.5千米。历史上，滦河水左突右窜，两岸乐亭和信庄的土地此消彼长，即便是如今，信庄还有将近500亩的河滩地在滦河对岸，村民经营这些河滩地，还要渡河去对岸劳作。

据信庄村老支书齐铁杰和原村干部田小良介绍，1979年7月28日，200多名村民到河西筑堤防涝，两只小船分别载40人左右先后起锚向东岸行驶。船至河中央位置时，突然水急浪起，两只小船先后被巨浪打翻，人们全部落入水中，有23条宝贵的生命被洪水残忍地吞噬了。

据该村碑文记载，明永乐二年（1404年），山西王、姬、胡、冯、董等姓移民到此落户建村，因村民之间相互守信义而取名信庄。原村址在滦河西岸，清朝光绪十二年（1886年）滦河泛滥，村庄被冲毁，村民于次年迁居到现地，仍称信庄。

据信庄村志记载，信庄搬迁至现址的同时，在村中间集资建了一座二圣庙（俗称大庙），取名忠孝祠。二圣庙坐北朝南，有前院和后院，前院建有正殿、钟亭和碑亭，后院建有后殿和配殿，庙门上方刻有"忠孝祠"三个大字，庙门外有一个大广场。正殿为雕梁画栋、五脊六兽式建筑，殿门外天井筑有高台和台阶，左右有钟亭和碑亭烘托，气势宏伟壮观。殿内神座上塑有两尊金身坐像，右手为关帝（关羽），左手为二郎神。左右两侧站台上，每侧各塑有彩色站像两尊，右侧为关平、周仓，左侧已失考。左右两面墙壁上画有彩色壁画，右面为关羽的故事，左面为二郎神的故事，色彩分明，栩栩如生。后殿为办公或议事用房，配殿存放全庄的公用物品，如锣鼓、戏装等。大庙平时香火不断，每逢年节更是香烟缭绕，钟声连绵。农历六月二十四是关老爷的生日，全庄敲锣打鼓放鞭炮，各家各户杀猪宰羊，接亲唤友，大肆庆贺。晚上在大庙广场上有皮影连演数日。每年的正月，村民们会在大庙扭秧歌、踩高跷、跑旱船、推花车等，活动经费由大户人家赞助。不管是寒冬还是盛夏，在大庙院内院外的台阶上、墙根下，在广场的树荫下，总是聚集着一些老人和孩子们，晚辈聆听着长辈讲述桃园三结义、关云长单刀赴会、杨二郎劈山救母等故事，以及孝、悌、忠、信、礼、义、廉、耻等道德准则。

村南有一座文成公庙，占地两亩左右，具体供奉的是谁已经失考。老人们只记得院里曾经有两棵大杨树。当时有人提议把杨树砍掉，那天，正当人们商量伐树的时候，来了一位白发老者，他对村民说："这两棵树卖给我吧，我出20两银子。"20两银子，可是高价，村民收了钱，老者却转身而去，并不砍树。多年过去了，老者始终不来砍树，村民们就猜想，这位老者一定是庙神，为了保住这两棵大树，才出银子将它们买下。1956年，村里为了造船，终于将两棵古杨树砍掉了。据说村里还有一座庙宇，占地也有一两亩，庙里有大钟，但早在新中国成立前已经被毁掉了。

信庄在荒佃庄镇是一个比较大的村，截至2022年，人口达2500人，耕地3600亩。早在20世纪七八十年代时，信庄大队就有13个生产队。传统农业种植有小麦、玉米、高粱等，虽然由于种子、肥料等原因，产量都不算高，但那时候信庄村的副业十分红火，比如塑料厂、榨油厂、柳编厂、养鸡场、米面加工厂、挂面坊等。尤其是信庄村的干豆腐，专门销往乐亭县，当年曾经有百十户人家做干豆腐。信庄村干豆腐的特点是厚、软、糯，正符合乐亭人的饮食习惯,所以在乐亭县一提信庄的干豆腐,没有人不竖大拇指的。现在,依然有4户人家做这种干豆腐,是乐亭一部分人喜欢的老口味。由于信庄村副业搞得好,当时一个工值高的生产队每个工达1元左右,低的也能达到5角钱,足够信庄村民的衣食得到基本保障了。

改革开放以后,农民拥有了土地,生产生活的积极性得到了极大的调动。2022年,由于种子、肥料、灌溉等得到了充分保障,玉米、小麦亩产量在1200—1300斤,而且大部分土地都种上了经济效益更高的土豆、大头菜、菜花、姜、花生等。村里的土地,养殖业占地约1000亩,流转承包的土地约有2000多亩,仅剩下一些不成片的土地,由村民耕种。信庄村土地比较肥沃,每亩地承包费都在1000元左右。不种地的农民,老老少少都加入了打工大军。全村打工人数占总人口的90%,年纪大的人为土地承包户打工,春种、夏管、秋收,依旧劳作在土地上,但是性质已经发生了转变;大部分年轻人去了沿海地区,做钢筋工、泥瓦工、油漆工,有技术的大工每天三五百元,小工一天也能挣100元左右。

信庄村曾经是一个养殖大村,巅峰时期是在2000年前后,那时是养殖貂子的好年头儿,一张貂子皮能卖800元;2002年前后,是银狐养殖的高峰期,最好的时候,一张银狐皮能卖1700—1800元。2022年,村里只有少数人养殖貂子、狐狸、羊、牛、猪等。全村共养羊1600余只,养猪2000头左右。

信庄村也是一个红色村庄。昌黎县第一位共产党员张其羽就是信庄人。1905年,张其羽出生在滦河北岸昌黎县信庄村的一个农民家庭。由于家境贫寒,刚满14岁的张其羽勉强读了几年私塾后就离开家乡到东北学做生意,1930年弃商回家。1931年九一八事变后,乐亭县共产党员、木瓜口村支部书记岳泽普经常与昌黎信庄村的张其羽秘密来往,共商抗日救国工作。1933年,张其羽经岳泽普介绍加入中国共产党,成为昌黎县第一名共产党员。1941年夏,张其羽牺牲。

"蓝天勇士"周春富也是信庄人。他1959年作为现役飞行员,回家探亲,参加抗洪。当得知蒋介石反攻大陆的消息后,他立即归队参战,在闽江口上空击落敌机两架,击伤敌机一架,在战斗中壮烈牺牲。

此外,信庄村的烈士还有:田秉正,1944年牺牲在石各庄;王占海,在太原战役中牺牲;黄家诚,在本县牺牲;姬廷云,在朝鲜战场上牺牲;冯文祥,在滦县榛子镇牺牲;田德纯,在乐亭胡家坨牺牲;姬梦祥,在滦县牺牲;李元河,在滦县牺牲;田文兰,在本县牺牲;冯焕友,在本县牺牲;王文贵,在朝鲜战场上牺牲。

这些革命烈士为了人民的解放事业贡献出了自己宝贵的生命,历史将永远铭记,人民将永远铭记。

信庄人高淑华,曾任信庄第二生产队妇女委员,她孝敬老人,与乡亲们和睦相处,品德高尚。1987年7月,信庄一妇女因家庭矛盾跳河自杀,高淑华闻讯后急速赶到现场,跳入河中奋力营救,因水深体弱光荣牺牲。后来,秦皇岛市委市政府追认其为烈士。

西坨村:滦河岸边的一棵柳

西坨村位于荒佃庄镇政府驻地西南约7千米处,东接赤崖村,西至信庄村,北靠豆军庄村,南临滦河沿岸。西坨村地处平原,地势西高东低,总面积1.81平方千米,居民点面积为0.2平方千米,有人口503人,耕地930余亩。

清朝年间,西坨村共有张、赵、吴三姓。据说张家始祖叫张山风。关于这三姓来自哪里,一种说法是从乐亭黑各庄迁入,另一种说法是从茹荷石各庄迁入。关于西坨村的来历,民间也流传着两种说法:一种是当时的村址在一个大坨子上,因这个坨子处北坨之西,故称西坨子上,现简称西坨;另一种是因为当时赤崖村比较有影响力,很多村的命名都以赤崖为中心,因此地地处赤崖西,并有黄土坨在村北和村西,故称为西坨。时光流逝,冲淡也冲走了一些遥远的记忆,就连作为村子历史的"活化石"的村里的老人们,也只能给后人提供一种参考了。

既然村名带一个"坨"字,就必然与当时的地理地貌有一定的关系。据说从尖角村开始,有一条高3米左右的黄土坨子过皇后寨,过北坨,过西坨村村北和村南,再到赤崖,人们说这是一条龙脉。中国人对龙的崇拜无以复加,所以,这几个村的民众把这条龙脉当作村庄的守护神。在西坨村,就有"龙地不下虎头砖"的说法,就是说在盖房子打地基的时候,砖头必须平着放,而虎头砖,则是竖着放。

据村里的老人回忆,历史上,西坨村曾建有一座五圣祠,大概建于民国时期,占地约一间房的面积,位于村中间。祠堂内供奉着山神、土地神、花神、药王和龙王。当时村庄的整体布局形似剪刀,而当初的五圣祠正处在剪子的轴上。有人说,正是由于五圣祠的位置不好,才令西坨村人丁凋零。于是,村里人又把五圣祠搬迁到了当时人烟稀少的村东。五圣祠搬迁后,村里的人丁才开始兴旺起来。1949年发大水时,五圣祠被大水冲毁。

在很早的年代,西坨村也被称为"赤崖西坨",西坨人称赤崖为"街上"。由于西坨村和赤崖村相距仅一公里,所以很多民俗风情大致相同,每年一起过三个庙会,分别是农历四月十八,三公庙庙会;农历六月二十四,关公庙会;农历九月十七,赵公明财神庙会。每年过三个庙会,这在昌黎县的农村中,应该是过庙会次数最多的村庄了。

滦河从西坨村村南约1000米处流经,在西坨村的河段长约550米。1958年,滦河决口,西坨村受灾面积达1000亩。1962年,滦河再次发大水,西坨村受灾面积又达1000亩。所以,以往的西坨村人对滦河水灾极其恐惧。据村里的老人回忆,与赤崖相邻的滦河,有一处河水极深,当地人称之为"罄",一般认为大罄里都住着得道的王八。所以人们在大罄旁边的岸上建了一座小庙,称为"王八庙"。每年农历六月十三,赤崖和西坨等的村民便会将猪蹄、猪头等当作供品,扔到水里,希望老王八保佑村里不要遭受水灾。

西坨村以黑土土壤为主,传统农作物有小麦、玉米和花生等。2022年,随着土地种植模式的多样化,有村民开始承包土地,经营起了大棚油桃等。西坨村和周边其他村一样,很多年轻人已经走出了这片土地,外出打工的年轻人约占全村总人口的30%,他们主要在乐亭一带从事建筑行业。

西坨村有三位革命烈士。张顺,1940年2月参军,1947年6月牺牲于滦县;吴景文,1948年7月参军,1949年牺牲于广东省;马舍城,1947年7月参军,1947年9月牺牲于马坨店乡。

走出西坨村,再回头看看这个坐落于滦河岸边的淳朴小村,突然想到村里那口六角古井,想起那一棵棵随风摇摆的柳树,西坨,恰似这些看似柔弱、实则坚韧的柳树,任凭岁月如何变幻,依旧笃定守护着这片滦河,如同这柳树,总是一如既往地不怕外在的狂风暴雨,倔强地发芽、吐绿、飞花!

历史悠久的赤崖村

赤崖，位于荒佃庄镇政府驻地西南约6.5千米处，因老村址在红色土崖之上而得名赤崖。赤崖东邻北石各庄村，南接滦河大堤，西与西坨村接壤，北与北坨村相连。

赤崖村是昌黎县最古老的村庄之一，据专家考证，村庄起源于隋唐，建村于辽金，发展于明代，兴盛于清朝和民国。民国二十二年版《昌黎县志》中记载，明朝前期，土著居民跨村编为社，移民跨居地编为屯。该版《昌黎县志》中还有关于"赤崖社"的记载。可见，赤崖是一座古老的村庄。

因独特的地理位置，便利的水运条件，清末和民国年间，在滦河入海口附近的赤崖村发展成了远近闻名的通商重镇。水利也携来水害，民国中晚期，赤崖因多次遭遇滦河水患而萧条衰落。

1949年以前，赤崖原村址南是近千米的"弓"字形街道。1949年7月19日，滦河泛滥，大片耕地和村庄被夷为河道或成为河套，2000多名村民被迫外迁或内迁至村北，村内人口减至400人左右。

1950年至1976年，村庄由残存的赤崖北街、西街、孙立庄的少数人家，东北部"老刘家大院"和西北部"三家子"的居民组成，南一块，北两块，南北间距近500米。1976年7月28日，唐山大地震波及赤崖，造成房屋倒塌。

震后，重新规划村庄格局，整体内迁，在北部"刘家大院"和"三家子"两大院落的基础上，向周边发展。截止到2012年，基本形成了东西一条街道、南北12条街道的格局，由北向南通至滦河大堤，其状如四个"丰"字。

曾经，在老赤崖西街的东北角，赤崖完小南操场的西侧，是日伪统治时期的赤崖警察分驻所。1938年8月4日，昌黎县第一位共产党员张其羽组织了有20多人的抗日武装，一举攻下此地，打响了昌黎县武装抗日第一枪。如今，这里已被定为赤崖抗日暴动遗址。

遗址院落不大，却干净利落，青灰色的水泥砖，规则有序地嵌在地面。院内西北角边，一棵洋槐长势正旺。墙外是挡不住的绿色，院外一棵榕树上，粉色的榕花朵朵，它们被清秀的枝丫高高举起，似乎在回忆往事。

赤崖暴动遗址内部展陈

院内西北处的三间平房为遗址的主体。青砖砌墙，白灰勾缝，古朴简单，韵味悠然。门前有一天然青石雕做的仿古招财石鼓，正面是向阳花，侧面是以菊花为主的吉祥花卉，上面蹲着一只雄性小狮子。踏门而入，室内依旧干净简单，墙壁的展牌上，以清晰的版块和沉稳的叙述，为我们描绘着昌黎县赤崖村抗日大暴动的始末。

赤崖老村，曾有古庙五座，其中规模宏大的有两座。一座是村东南的娘娘庙，它始于明、盛于清、昌于民国，对当时周边地区的影响很大。每到农历初一和十五，善男信女络绎不绝，庙内香火缭绕。逢农历一、六和三、八，是赤崖的集日，庙前宽阔的庭院就成为商贩们的集聚之地，当日，这里人头攒动,摩肩接踵,购销两旺,热闹非凡。此外,每年农历四月十八,这里还举行场面盛大、连绵数日的庙会。另一座是坐落在村西北角的关帝庙。此庙建于清朝晚期,是每年农历五月十三,周边十里八乡村民祈求神灵保佑、消灾避难,祈降甘霖的场所。两座庙各架设有一座大古钟,每当村里有事敲钟时,洪亮、悠扬的钟声便传及十几里远。娘娘庙的正南约100米处,离滦河北岸不远的青石基座上,曾矗立着一块厚半米、宽一米、高丈余的青石柱牌。青石柱牌的正面朝南,上面镌刻着"张赤崖"三个大字,字体庄重浑厚,遒劲有力。

2015年深秋,有村民在村东800米张家老坟东侧,滦河岸边,发现了一方明泰昌元年(1620年)的墓志铭,墓志铭分阳、阴两方,大小相同,均长62厘米、宽60厘米、厚25厘米,正面用石蜡黏合,分离后如新出,光滑映人。阳方引文为"泰昌元年十月十二日未时书",正文为"明故文林郎泰和张公合配孺人齐氏墓志铭",落款为"赐进士第礼部主事杨弘备书"。阴方刻有400余字阴文。文字显示:墓的男主人是390多年前的赤崖人张泰和,曾任山西某县知县;明代,赤崖称"赤崖店"。

历史上,赤崖老村曾有古井九眼,现仅存一眼,位于西街张家老宅院内。井口封盖着磨盘,两个磨盘眼内穿锁着拽不尽的铁链。赤崖西街路南,矗立着清光绪年间士绅张恩泰(字柏臣)为了纪念侧室母亲而建立的青石牌坊。牌坊高大雄伟,精雕细刻,做工考究,正面朝北,中洞门的门楣上雕刻着"孝节"两个正楷大字。左侧下方雕刻着正楷小字,讲的是女主人的生平事迹。石牌坊被毁于"文革"初期。

老赤崖村东约800米处,有一片占地百亩的坟冢区,坟头无数,碑石林立,古树参天,称"张家老坟",已流传了600余年。1949年夏,滦河泛滥,张家老坟塌入滦河。

走近北坨村

北坨村,为明永乐年间山西张、王、李三姓移民落户所建。当时,村北有两个沙坨,一个叫蚂蚁坨,一个为二郎坨。村民据此称村名为蚂蚁坨。后来,又因其位于赤崖村北面,遂改名为北坨,一直沿用至今。

因北坨濒临滦河,地理风貌独特,在当地人眼里是难得一见的景致。据老一辈人说,很早以前,这一带滦河年年发大水,河道时常改动,这里的土地以沙土为主。

清朝末年,北坨村出过一位贡生——郭振庠。据村里老一辈人回忆,因郭振庠学识渊博,德高望重,备受村里人尊重,当时人都恭恭敬敬地称他为"郭老爷",就连县太爷见了他,都会下轿鞠躬,以示尊重。郭振庠的次子郭润东,字纯甫,发家后不忘回报桑梓,出资建立了赤崖小学。1963年,这所小学被大水冲毁。

据村里老一辈人讲述,当时的赤崖小学占地面积约50亩,光操场面积就有约10亩。这所小学有一到六年级。当时,由于师资力量等局限,许多小学只有一到四年级,所以,赤崖、西坨、北坨、豆军庄、齐军庄、信庄、欧坨等共17个村庄的所有高年级小学生,都到赤崖小学读书。当时学校还安排了一些宿舍,专门为一些离家较远的学生提供便利。据说,昌黎县抗日中学的前身就是当时的赤崖小学。

在郭家后人郭维民家里，存有一份珍贵的《郭家家谱》。家谱记录了从清朝末年郭振峰开始至今共七代郭家人。这七代人所从事的行业涉工、农、商、学各行各业，其中，教育工作者数量最多。从科举时代教私塾的贡生，到民国时期完全小学的创办人，乃至新中国成立后的大、中、小学的教师、校长，可谓名副其实的书香门第与教育世家。

北坨村曾出过几位烈士。

张春，别名张志强。1947年春，正值春耕时期，任村民兵中队长的张春干完农活后正在家休息，突然，外面传来老百姓气喘吁吁的喊叫声："伙会来了，伙会来了！"听到外面的喊叫，张春立即意识到自身危险的处境，作为村里的民兵中队长，他铁定是伙会的搜寻目标。情急之中，他瞥到了墙壁上挂着的一顶凉帽，于是，灵机一动，快速将凉帽戴在头上，手提点种的斗子，跟在途经的一辆老牛车后，佯装成一名下地干活的农民。不巧，走到村中那条南北贯通的主路时，三个伙会突然从一旁的胡同口围堵过来，其中一个伙会一眼认出了张春，于是冲另外两个同伙做了个手势。三个伙会二话不说，拳打脚踢地就控制住了张春，并将他带到了西坨村的地主张匀仁家。到了那里，伙会们先是用花言巧语哄骗张春说出八路军活动的一些具体情况。张春怎么会上他们的圈套？他咬紧牙关，什么也不说。一招不成，伙会就来了第二招——严刑拷打。可张春依旧把嘴巴闭得死死的，只字不吐。直到夕阳西下，伙会们折腾得筋疲力尽，这才彻底死了心，把奄奄一息的张春拽到西坨北大岗子处的秫秸旁，一枪将他打死了。当时，听到枪声的西坨村人根本不知道发生了什么事，第二天，张春的爷爷去西坨北大岗子拾粪，无意中才发现了惨死的孙子。张春牺牲时，只有40岁出头，新中国成立后，被追认为烈士。

赵先贵，生前为抗美援越战士，曾任高射炮连连长。1966年的一个夜间，敌机在巡逻时发现了赵先贵的探照灯，于是对准他一顿扫射，赵先贵不幸牺牲。据村里老一辈人介绍，赵先贵在很小的时候，就立志长大后当一名军人，保家卫国，他初中尚未毕业，就瞒着母亲报名参了军。如今，昌黎县烈士陵园内立有他的纪念碑。据说，同样和他参加抗美援越战役的赤崖村军人刘世清，当时战争结束从越南回国时，曾在中越边界地带见到过赵先贵的烈士墓碑。

豆军庄不姓"窦"

豆军庄，位于荒佃庄镇政府驻地西南约7千米处，东、南接北石各庄，西至欧坨，北靠前齐军庄，总面积1.69平方千米，村庄面积0.22平方千米，居民241户813人。

2022年7月6日，一个阴雨绵绵的午后，我们来到了豆军庄村委会，村长找了两位在村里颇有威望的老人，早已等候多时。有一位老人叫张家祥，高中毕业。在那个年代，他已经是很高的学历了。张家祥1973年入伍，当兵七年，曾写过多首诗歌，发表在《青岛日报》《解放军文艺》《海燕》等多家报刊上，复原回乡后在生产队劳动，仍经常写作，给县里投稿，是村里有名的文化人。老人现已70多岁，精神矍铄，思维清晰。寒暄过后，老人侃侃而谈，使我仿佛回到了童年：夏季的夜晚，在大槐树下乘凉，听着老人们讲故事。

老人先从豆军庄的村名开始讲起。村名"豆军庄"从"窦军庄"的谐音演变而来。该村并无"窦"姓居民，传说是明朝前期，曾有窦姓军官扎营于此。后山西张、王二姓移民到此，落户建村，得名窦军庄，"窦军庄"后简写为"豆军庄"。

豆军庄曾有一座老母庙，坐落在村西南。关于这座老母庙，还曾经有一个传说。

话说老张家、老王家两大家族在此安家落户,祖祖辈辈繁衍生息,既守卫边境,也发展生产,男耕女织,生活平静安稳。有一年,河西长凝(今滦南)有一鲁姓财主,家里老人过世后,请风水先生勘察墓地风水。风水先生将墓地选中后,对鲁财主说:"此地是不可多得的阴宅旺财之地,但在打墓的时候,不能挖太深,否则会破坏风水。"偏偏挖墓人中就有好事者,故意多挖了一锹。一锹下去,扑棱棱从土里蹿出了一对金鸽子,向空中飞去。财主见状,忙命仆人骑马追赶,鸽子飞过滦河,落在豆军庄西北方向约200米处后就不见了。仆人下马在此做下标记,回去禀告鲁财主。鲁财主花高价买下了这一块土地,命人在此建阴宅,把老人葬在了这里。村民将这块地称为鲁家坟。自从筑起鲁家坟以后,豆军庄连年遭灾,水患不断,粮食颗粒无收,村里的青壮年不断死去。老王家的族长赶紧找来高人查看破解。高人说灾难正源自鲁家坟,建议在鲁家坟偏东南方向修建一座庙宇,供奉老母镇压。于是村民们家家户户捐款捐物,有钱的出钱,没钱的出力。在农历二月十九老母生日这天,庙宇恰好落成,供奉的老母左手握一颗弹丸,右手食指指向鲁家坟方向。从此,豆军庄的灾祸果然减少了,老百姓们都非常信奉、感激老母,从此老母庙香火不断,供奉不缺。村里也将庙会定在了农历二月十九老母生日这一天。据说有一年庙会时,村里一酒鬼喝了很多酒,将亲戚送走之后,驾车而归,不识家门,信马由缰,来到了老母庙,不知不觉在车上睡着了。半夜醒来后,他醉眼蒙眬,看见三位仙女从天而降,只听到其中一位白衣仙女说:"此庙建得挺好,且供奉了咱们的金身,咱们看看去如何?如果供得好,咱们就不能辜负了这方百姓,得施展法力,护佑这方水土呀!"三位仙女进庙后,见到庙里干净整洁,雕梁画栋,菩萨金身体态优美,着彩绘罗裙,别具神采,且香火旺盛,供果充盈。三位仙女满意而去。从此豆军庄风调雨顺,再无天灾人祸,百姓过上了太平安稳的日子。虽然老母庙在20世纪60年代被拆除了,但这些口口相传的传说,依然在民间流传着。

清末时期,豆军庄村西的王家是一个书香门第,其后代子孙中出过一位天津政法大学毕业的才子,此才子在外任要职,寿命长达百岁。东村王家是商贾世家,在抚顺经商,发家致富后回乡建宅置地,当时共建有六个院落,由于年代久远,其他五座院落已经拆毁。现存比较完好的一座古宅,几经转手,被王家祥买下了,有三间正房,为砖木结构,房顶檩木粗壮、均匀,窗棂上雕刻着花鸟鱼虫,做工精致,古宅历经百年风雨,巍然不倒。在1976年的唐山大地震中,周围房屋全都倒塌了,只有这座房子没有任何损坏,可见房屋地基之稳固,构建之结实。70多岁的王家祥老人说,他就是在这座房子里娶妻生子,孩子大了才搬走的。如今他的儿子在外地发展,老宅已空放多年,没有修缮,尽显落魄沧桑。然而房前屋后种植着的白薯、玉米、核桃树却长势喜人。

一茬一茬庄稼,一代一代人,繁衍发展,生生不息……

袖珍小村——前齐儿

按照当地的叫法,前齐军庄叫作"前齐儿"。明朝,山西陈、张两姓移民到此落户建村,因村址曾是齐姓军官率兵扎营之地,故名齐军庄。村里原有一条小水沟,1943年,日本人为引滦河水至海岸滩涂种稻田,把村中的这条小水沟加深、挖宽,取名"稻子沟"。后洪水多次泛滥冲刷,导致村里的东西两街分隔而居。1958年,东西两街分别成村,称前齐军庄和后齐军庄。

前齐军庄全村172人,有约400亩耕地,是个名副其实的袖珍小村,生产队时期,前齐军庄只有一个大队,下辖一个生产队,人们管这种情况叫"一层楼"。

别看前齐军庄体量小,全村却有21个姓氏,主要有李、韩、陈3个。其他姓氏有张、孙、王、常、陆、邢、鄙、石、马、梁、胡、姬、袁、周、齐、朱、习、刘等。

1941年出生的陈世奇老人从1969年开始在村里工作,1999年至2001年担任村党支部书记一职,对村里的一些往事了如指掌,据老人介绍说,前齐军庄基本上就是一个以传统农业为主的小村,主要种植高粱、大豆、谷子、玉米、棉花等。早在1970年,全村土地就基本实现了水浇地,粮食总产量最多时达到11万斤,这在当时的年代,已经算是相当高的产量了。加上村里豆腐坊、养猪等副业,一个工值能够达到4角钱左右。到了1980年,全村粮食总产量14万公斤；棉花种植面积25亩，总产量3100公斤；花生种植面积45亩，总产量13000公斤。

令陈世奇老人记忆最深的一件事是，1968年，上级派下来了五个知识青年，在那个消息闭塞、人员很少流动的时代，这给这个小村带来了不小的震动，村民纷纷跑过来看新鲜。当时这五个青年刚刚十七八岁的样子，有洪志远、洪志玲兄妹俩和张礼、高学生、盛树仁三人。知识青年入村以后，开始和村民一起，过起了日出而作、日落而息的日子。其中，洪志远还当上了村里的仓库保管员，这可是一个重要位置，需要得到全体村民的信任。可见洪志远当时的表现是相当优秀的。时间到了1972年，上面一个政策下来，知识青年开始返乡，在前齐军庄当了四年农民的五个人返回了城市。

前齐军庄的养殖业一直是以各家各户散养为主。2006年，村民陈秀光投资14.5万元建了第一个养殖场，养殖貉子800只，年收入10万元。2015年是养殖的高峰时期，全村生猪存栏50头，养殖貉子8000多只、狐狸2000多只，年总收入80万元。养殖大户李文林，狐貉存栏500多只，年收入4万元。最近几年，由于市场的原因，养殖业逐渐衰退。

1998年，敢为人先的村民郭成投资5000元购买了辆三马车，从事蔬菜运输，年收入4000元。1990年，村民陈秀山成立了第一个建筑队，有工人22名，年收入50万元。到了2015年，陈建民的建筑队年收入达到了100万元。如今，村里的大部分村民都去了乐亭、刘台等处打工。打工收入成了村民收入的主要来源。

渐渐地，袖珍小村前齐军庄变了，村民的日子变得富裕了，小村的街道变得漂亮了，村民奔向富裕道路的心气也变得越来越足了。

古往今来话后齐儿

后齐军庄(俗称"后齐儿")位于荒佃庄镇政府驻地西南约5千米处,东邻大营村,南接前齐军庄村,西与前王各庄村隔稻子沟相望,北与皇后寨村、新桃园村相连。

1949年前后,后齐军庄村有五座庙,村西有真武庙,真武庙是供奉真武大帝的庙宇。庙内有一副碑刻对联:"镇北方民康物阜,移南方海晏河清。"村东建有关帝庙,关帝庙是为了供奉三国时期蜀汉的大将关羽而兴建的。关帝庙东建有龙王庙。后齐军庄村经常发生洪灾,建龙王庙是为了祈求风调雨顺。关帝庙西为财神庙,内供奉比干。建财神庙是为求生活富裕,子孙兴旺发达。村西北侧是五道庙,主要用来为逝者烧纸,以慰亡灵。这五座庙中,关帝庙规模最大,由正殿和东、西厢房组合成方正院落。正殿有关公、关平和周仓塑像,正殿的楹联为:"孔夫子关夫子二位夫子,说春秋阅春秋一部春秋","忠义双全"四个大字特别醒目;厢房开办学堂,供孔圣人画像,并书"至圣先师"神位,师生课前参拜。

因为庙宇众多,后齐军庄自然也有过庙会的习惯。有一个庙会是农历三月三,不过这个庙会只是被老辈人口传过,生于1943年的后齐军庄村民张敬候说,自打他记事起,村里就没过过这个三月三的庙会,但农历六月二十四的庙会习俗却一直沿袭到现在。据张敬候老人回忆,1950年前后,村里过这个庙会时,全村人中午的主食是豆饽饽,菜则是白菜熬粉条或是干豆腐,家里条件好一点的,熬菜的时候稍微放上点肉,但多数人家是买不起肉的。过完庙会,亲朋好友回家时,主人会给他们带上事先蒸好的豆饽饽,条件好的每家带10个或20个,条件不好的带6个或8个。不管多与少,豆饽饽的数量都是双数。依照现在的眼光看,豆饽饽算不上是什么好吃的东西,可在1950年前后,一顿管饱的白面饽饽,那可真是节日才能吃得上的美食呢。1975年出生的我,童年时期,家里也基本以高粱米、玉米为主食,全家人鲜少能一起吃上一顿大米、白面等细粮。我对庙会的最早记忆是我上了初中的时候,那是一九八几年的时候,我家招待客人的最高标准是粉条炖肉。如今后齐军庄的任何一户人家过庙会,都是准备一顿大鱼大肉的盛宴了。

生产队时期,后齐军庄相当富裕。那个年代,评价一个村是否富裕的重要参照标准,就是一个工分价值多少钱。据张敬候老人回忆,当时,后齐军有两个大队,一个大队一个工分1.42元,另一个大队一个工分1.38元,整个皇后寨公社除皇后寨六队和信庄十二队(两个队每个工分1.4元左右)外,其他各大队工分的价值都远低于这个数值。

当时,老百姓中间流传着这样一句话:"无农不稳,无工不富。"意思是老百姓过日子,离开农业,日子会过得不稳定,而离开工业,日子则会过得不富裕。后齐军庄村的生产队长及村里德高望重的人便聚在一起,商讨发展一个什么副业,能让老百姓的日子稍微过得好一点。大家开动脑筋,最后决定,委托本村村民王锡春,去找他时任沧州市沧县副县长的小舅子李丙廉,从沧县引入一台吹塑机、一台压塑机,并派人从那里引来吹塑技术,在村里建立一个吹塑厂,生产医药包装设备(主要是药盒)。厂房占地约五间房的面积,厂址设在村民张扶林现住址处。鼎盛时期,厂子里的工人多达二三十个,全部为本村村民。村里还有一部分人专门负责产品的外销,他们动用各种关系和门路,多方打听,几经辗转,不断拓宽销售渠道,尤其在东北的四平、白城等地广开销路。1975—1982年是吹塑厂最为辉煌的时候,厂子每年为两个大队分红1万—2万元,极大提高了村民的经济生活水平。后来,吹塑厂承包给了本村村民李文明,他开了两年后,厂子渐渐倒闭了。

当时,后齐军庄还有一个很大的经济来源,就是全村种植了540亩地的水稻。当时周边村都种水稻,为什么只有后齐军庄的水稻值得一提?众所周知,水才是稻子续命的关键,有水才有稻,无水则无稻,足水才有好稻。那时浇稻田离不开电,可因为供电不足,停电断电成为家常便饭。为此,不少村庄觉得没有办法,只能眼巴巴地看着水稻喝不足水。后齐军庄的人则不甘于现状,他们不断找门路,不远万里跑关系,从各地买来柴油,从未间断过水稻的灌溉。功夫不负有心人,每年收获季,这片540亩的水稻田,总会给后齐军庄带来不小的惊喜。在当时的条件下,水稻的亩产量达到近800斤,每年收获水稻40多万斤。优质的水稻,获得了承德兴隆鹰嘴营子煤矿的青睐,双方建立了长期固定的供求关系。

早在1942年,八路军就曾到后齐军庄进行地下抗日活动。1944年春天,日本人兵分两路前来"扫荡",一路直扑后齐军庄。保长张世凤躲避不及被捕,并被搜出了八路军的书信、证件和公章。在被押往赤崖伪乡政府的途中,张世凤和同时被捕的张锡元动之以情,贿之以财,买通了押解的伪军从而机智脱险。1945年,保长张国珍等抓获了经过巧妙化装侦察八路军情况的特务,交给了八路军,避免了重大损失。1946年,在党的领导下,村里成立农会,邹世恩任主任,张玉金任村长,带领群众斗地主,分田地。

后齐军庄有张云祥、刘锡林两位烈士,二人均于1947年在马坨店乡后孟营村的战斗中牺牲,被授予"革命烈士"称号。

截至2022年,后齐军庄村共有130户318人,拥有耕地825亩,农作物以玉米、花生为主,其中玉米约400亩,花生约150亩。此外,还有蔬菜约200亩。村里的土地承包大户有:王晓儒,承包土地约350亩,上茬种植甜玉米,下茬种植大头菜、白菜;王文明,承包土地约130亩,种植花生;刘春雨,承包土地约120亩,上茬种植土豆,下茬种植白菜;解小理,承包土地40亩,种植露天韭菜。全村养殖五六百头貂子的养殖户有李静、李凤明、张金禄等;年存栏约100头猪的养猪户有张金禄。早在2006—2016年间,全村经济以养殖业为主,村里基本无人外出打工,2016年开始,皮毛养殖业大幅衰退,村里貉狐等的养殖数量整体锐减。到了2022年,全村经济收入以打工为主,妇女在本地干农活,男子到乐亭、津唐港一带打工,开车往返,单程一个小时左右,主要从事建筑行业,村民王立忠、宋文志等都是手艺一流的焊工,日收入都比较高。

新桃园村出过一个史铭堂

在昌黎县城南距荒佃庄镇政府驻地约3.5千米的地方有一个新桃园村。相传明代前期，山西史、董、刘三姓移民到此落户建村，因村中有一片桃树，得名桃园。也有传说是当时史、董、刘三家人效仿"桃园三结义"而把村庄命名为桃园村。为了与县内同名的村庄区分，后改称新桃园村。

我小的时候就听人讲，桃园村有个传奇人物，他把自己的钱都拿出来分给村里的人，还给村里的人买吃的、穿的、用的；他是个医生，医术高超，悬壶救世，给人看病不收钱；他每天打扫村里的街道，还在村里街道旁栽种花草……他的名字叫史铭堂。

一进新桃园村委会，我们就打听史铭堂这个人，老村长感慨地说："这是个好人啊！是个雷锋式的共产党员，是共产党员的楷模。毛主席说过：'一个人做点好事并不难，难的是一辈子做好事'，史铭堂就是那个一辈子都做好事的人啊。"我们请来了史铭堂的儿子史玉新，听他讲述他父亲过去的事情。

1930年，史铭堂出生在新桃园村的一个大户人家。1938年7月，昌黎赤崖武装抗日暴动在距离桃园村几公里远的赤崖暴发，红色的种子在幼小的铭堂心里开始生根发芽了。1946年，还在赤崖中学读书的史铭堂瞒着家人，悄悄地参加了中国人民解放军，后来他跟随部队转移到了东北，在白求恩医科大学学医。1950年,史铭堂又随着中国人民志愿军跨过鸭绿江来到了朝鲜,参加了轰轰烈烈的抗美援朝战争。在朝鲜战场上,史铭堂加入了中国共产党。战争结束后,史铭堂留在了丹东,担任丹东保健站站长。"文革"期间,史铭堂回到桃园村务农。"文革"结束后,史铭堂平反昭雪,到茹荷卫生院工作。史铭堂凭着自己雄厚的理论基础和精湛的医疗技术,很快升到了院长,后又调到了皇后寨卫生院任院长。担任院长期间,他教育员工要医者仁心,救死扶伤,叮嘱医生用便宜药能治好的病就不要用贵药,尽量减少患者的费用。他医术高超,总有外地的病人慕名到他家里求医,他便义务为他们把脉、针灸,分文不收。他义务医好的患者不计其数。

史铭堂时刻以共产党员的标准严格要求自己,大公无私,乐善好施,做好事不留姓名。20世纪六七十年代,村里几乎家家户户都养猪,猪圈里的猪粪要定期清理,挖出去交给生产队做庄稼的肥料。史铭堂总是趁着晚上人们熟睡的时候,或者早上人们还没起床时,悄悄地把村民猪圈里的粪挖出来,等人们起床后,发现猪圈旁堆着一大堆猪粪。发了工资,史铭堂不是立刻交给媳妇,而是分给村里那些"五保户"和困难的人家。村里有一个叫史润田的,打小父母双双离世,孤零零一个人,没有成家,史铭堂便时常给他钱,给他买东西。史润田说:"史伯伯比我亲爹还要亲。"逢年过节,史铭堂都要自费买上好多礼物慰问敬老院里的老人,村里人常看到他赶着小驴车拉着满车的慰问品去往敬老院的路上,不禁说:"看,老史又给敬老院送好东西去啦!"史铭堂开明的妻子知道丈夫把钱都给了出去,却从不抱怨,她对史铭堂说:"我知道你善良、心肠好,把钱都给需要帮助的人了,但都给谁了,能告诉我吗?"史铭堂说:"我是共产党员,我挣的钱是共产党给的,我得为人民服务。真正做好事是不留姓名的,即使老婆孩子也不能说。"史玉新说:"到现在我也不知道我爸把钱都给了谁,我爸挣了一辈子钱,都给别人了。"

为人民服务是史铭堂的宗旨,他坚持每天早起,用大竹子扫帚把村里村外的街道打扫得干干净净。他还在他家附近、单位到大队的路边栽了一些花花草草,亲自浇水施肥,让村里人生活在一个干净舒心的环境里。

史铭堂不仅以共产党员的标准严格要求自己,对家人也是高标准、严要求,他家有着良好的家教家风。他的次子史玉新是一名共产党员,也在卫生院工作,他常告诫儿子,要严守党的纪律,大公无私,乐于助人,不图回报,不能占公家一分钱的便宜,做一名合格的共产党员。一次,镇里在刘台庄召开党员大会,史玉新骑着自行车从新桃园村赶到刘台庄,迟到了一分钟。散会后,史铭堂便严肃地批评教育了儿子:"作为一名共产党员,要随时随地以党员的标准严格要求自己,要有严明的组织纪律性,虽然只是一分钟,但如果是在部队、在战场,一分钟意味着什么?勿以恶小而为之啊。"他责令儿子写检讨书,并在全院的大会上作检讨。

1998年,长江、嫩江、松花江发生了特大洪水,史铭堂第一个站出来捐款,并要求他的儿子捐款。史铭堂说:"你们是我史铭堂的儿子,就要带头捐款,国家有难,匹夫有责。"

史铭堂是离休老干部,按国家的政策,离休人员的药费实报实销,花多少报销多少。史铭堂的儿子史玉新说:"说出来你们都不信,我们兄弟姐妹几个从没用我爸的药本开过一分钱的药。"史铭堂常对自己的子女说:"你们别指望我的钱,也别占国家的便宜,你们要凭自己的本事努力挣钱。"史铭堂身板硬朗,很少吃药,晚年突发心梗,被送到市二院抢救。之后儿子拿着史铭堂的老干部药费报销本到老干部局报销药费时,老干部局的人员惊呆了:药费报销本居然还是崭新的,这么多年,老人居然一次也没有报过药费。在场的人都深受感动。

在史铭堂的言传身教下,他的孩子都很优秀。他的次子史玉新,1962年出生,1981年应征入伍,1984年志愿报名参加对越自卫反击战,在崂山前线递交了入党申请书,成了一名光荣的共产党员。复员后,史玉新到石家庄医科大学学习了三年,毕业后去了皇后寨卫生院,像父亲一样治病救人,后任皇后寨卫生院院长。大儿子史玉世务农,虽然生活不富裕,但在父亲的耳濡目染下,诚实做人,不贪恋钱财。1989年的一天,史玉世一个人走在街上,忽然发现地上有一堆钱,他数了一下,整整一万元。当时,四周没有一个人,他第一感觉就是这钱不能要,失主一定很着急。他便守在那堆钱旁边等失主来寻,等了好久,也没有人来寻。他坚持等,后来终于等到了失主,是一个外地来此收购皮毛的商人。史玉世把一万块钱全部交还失主。失主很是感动,想拿出一部分钱给他,史玉世说:"打小我父亲就教育我,不能用别人一分钱,捡到钱还给你是我的良心让我这样做的,我要对得起我的良心。"他没有接受失主的馈赠。当时的农村流行这样一句话"钱上万,花不完",一万块,对于当时的农民来说意味着什么?那个年代,职工平均每人每月的工资只有40多元,一万块能让史玉世脱贫成为万元户,但史玉世没有据为己有。史玉世拾金不昧的事迹传遍了周边的十里八村,人们交口称赞。

史玉新说:"我父亲就是这样一个人,心里只想着别人。"史铭堂直到晚年身患重病时也在用颤巍巍的手给前来就诊的病人把脉、开药、扎银针……史铭堂老人用他的行动践行了一名共产党员的使命和担当,真正为党的事业鞠躬尽瘁,死而后已。2008年,史铭堂老人去世。

据老支书刘海川介绍说,新桃园村的文娱活动自21世纪初就搞得非常红火。从2006年开始,村里出资买了音响、灯光等,投资了15万元搭建大戏台。扭秧歌的,唱戏的,唱通俗歌曲的,跳舞的,你方唱罢我登场。村里排出了节目单,每天晚上都有文艺演出。李少民的板胡,史玉宝、史玉祥、周柱石的二胡,拉得如泣如诉,尤其是李少民的板胡,在县里小有名气。新桃园村的秧歌队人数最多时达100多人,齐小菊的"公子"扭得很出色,常去县里参加比赛。

新桃园村的貉子、貂、狐狸等养殖曾经很辉煌,当时好多年收入上百万的人家,曾经上过中央电视台的农民节目。当我想进一步了解当初村里养殖的具体情况时,老支书刘海川摆摆手:"不说啦!都是过去的事啦,现在貉子赔钱,有囤积了一万多张貉子皮的人家,到现在皮还没有卖出去呢。"

村里75岁的史润俭老人介绍说,从前村中心有座庙,村里死人了就到那里烧纸,庙前有棵老柳树,树干是实心的,树枝的树心都空了,里面有好多的蛇,他小时候常和小伙伴淘气,用砖头往树枝上扔。1958年前后,老柳树被

新桃园村的家庭养殖场

砍伐了,因年代太久树干里面都是红的。庙在"文革"时也被拆除了。

　　走出新桃园村,我的思绪久久不能平静,老庙、柳树、戏台、养貂、医院、史铭堂……在我的脑子里相互交织萦绕,渐渐地,老党员史铭堂的形象越来越清晰,越来越高大……

民风淳朴老君坨

在荒佃庄镇政府西南约2.5千米处有个叫老君坨的村庄。村里有200多户人家,共510多人。相传明朝初期,曾有一老君侯在此地驻扎,人们便根据历史传说,定村名为老君坨。

老君坨有周、符、刘、梁、王五大姓,符姓人最多,但周家是大户人家。村里80多岁的退休教师周瑞祥老人说,周家曾出过两个举人,分别是周瑞祥太爷的太爷和周瑞祥太爷的爷爷。周家曾有的保留完好的祖宗像就是这两个举人的像,他们穿着清朝官服,看起来英俊威武。周瑞祥老人说,他小时候晚上和太爷睡在一起,太爷经常给他讲周家祖上的事情,他小时候还看到过家里有一个约两米长的大匣子,里面存放着这两个举人的画像和家谱。1959年,周瑞祥去外地读书,同年,他的太爷去世了,他太爷死后,祖宗像和家谱就不知所终了。周家也曾有祠堂,是族人祭祀祖先和先贤的场所,每个祖宗依照一定顺序排位,祠堂处还有木刻对联。逢年过节,周家人都要祭拜祖宗。一到腊月二十九,周家族人便开始给祖宗上香、祷告,一直到正月十五,一天都不停歇。周瑞祥老人讲,周家老家在唐山乐亭周家营,后来,周家营的人口太多,就有周家的一个分支迁到了老君坨。迁来的时候老君坨已有人家了,周家便在村外无人的地方建起了一座深宅大院,到了周瑞祥爷爷这辈,因周瑞祥的三爷吸食鸦片,周家家道便败落了。

老君坨村的婚丧嫁娶有个习俗,就是"走南门"。迎接新娘子是从南门迎进,送老人出殡是从南门送出,唯独老周家的三户人家是走北门。据说旧时农村建房,用材除了椽子、檩,还有很粗的杺,杺是南北走向,檩搭在杺上,椽子搭在檩上,这个杺一头粗一头细,粗的那头叫杺头,一般都朝南,杺头朝哪面,婚丧嫁娶时就从哪面的门进出。这三户周家人因为建房时房北面是条大路,为了出入方便,他们就把杺头冲北,所以这三户人家婚丧嫁娶都走北门。

老君坨村曾有三座庙,分别是五道庙、老母庙和三神庙。五道庙位于村中心,是用几块大板石搭建的,庙前有台阶,村里有人去世时都去那里烧纸。老母庙位于村西头,有一间屋子大小,里面供奉着观音菩萨坐像,观音两旁分别有一个童子。老母庙没有院子,门口有一口大钟,没有孩子的人家都来老母庙求子,烧香、跪拜、祷告,祈求观音赐子。三神庙位于村西南,也是一间房子大小,里面没有雕像,四壁全是壁画,里面有香炉,门前也有大钟,进门有台阶。三座庙在"文革"期间均被毁了。

曾经,周家坟有棵大杨树,还有九棵大松树,均有二三百年的树龄。大杨树很粗,据说六个人都搂不过来,九棵松树也都有两人合搂那么粗。九棵松树在坟中间,树的西面是老坟,东面是新坟。大杨树在老坟。这些树在1958年"大炼钢铁"时被砍伐,拿去烧火炼钢了。

老君坨村有个大坑叫"东北坑",距今有二三百年的历史,原来坑的面积有十几亩,后来渐渐被填平盖房,现在坑的面积只有5亩左右了,坑周围长满了树木和杂草。

老君坨村现有耕地1700多亩,沙性土壤居多。经济以种植和养殖为主,主要种植花生、玉米、小麦等。土地大部分都承包给了外地人,有外地承包户在这里种植大棚芹菜、暖棚葡萄等。村里的年轻人大都外出打工,主要去邻村的缝纫机零件厂或去外地搞建筑。村里以前养过貉子,因近几年貉子养殖不景气,大多村民不再养殖了,有几户养殖猪、牛、羊的,每户的养殖数量均在六七十头左右。

老君坨的名人有：周文翰，1949年以前曾是昌黎商会会长，昌黎"福曾权"商铺的大掌柜；王铭生，曾任秦皇岛某军区的司令员。

革命烈士有：梁显，1923年出生，1947年参加革命，同年在乐亭丁流河战斗中牺牲，年仅24岁；刘宝珍，1924年出生，1947年参加革命，同年在乐亭丁流河战斗中牺牲，年仅23岁；符绍田，1926年出生，1947年参加革命，同年在乐亭丁流河战斗中牺牲，年仅21岁；刘宝金，1924年出生，1947年4月参加革命，1955年因伤残病故于医院，授上尉军衔。

老君坨村被人称为长寿村，村里有90岁以上的老人3人，80以上的有20多人。

村里的手艺人有：符绍山，现已80多岁，会做豆腐，主要做水豆腐，在本村和周边村销售，近几年因年老体弱不再经营豆腐坊了；泥瓦匠符真祥、周廷玺，二人均已70多岁，现都在外地打工做泥瓦匠。

老君坨的群众文化活动比较丰富活跃，早在20世纪50年代初，村里便组建了农民文艺宣传队，排演剧目《小二黑结婚》。赵长瑞扮演的小二黑、雷淑珍扮演的小芹生动形象，深受群众欢迎，还有刘连青的二胡如泣如诉，技艺精湛。最近几年，老君坨更是成了荒佃庄镇的文化典范村，村内建有900平方米的文化广场，经常举办农民歌手大奖赛，由荒佃庄镇的企业老板赞助，参赛人员全部是农民，地域不限，年龄不限。每次大赛，农民们都踊跃报名，农民歌手都兴高采烈，一展歌喉，尽情抒发对美好生活以及对祖国秀丽山河的无比热爱和赞美之情，成为乡村振兴的一道亮丽的风景，许多外村人都兴致勃勃地前来观看，享受老君坨村的精神文化盛宴。

人物春秋

有人说，他们是历史车轮的推动者。认认真真读完他们的故事，当心潮澎湃、热血沸腾、思绪翩然的时刻，当一幕幕血与火的画面在脑海与心间浮现的时刻，当内心明澄、脊梁挺直、理想坚定的时刻，我们才真正理解了他们对荒佃庄乃至整个昌黎的重要作用和深远意义。

如果时光可以倒流，我们一定会义无反顾地成为他们的追随者。我们可能会拿起纸笔，抓紧每一个间隙，记录他们更多的细节；我们可能会扛起刀枪，闻鸡起舞，学习他们更多的本领；我们可能会凑近他们的餐桌，和他们搭话，感受他们的亲切、幽默；我们可能会溜到他们的书房，默默停留，观摩他们的真迹，感受艺术的震撼；我们还有可能和他们一起，在硝烟弥漫的战场奋战，在敌人的包围圈周旋……

在岁月的流逝中，他们的线条越发清晰，他们的身姿越发挺拔，他们连成了一座隐形的山脉，给予历史光亮，给予未来道路。

他们不是别人，而是永远活在我们心中的亲人。

他们未曾远去，他们那些闪烁着光芒的精神永远是我们心中的星星。

他们不会老去，我们，连同我们的后代，永远是他们行动的手臂和看世界的双眼。

"中兴"之臣韩超

"中兴"之臣韩超

韩超(1799—1878),字寓仲,号南溪。昌黎县韩家营村(今属荒佃庄镇,简称韩营)人,历任叙州判、三角屯州同、独山州知州、清江通判、贵州粮储道、贵州巡抚,谥号果靖。著有《苗变纪事》《韩果靖遗诗》等。清宣统二年(1910年)钱塘汪康年辑印振绮堂丛书初集《韩南溪四种》(《独山平匪记序》《平苗记事》《遵义平匪日记序》《南溪韩公年谱序》)。徐世昌所编的《晚晴簃诗汇》录有韩超诗《四壁》《庚戌北归湖南道中呈同舟邱培之先生》《病中》《闲居》4首。

载入《清史稿》《永平府志》《昌黎县志》《中国人名大辞典》的韩超,是中国近代史上著名的历史人物张之洞的老师。康有为在公车上书中将其归入"中兴"之臣。韩超生前以唐代文学家韩愈的嫡裔三十三世孙名于世。

韩超少有大志,励志苦读。道光十四年(1834年),以乡试副贡入仕,凭文韬武略升迁。

道光二十二年(1842年),由于为天津海防献策,韩超被提拔为州判。不久被选派至贵州,初任三角屯州同,后调任独山州知州。此州盗贼较多,韩超招募勇士训练,捕获并处置盗贼头目,治安得见成效。黎平知府胡林翼赏识韩超,称韩超腹有十万甲兵,胸有二十一史,有雄心壮志、深谋远虑,可成为名将、名臣,便将其推荐给了巡抚蒋霨远。

咸丰元年(1851年),太平天国起义爆发,韩超着力训练士兵,以备防御,又跟随胡林翼率兵镇压乌沙苗民起义,斩杀和捕获数百人。第二年,任清江通判。咸丰四年(1854年),胡林翼奉命带兵赴湖北抵抗太平军,韩超为其精选兵卒600名,并与胡林翼戮力同心。同年,韩超被提拔为知府,后转战台拱、黄平、平越、施秉和镇远等处镇压苗民起义。咸丰九年(1859年),授官贵州粮储道,镇压苗民和教军(又称"号军")起义。咸丰十一年(1861年),任按察使,加布政使,后又被提拔为贵州巡抚,获清廷赐号"武勇巴图鲁"("巴图鲁"为蒙语"勇士"的意思)。贵州各地起义此起彼伏,颇具声势,石达开所部太平军于同治元年(1862年)也进入贵州境内。韩超负责全省防务围剿事宜,镇压起义军,疲于应付,功效不显著,朝廷下诏责备他有负重托。在韩超任贵州巡抚两年多的时间里,正是鸦片战争后,清王朝开始走向衰败的时期。外有西方列强入侵,内有太平天国起义。作为清廷大员,韩超自然应维护清廷的利益。"贵阳教案"事发时的韩超身处两难境地,上有清政府及洋人的威逼恫吓,下有部下及百姓的爱国之举,作为清政府的地方官员,无力左右当时时局。同治二年(1863年),韩超因病回原籍。在晚清的历史上,敢于"拒洋"的官员,多受后世崇敬。韩超作为一名封建社会的显宦,有较强的民族自尊心和责任感,为维护民族大义,不惜以辞官相抗,其志可嘉。

清道光二十五年(1845年)十月,韩营村立"国恩祖德唐昌黎伯韩文公嫡裔世袭锦衣千户俸列祖之墓"碑。

韩超任贵州巡抚时,十分倾慕贵阳指画名家陈钰的画艺,曾请其为自己画像,画像保存至今。韩超自己也有一幅《秋山行旅图》传世至今。

光绪四年(1878年)韩超去世,清朝著名的洋务派领袖、韩超的门生张之洞题赠挽联:"文章增日月光是昌黎嫡派,功业震苗蛮地与定远齐名。"简明扼要地赞誉了韩愈的后裔韩超的文才嫡承先祖韩愈,又称颂其武略可比东汉定远侯班超。韩超卒葬于韩营村东南约500米处,墓顶高约1.5米。人们在胡林翼祠以及韩超曾任巡抚的贵州贵阳均设了专祠祭拜他。1969年春,韩超墓被盗掘。2005年1月,韩超墓遗址被定为昌黎县第三批文物保护单位。

2009年版《秦皇岛市志》有传。

油画家韩景生

韩景生，昌黎县荒佃庄镇韩营村人，1912年生于姜各庄（今属乐亭县）。其父韩福盛，字星一，多年在黑龙江一带经商。其母高氏长期住在姜各庄。韩景生上私塾期间跟随父亲学习绘画，打下了一定的中国画基础。十三四岁时，他到黑龙江省安达县的一家鞋铺学做生意。韩景生在安达县做学徒时，从《上海指南》这本书中看到了刘海粟开办的上海美术专科学校招收函授学员的消息，产生了学习油画的愿望。父亲韩福盛见他学画心切，便把他带到哈尔滨，托人把他介绍给了哈尔滨市俄籍消防署署长的女儿学习素描，兼学俄语。

1927年，韩景生进入了上海美术专科学校。按照学习要求，他买来油画笔、颜料，试着画起了油画。他的第一幅写生油画《乡间庭院》，画的是自己老家熟悉的庭院。他的这幅油画得到了刘海粟等人的认可。《乡间庭院》是用近30厘米见方的木板所绘，画面上展示的是民

油画家韩景生

国年间的昌黎农村小景。这幅油画的绘画技巧不算成熟，却有着浓郁的北方乡村特有的乡土气息，无论是构图，还是对房屋、树木、篱笆等的刻画，或是对光线、阴影的把握，都表现了一个刚刚掌握油画绘制艺术的少年所具有的天分。

1929年，韩景生在哈尔滨市俄国人开办的美术传习所专攻油画。相继跟随朱景阳、盛焕秋、俄国人阿·叶·斯捷潘诺夫以及俄国著名画家列宾的弟子阿·尼·克列缅捷夫学习绘画，并与俄国画家共同外出写生，接连创作出表现哈尔滨城乡风土人情的《马车》《庭院》《浴场》《报社》等油画佳作，在不到20岁时就成了哈尔滨有名的青年油画家。在此期间，韩景生回到家乡，与拗榆树村一位齐姓老中医的女儿结为夫妻，并在哈尔滨安家定居。东北沦陷后，他没能离开哈尔滨，继续在沦陷区谋生，想方设法养家糊口。1934年，年仅22岁的韩景生在哈尔滨市道外头道街开设天真照相馆，自任经理兼照相、修版等职。

1936年，韩景生在哈尔滨中俄工业学校任教，教授建筑美术、制图等。1938年，学校被日方接管，更名为哈尔滨工业大学，韩景生任建筑系教员，教授建筑图画与摄影。在哈尔滨工业大学任教期间，韩景生师从美术系教授、日本画家佐藤功深研油画艺术，后又得到日本著名画家石井柏亭的指导，参加日本画家美术研究所的学习与交流，常与佐藤功、栗原信、大部六藏等日本画家外出写生，其油画绘制技艺日趋成熟、精湛，相继创作出《石磨房》《远山》等一些色调明亮、光感强烈的风景油画。1942年，韩景生精心绘制的油画《人物》《中央大街之晨》到日本东京、大阪等地展出。这一时期，他成为东北沦陷区的著名油画家。

抗日战争胜利后，1946年，韩景生与石揩、高莽等画家发起并成立了哈尔滨市美术协会，组织了光复画展，展出了他新创作的油画《毒》《老船夫》等。1947年，他绘出了控诉日本帝国主义侵略罪行的油画《被日寇炸毁的机场废墟》，并创作了《抗联战士》等作品。

中华人民共和国成立后，韩景生到处深入体验生活，创作出《牧场》《小院雪景》《我居住的小街》《棚厦》《秋雨行人》《小院之夜》《傍晚火光》等作品，用画笔尽情地表现动人的生活景象。同时，他还绘制了不少伟人的画像，并几次列席哈尔滨市政协会议。

1960年，韩景生受黑龙江省人民政府指示，到镜泊湖写生，创作出了大型油画《镜泊湖瀑布》，悬挂于人民大会堂黑龙江厅。同年，他又创作了油画《森林》，悬挂于钓鱼台国宾馆。几年后，他的油画作品开始参加全国美术展览。1964年，他创作的反映农村秋收景色的《山区秋色》参加了全国油画展览，讴歌哈尔滨市城郊农民大棚蔬菜生产新貌的《四季春》参加了文化部与中国美协联合举办的庆祝中华人民共和国成立15周年全国第四届美术作品展览，并受到了中央美术学院院长、著名画家吴作人的高度评价。

至20世纪六七十年代，韩景生的风景、静物写生画水平越来越高，并开始由哈尔滨走向更开阔的天地。从1969年起，他多次南下写生，画出了《西湖风景》《苏州园林》等油画小品和《桂林风光》《长江入海流》等组画。1978年，66岁的韩景生去五大连池写生，画出了《五大连池风光》组画，参加了《啊！东北》东北三省联展，其中《石熊》《石海》被送到中国香港等地展出。进入20世纪80年代，他又禁不住对北方山川的挚爱，创作出组画《北方的山》，并创作出表现新时期哈尔滨新变化的《铁路职工住宅区》《深秋》《明日的新居》等新作。其间，他的《大兴安岭松雪》《上海拆船厂》等作品在苏联、日本等国展出。1987年7月，他在黑龙江省美术馆举办了个人油画作品展览。1993年8月，他的油画集《韩景生油画集》由北京朝华出版社出版，并在中央美术学院再次举办个人油画作品展览。1995年，他的《被日寇炸毁的机场废墟》参加了在中国美术馆举办的抗战胜利50周年馆藏作品展。1996年5月，韩景生油画回顾展在中国美术馆举行。1997年，他的油画《思》参加了中国油画肖像艺术百年展。

晚年，韩景生采集鲜花，在自己的居室专门进行花卉静物写生，精心绘制了近40幅系列油画《花》，其中《褐色背景的葵花》参加了第二届中国油画展，《蓝背景的向日葵》被中国美术馆收藏。

韩景生《北方的山》之二

1998年,韩景生于哈尔滨逝世,享年86岁。

韩景生一生绘制了近6000幅油画,被中国美术馆收藏了84幅。韩景生堪称东北地区的油画先驱,是东北地区第一代风景油画家的代表人物之一。他留下了大量与东北地区的生活和文化密切相关的作品,填补了东北早期油画的空白。他的代表作《被日寇炸毁的机场废墟》先后被编入《中国油画百年图史:1840—1949》《中国现代美术全集·油画1》《20世纪中国美术——中国美术馆藏品选》《20世纪中国油画图库4:1900—1949》《中国油画文献:1542—2000》《中国油画史》等书。他的油画创作,特别是早期的创作,在中国现代美术史上占有独特的地位。

2009年版《秦皇岛市志》有传。

血洒长空周春富

周春富(1927—1958),昌黎县荒佃庄镇信庄村人。

周春富生于一个贫苦的农民家庭。6岁时,就跟着母亲到滦河西部一带的村庄讨饭,常受人欺,被狗咬。有一次,他到一户地主家讨饭,被狗咬得浑身是伤,没钱买药医治,伤口化脓溃烂。他13岁时给信庄的一户地主家做工。一天,他去放猪,有只小猪掉进了井里,虽然打捞了上来,但他仍被地主毒打了一顿。他忍气吞声,暗下决心,再也不为地主家当牛做马了。

1943年,共产党开辟了路南地区,劳苦大众翻了身,周春富由一个受压迫、受剥削的苦孩子变成自己的主人。1947年他参加了中国人民解放军,1952年春被选送到航空学校学习。由于他刻苦学习,认真钻研,具有高超的飞行技术,被誉为"全天候"飞行员。

参加战斗前的十几天,周春富还在他的家乡昌黎度假。回家后,正值冀东平原阴雨连绵,他同乡亲们一起和洪水战斗。乡党委委员周贵明几次夺下他的铁铲要他回去休息,他说:"我是党的战士,党和人民哪里有需要,我就在哪里战斗。"他用手指着绿油油的庄稼说:"这样好的庄稼,我从小就没见过,为了保卫丰收,我必须贡献出一切力量。"他以冲天的干劲,和乡亲们一起同洪水搏斗,一口气干了三天三夜。由于过度疲劳,他生病了,但他仍

烈士周春富(1927—1958),昌黎信庄人,一级战斗英雄

然坚持在堤坝劳动。当乡干部以命令的口气要他回去休息时,他仍然激奋地说:"战士是轻伤不下火线的,发点烧算什么!"就在这时,他从报纸上看到了美国在台湾海峡进行军事挑衅的消息。这位农民出身的喷气机驾驶员的注意力,迅速从庄稼和堤坝转移到了前线。他对乡里的老医生说:"刘大爷,吃什么药都行,无论如何,请你想办法把我的烧退下来,我急着要回部队去。"他是听到前线局势紧张,提前赶回部队参战的。

1958年8月14日10时39分,航空兵第十六师第四十六团(驻龙田机场)出动的8架米格-17飞机,在平潭岛上空与国民党空军11架F-86飞机遭遇,这批战斗机是国民党空军的"王牌",号称"飞虎"第五、第六大队。我方的主要战斗编组是:长机二十六中队副中队长李忠立少校,二号机尹满荣,三号机秦秉钧上尉,四号机潘辅德中尉,五号机分队长刘宪武上尉,六号机梁金中中尉,七号机刘光灿上尉,八号机刘文纲中尉,其中梁金中座机舱压故障折回。周春富紧跟长机,编好战斗队形,风驰电掣般飞向战区。他发现在马祖岛东北上空,有两缕细细的白烟。"01号!左前方,有两个拉烟的!"周春富立即向大队长报告。"那就是敌机,坚决消灭它!"耳机里响起了地面指挥员坚定的声音。敌机见我机高度处于劣势,便"唰"地向右一扭头,拉成一个扇形斜面,向我机对头扑来。空中指挥员见敌机来势凶狠,爬高占位已来不及,立即率队用大速度从敌机腹下一冲而过，使敌机扑了一个空。敌人又迅速地分成左右两股，左边4架向右后方转，右边的3架向左后方转，形成交叉转弯，企图对我机进行夹击。我机群又机智灵活地向右边即将临近的3架敌机猛冲过去。由于中队猛向右转，同长机拉开了距离的周春富，发现由左向右转的4架敌机继续向右转来，想从后方偷袭我机。周春富猛地向左一扭机头，射出雷霆般的炮火，全速冲向数倍于己之敌。一架敌机躲闪不及，当即被周春富击中，拖着黑烟，一头栽到闽江口外的大海里。周春富趁敌机慌乱之际，一个鹞子钻天，飞向高空，忽然发现下方又有8架F-86型敌机正拼命向大队长追击的方向奔去。周春富一推机头，猛冲下去。连珠炮似的炮弹，一下子截住了敌机的去路。可是就在这个时候，跟在他身后的敌机向他开了火。周春富的飞机负伤了！他驾驶着负伤的飞机出没在敌群之中。忽而翻转上升，忽而俯冲攻击，左拦右堵，上下翻飞，把敌机队形冲杀得七零八落。一架敌机被他打得身负重伤。周春富刚要拉起飞机，突然，几架敌机一起向他射击。他的飞机又负伤了。就在这生命最后的时刻，他驾驶着烈火熊熊的战鹰，咬住了一架冲在他前面的敌机，一阵猛烈的炮火，打得这架敌机当空爆炸开花。

周春富跳伞落海，事情惊动了北京，毛泽东让秘书直接打电话告诉福州军区："想尽一切办法，务要救起这位飞行员。"海军舰艇出动，同前来争抢的国民党海军发生小规模海战。平潭岛1800多条渔船在大海上做网状搜寻。周春富因没有被找到，被定为牺牲，时年仅31岁。

空军政治部召开祝捷大会，给周春富追记一等功，并追认他为中共正式党员，号召空军指战员学习他奋不顾身的英雄气概。

1992年版《昌黎县志》有传。

进步商人周庆恩

在荒佃庄镇有一所周庆恩中学,校名源自人名周庆恩。

周庆恩(1889—1954),字泽霖,昌黎县荒佃庄镇双坨村人,出生在一个商、农兼营之家。他五六岁时,父亲周椿山(人称"周四爷")在上海南京路五福弄开有同德商行,以"周椿记"为商号专门经营南北杂货。

周庆恩在读私塾时发奋读书,学业成绩名列前茅。1904年离乡赴沪,入惠中书院继续读书,后考入圣芳济中学。中学毕业后,母亲和父亲先后在家乡和上海去世,为求自立,他考进英商卜内门洋行,很快就由一般业务员晋升为部门经理,后被派到芜湖任分公司经理,主管内地营业业务。1930年,被公司调回上海总行任营业部总经理,主管全国各地营销工作。几年后,因与英国人在经营理念和方法上发生激烈矛盾,他转到德国人开办的礼和洋行,成为主

进步商人周庆恩

要负责进出口生意的经理。后开始独立创业,先后创办了八个商务公司和代理公司,其中规模最大的是正大贸易公司,另有庆丰行、公益祥商号、元康参号、荣丰化工原料公司、菲律宾航空公司在中国的独家代理公司、荷兰牛力果大全脂奶粉的独家代理公司等,主要做进出口贸易。设在上海虹口四川路的正大贸易公司在主营进口颜料、药物和肥田粉的同时,发展原有的周椿记国内贸易,经营南北货,诸如杂粮、人参、药材和桐油等。为处理每日巨额收入,他又涉足金融业,与友人合资创立中国劝业银行,自任董事长。

抗日战争胜利后,周庆恩抓住国民政府为恢复经济急需与国外进行物资交流的商机,于1946年在上海开办天和商行,从西欧和北欧进口工业品销往国内,再从国内出口农副土特产品销往欧洲。他专程回到家乡招聘故旧好友到上海相助,聘请大滩人刘绳武任经理、信庄人周星篯任副经理。天和商行的营业业务由覆盖南方各省,扩展到以天津为口岸的北方地区以后,他决定由周星篯到天津专门负责北方业务。解放战争期间,解放区急需西药和化工原料,周星篯以天津社会名流王紫泉在英租界三十九号路(今重庆道)296号的深宅大院为掩护,以慈善机构和瑞典洋行的名义,去察哈尔、绥远、鲁西北等地收购皮毛和其他土特产,运到天津,雇用挪威籍商船,派人押运到西欧,从西欧换回急需的西药和其他物资,再由天津地下党组织运往解放区。

1948年8月,国民政府实行金圆券改革,上海经济秩序一片混乱,周庆恩经营的企业生意无以为继。他带领家人移居香港。他相继成立永明实业公司和天孚商行,继续经商。天津、北平相继解放后,他在香港了解到中共中央关于利用城乡私人资本恢复和发展国民经济的政策,专程到天津开办信诚商行,任命周星篯为经理,负责北方地区的进出口贸易。同时,协助同乡好友刘庆澜在北平开办信恒商行,聘请昌黎县黑王庄(今属乐亭县)人李稔年和信庄人周春育、张鸣歧开展进出口业务。后又动员曾在天津宏大株式会社当职员的信庄人周春明到天孚商行任职,专门负责开拓与日本的进出口贸易。中华人民共和国成立后,天孚、天和、信诚、信恒等商行的进出口生意不断扩大,直至抗美援朝战争爆发,国内遭到经济封锁后终止。

周庆恩在任英国卜内门洋行芜湖分公司经理时,见当地经常发生火灾,却没有一支专业救火队,便联络地方士绅,发起建立了一支有现代救火装备的救火队。他参与其中,捐款购置救火车、救护车,还捐款修建了一个七层楼高的瞭望台,帮助训练救火和救护人员,一有火灾,必定到场,亲自指挥灭火。

在上海,周庆恩加入了租界的万国商团,在万国商团的中华队从普通士兵做起,一直做到操练长和队长。

20世纪40年代初,周庆恩在经商过程中发现中国农业科学技术较落后,一些农业科技知识需要普及,遂于1943年3月发起成立中国肥料普及会,自任理事长,出资创办刊物《土壤肥料与农业》,免费举办讲座和培训班等,资助有志于农业科学研究的农科学生出国留学,推动中国农业科学技术发展。同年冬,他又捐出巨款,一部分用于美国基督教圣公会创办的圣约翰大学医学院购买的一批显微镜,另一部分用于在圣约翰大学建立的一所农学院,以弥补中国农业科学教学和研究的不足。同时,设立了一个奖学金,资助了20名学农科的优秀学生完成四年大学学业。1944年夏,圣约翰大学农学院建成招生,设有植物生产、动物生产与畜牧兽医、农业经济三个系,吸引了不少高中毕业生前来报考。为便于学生实习和教师进行农科研究,他在江湾一带购置土地,建起了一个农场,配有拖拉机等农业机械。圣约翰大学农学院办到1949年终结,共招生六届,最鼎盛时有学生200人,教师20人。五年间,圣约翰大学农学院培养出不少高素质的优秀人才,如鲁平、孙荷生、张德慈、诸德辉和郭俊彦等,其中诸德辉后来任北京农科院小麦研究所所长,郭俊彦取得博士学位后任中国科学院华南植物研究所所长。除郭俊彦外,还有七人到国外留学并获得博士学位。

1953年冬,周庆恩因积劳成疾中风,于1954年初在香港病逝,享年65岁。

周庆恩生前热衷于育人兴邦大业,支持家乡的教育事业是他一生中最大的心愿,因此他对昌黎县的一些中小学校多有捐赠。周庆恩旅居海外的子女周文彬等兄妹七人，根据他的遗愿，于2003年出资改建昌黎县荒佃庄乡初级中学。经有关部门批准，原荒佃庄乡初级中学更名为周庆恩中学。周庆恩中学占地面积25078平方米，工程总建筑面积6328平方米，包括综合教学楼、学生公寓楼、学生餐厅和图书楼等建筑设施。工程总投资522万元，其中海外华侨周庆恩家族捐赠351万元。周氏家族还在后期为完善设施捐赠1万美元，用于添置冬季供暖设施。

2011年，周庆恩之子周文彬出版《我的父亲周庆恩》一书。全书包括"童年时代的尴尬和苦难""十四岁来到上海滩""甩掉卜内门独立闯天下""捐建圣约翰农学院""创办肥料普及会""社会公益事业的热心人""在香港的最后拼搏""十口之家的阳光生活""我们的努力和心愿"，为双语版，书内插图除了不同时代的老照片，多以周庆恩中学的建筑设施、教学活动等照片为主。周庆恩中学受赠了一批该书，这批图书由学校图书馆迅速整理、入编、分发给学生、老师，人手一册。

2009年版《秦皇岛市志》有传。

"共和国勋章"获得者李延年

李延年,1928年11月出生在荒佃庄镇会君坨村一个贫穷的农民家庭。父亲李辑瑞给地主做工,弟弟和妹妹先后夭折。9岁时,李延年成了"小猪倌"。为了维持家庭的生活,父亲到东北做工,后被日本人抓去当劳工。1940年,母亲为了供李延年读书,靠帮人做针线活挣点学费。李延年幼年时饱尝生活的艰辛,边读书,边给老师做饭,这样可以减免点学费。1942年,因生活困难,李延年到长春一个粮油加工厂当学徒工,实际上就是服侍掌柜的。

1945年8月15日,日本政府宣布投降。1945年10月,李延年欢欣鼓舞地参加了东北人民自治军,被编在吉黑纵队2大队3连,从此,李延年成了人民军队的一名光荣的战士。

1946年6月,李延年跟随2大队领导调到了榆树县独立团。同年11月,此团编入东北民主联军独立第3师,李延年在7团团部当警卫员。在攻打榆树县城的战斗中,李延年作战勇敢,缴获轻机枪和手枪各一支,受到了上级的表扬。1947年2月,李延年以思想上坚定的信仰,战斗中出色的表现,顺利通过了党组织对他的考验,加入了中国共产党。

1947年11月,李延年被党派到东北军政大学学习,以提高全方面的素质。在学习期间,他坚持政治学习与军事学习并重,政治觉悟和军事技术水平均显著提高,并具备了初级干部的指挥能力,获得了军政大学授予的甲等优胜奖状和物质奖励。

1948年9月,李延年从军政大学毕业,到东北人民解放军10纵队29师85团警卫连任排长。在辽沈战役中,他以过硬的军事素质参加了大虎山、黑山阻击战。1948年11月1日,李延年任47军140师418团警卫连排长。

1949年1月,21岁的李延年被调到师教导队政治队任区队长。1950年3月,李延年从师教导队回到418团7连任指导员。7连担任湘西剿匪任务,驻扎在湖南省会同县。当时,会同县土匪十分猖獗,仅"南三县支队"就有1000多个土匪。

1950年4月,部队得到消息,土匪要围攻驻连山的解放军部队。李延年以高度的军事敏锐性在第一时间要求部队做好战斗准备,同时及时向营部汇报了情况。正当营部研究对策时得到消息,当天拂晓,1000多个土匪开始围攻驻连山的部队了,战士们依托工事,打退了土匪的多次进攻,但土匪仍无退意,双方已经对峙一天一夜,战士们希望尽快得到增援。团领导决定调四个连队增援连山,李延年带着驻会同县城的一个排随增援部队赶到连山,包围了土匪。土匪发现是解放军的大部队来了,吓得四处逃命。这次战斗共消灭土匪200多人,缴获了一批枪支弹药,抓获了"南三县支队"参谋长等几十名俘虏。7连仅有1名战士负伤,自卫队牺牲1人。凭借李延年的正确分析和决策,7连通过这场战斗打出

"共和国勋章"获得者李延年

了威名，受到了上级的通报表彰。不久后，他所在的7连调到了通道县继续担任剿匪任务。每乡驻一个排，配合地方政府，发动群众，清匪反霸。剿匪部队利用政治上瓦解、军事上打击等手段，基本肃清了通道县的土匪，缴获各种武器1000多件，还有大量的鸦片、银元等，上千个土匪主动投降，悔过自新。

1950年6月，朝鲜战争爆发，根据上级命令，李延年负责部队的思想政治工作，在部队进行仇视、鄙视、蔑视美帝国主义的"三视"教育。他利用自己多年积累的政治思想工作的理论知识，采用多种生动活泼的教育形式，取得了较好的效果。由于剿匪和"三视"教育搞得好，7连被团里评为"双好连队"，师部授予其"双好连队"奖旗。

1951年3月，中国人民解放军第47军加入中国人民志愿军，李延年所在的部队奉命奔赴朝鲜，参加抗美援朝战争，踏上了保家卫国的征途。

第五次战役后，在朝鲜战场节节败退的情况下，美国政府被迫于1951年7月10日开始停战谈判。谈判过程中，美国政府无理地采取拖延与破坏手段，先后发动夏季攻势和秋季攻势。

1951年9月29日清晨，美军在夜月山前哨阵地开始了秋季攻势。主要向三八线以北的西部战场的朔宁至铁原一线发起进攻。志愿军某部防守的346.6高地失守，李延年所在的三营奉命实施反击，收复此高地。根据上级的部署，李延年所在的7连从左翼进攻。

346.6高地是顺势排列着的大小五个山头，山头后面是一个较高的主峰，高地两侧都是深谷。驻守在这里的是号称"美国王牌师"的骑兵第一师的一个营。李延年时任140师418团7连指导员，此连的任务是收复前面三个山头——美军一个连占领的阵地。

10月8日，天快黑时，7连从驻地出发。敌人的炮弹不断在附近爆炸，山上的树木都在燃烧，远远看去像一条条火龙。经过一段急行军后，7连到达346.6高地前隐蔽待命。

美军由于害怕志愿军的近战、夜战，天一黑就打起了"壮胆枪"。晚10时左右，三发红色信号弹升上了夜空，攻击开始了。志愿军的大炮发出怒吼，炮弹呼啸着射向高地。几分钟后，喀秋莎火箭炮也开始射击。炮弹像一条条火龙，铺天盖地倾泻在对面山头上，敌人阵地顿时成了一片火海。事后才知道，敌人在主峰后的一个连队已被志愿军的炮火消灭了。

"出击！"当炮火延伸时，7连连长刘凤臣一声令下，战士们像猛虎一般直扑美军阵地。在强大炮火的轰击下，美军虽伤亡较大，但仍有一些美国兵依托工事进行顽抗。据营里通报，负责从右翼直插主峰的9连在进攻中伤亡严重，7连要分散隐蔽。于是7连趁着黑夜以排为单位，成多路纵队，从左面山坡冲了上去。敌人抵挡不住，边打边撤。经过一阵冲杀后，到深夜1时左右，拿下了前面的三个山头。全连只有1名排长和1名班长牺牲，1名战士负伤。

收复阵地后，指导员李延年立即要求各排迅速整理工事，并根据战前制订了三套代理人的预案，指定了代理人，保证连队组织健全。接着，他和连长带领连队继续攻击后面的第四、第五个山头。副连长带队向山头冲击时负了伤，副指导员也被敌人的炮弹打中，不幸牺牲。李延年及时指定了代理人进行指挥。他还深入班排了解情况，传达胜利消息，及时提出有力的鼓动口号。10班拿下了第五个山头，缴获了重机枪、无后坐力炮、卡宾枪等武器。多年的政治思想工作经验，让他就此情况马上提出："你们为连队争了光，连里会为你们请功。"并把这一胜利消息迅速向各班、排传达，鼓励大家："打好出国第一仗，为毛主席争光，为祖国人民争光，争取当英雄连队！"有的战士牺牲了，他立即提出："要为牺牲的战友报仇。"要求大家英勇杀敌，保证战斗胜利，争取立"国际功"。

经过一夜激战，歼灭了敌人的一个部，收复了被敌人占领的五个山头。此时，连长到营里代理参谋长职务去了，压在李延年肩上的担子更重了。

天亮后，营教导员到7连了解情况，并带着一部电台和2连的一个排增援7连，他命令7连继续拿下主峰。敌人的进攻开始了。美军以一个营的规模的步兵，在20多辆坦克、近10个炮兵群的火力和多批次的飞机的掩护下，从主峰向高地的第四、第五等几个山头实施反击。当时，志愿军后续梯队和助攻连队被敌炮火所阻上不来,7连迅速转入防御战。李延年率领7连全体战士,在战斗激烈、连队伤亡较大、连长不在、连队与上级通信联络中断的情况下,充分发挥自己极强的军事作战指挥能力,坚定沉着,果断指挥,不断调整战斗编组,适时提出"瞄准打,狠狠打""共产党员、青年团员们大显身手的时候到了""多打垮敌人的一次进攻,就多一分光荣"等强有力的战斗口号,不仅使大家士气倍增,更奠定了战斗胜利的战略基础。

早晨8时多,李延年带领各排排长查看地形,并制订了战斗方案。

根据敌我情况的变化,李延年马上调整战斗编组,组织连队坚守阵地,1排和2连的一个排坚守第一、第二两个山头,机枪连的一个排和2排坚守第三、第四两个山头,3排坚守第五个山头,并针对战斗实际及时指定人员代理副连长和排长。

9时左右,敌方炮兵群开始向7连阵地进攻,346.6高地顿时硝烟弥漫,土石横飞,李延年命令战士们进入猫耳洞和地堡隐蔽。敌方炮兵停止射击后,敌人便开始发动地面进攻,7连的战士们立即从猫耳洞和地堡等工事中钻出来。等敌人靠近阵地时,各种武器一起开火,敌人被打倒了几十个,其余的连滚带爬逃走了。10时左右,敌人发动了比前几次规模更大的进攻。开始是3架敌机轰炸,后来增加到12架,敌机贴着7连阵地俯冲扫射,投掷炸弹和凝固汽油弹,整个高地浓烟滚滚,有的战士的棉衣被烧出了很多窟窿。李延年组织大家隐蔽,等待时机,消灭敌人。此次敌人进攻的重点是第四、第五两个山头,敌人以密集队形,向7连阵地猛冲过来。当时,7连弹药严重不足,有的班手榴弹用完了,有的枪支也出了故障。形势严峻,李延年果断地让战士们把六〇炮弹当手榴弹使用。

敌人冲到距离工事只有10米左右了,爆破班班长腾贵桥抓起爆破筒,高喊着"同志们,誓死守住阵地"冲向敌群,20多名美军被炸死,腾贵桥壮烈牺牲,7连阵地保住了。

为了保障部队有足够的弹药坚守阵地,李延年组织人员到阵地周围和靠近敌人的阵地前沿搜集武器弹药。下午,敌人又对7连坚守的阵地发动了多次进攻。晚上,3营机枪连指导员带着几名战士来到7连阵地,两名指导员商讨如何坚守阵地,提出了"誓与阵地共存亡"的口号。天亮前,团里派1营2连接防7连阵地,李延年奉命率7连撤出了阵地。

这次防御战,在敌我兵力悬殊的情况下,我方顽强抗击,反复争夺,连续战斗了一天两夜,先后打退了敌人的10余次反扑。7连伤亡较大,撤出阵地时只剩下了40多人。在与上级通信联络中断的情况下,李延年果断指挥,不断调整战斗编组,适时提出强有力的战斗口号,取得了这次防御战的胜利。

志愿军司令部从敌人上报的伤亡数字统计中得知,这次战斗共消灭美军636名,取得了346.6高地防御战的胜利,为后续部队继续战斗创造了有利条件,是志愿军以少数兵力取得进攻和防御战斗胜利的成功战例之一。

1952年11月,中国人民志愿军领导机关给李延年记特等功一次,授予其"一级英雄"的荣誉称号。朝鲜民主主义人民共和国政府于1952年8月授予他"自由独立二级勋章"一枚。

1953年,中国人民志愿军第47军奉命从朝鲜前线回国。李延年已经成长为一名坚定的中国共产党人,1955年被授予大尉军衔。他先后到47军文化学校、中南军区第一文化速成中学学习,在校受到通令嘉奖。后又到解放军政治学院深造。1969年,李延年由团副政委调到广州军区生产建设兵团任第14团政委,后又任广西军区师政治部副主任。1979年2月17日,广西边防部队发起对越自卫反击战,李延年负责保障工作。他先后四次主动向上级要求到前沿部队去了解伤病人员的运送情况,并组织各单位把救护所设到靠近前沿的地方,让伤病人员得到及时的包扎、转送和治疗。他还带领干部冒着敌人的炮火,深入前沿部队,传达上级的指示和命令,出色地完成了各项任务,荣立三等功一次。

1979年9月,李延年被提升为师副政委,一直战斗在边防前线。

1983年,李延年离休。离休后,他仍然关心党和国家大事,关心人民解放军的建设,常给部队指战员讲传统,传授政治工作经验。他还发扬艰苦奋斗的光荣传统,从事一些公益活动。

1992年10月26日，李延年作为当年的中国人民志愿军一级英雄，参加了国防部组织的中国人民志愿军英模代表团访问朝鲜。在平壤的政府大会堂，朝鲜人民武装部部长吴振宇副帅宣读了金日成大元帅的授勋命令，代表金日成大元帅给大家授予象征中朝友谊的友谊勋章，并赠送花瓶作为纪念。勋章和花瓶摆在李延年家的客厅里，勋章铭刻着战火中的功绩，花瓶记载着中朝两国人民用鲜血凝成的友谊。

2007年8月1日，李延年在北京出席了中共中央、国务院和中央军委在人民大会堂隆重举行的庆祝中国人民解放军建军80周年暨全军英雄模范代表大会，中国人民解放军百名老英雄、老模范代表会集首都北京。

2019年9月17日，国家主席习近平签署主席令，授予李延年"共和国勋章"。

退休后，对于中小学校讲课的邀请，李延年几乎有求必应。他要让孩子们了解过去的历史。从曾经的吃不饱、穿不暖，到现在的吃不完、穿不完，都是流血牺牲了的同志们用生命换来的，他们是真正的英雄。一定要教育好下一代，让青年当好接班人。多年来，李延年从来没有向组织提过任何要求，始终保持老党员、老军人、老英雄的本色，用实际行动为党和人民作贡献。

李延年，从一个在旧社会饱受磨难的"小猪倌"，到一名忠诚的共产主义战士，经过战场上的烽火硝烟、浴血奋战、舍生忘死，用英勇、智慧和奉献完成了自己生命的涅槃，谱写了一曲骄傲豪迈的英雄赞歌。

民风民俗

"积久成习,约定成俗",穿过漫长时光的习俗,淳朴、感性、神圣、热烈,形成一种集体的仪式感,把人们平凡的生活点缀得活色生香。这是一片纯净的精神净土,这里没有身份地位的羁绊,没有富贵贫贱的差异,人人都走在相同的平静的路上。

岁月为梭,编织出生活的大网,那些以习俗命名的日子,是大网上欢悦着的鱼儿,网永远浸在水里,鱼儿永不必担心干涸。鱼儿的生机让整张网呈现出动感,也让它永远充满了期待。

人们在习俗中成长,接受洗礼。有时快乐,有时悲伤,有时沉寂,有时喧嚣,他们走过春夏,迎来秋冬;走过晨曦,迎来暮色;走过青葱,迎来成熟。他们这样一天天地走着,就沉淀出自己精神的高地,就形成一种集体的悲悯情怀,他们意识到,唯有人类彼此牵手,才能站在地球上仰望星空。

不要小看这一个个看似平凡的日子,不要觉得春节只是一个关于吃喝玩闹的名词,节日一旦聚集起来,就会形成一种强大的信仰力量。

荒佃庄一带的衣食住行

服饰、发型、食品、民居、行旅、用具等,都和荒佃庄一带人们的生存密不可分。这里的人元明以来形成了自己的生活习俗。

一、服饰

辽金期间,百姓多穿大襟衣服;明代穿短长裤。但都系布腰带,头扎包巾,衣服颜色多以黑、白、蓝为主。清王朝统治期间,强迫人们留满头,穿满服。但直至民国年间,除官宦之人外,多数农民只留满头,而衣着仍沿袭了传统的服饰。

官宦头戴红缨帽,分两种:冬季为暖帽,用黑呢绒制成两寸高的帽檐,顶用红缎,中心披红缨,上有不同品级、不同原料制成的珠形顶带;夏秋为凉帽,形如南方人戴的斗笠,也有顶和红缨。身穿补褂或长袍马褂,脚穿皂靴。其便服有单衣、单裤、棉袄、棉裤,有衬帽、风帽等。

百姓男服红缨帽,只能在结婚时戴一次,且是最低级的铜顶帽。平时即冬穿棉袄(俗名小袄)、棉裤(另接有白布腰,可前后穿,扎裤腰带),腰系蓝或黑色布腰带,头戴毡帽,脚穿白布棉袜,两片帮棉鞋。春秋穿夹衣(俗名小夹袄,两层布做成)、夹裤,多为蓝或黑色,有些老年人为防寒,还在外边穿一条套裤（棉制品或皮制品），两条裤腿不连，没有裤腰和裤裆，裤腿前长至大腿根，后长至膝腕处，各缀三条带子系于裤腰上。夏季上身穿白单衣（俗名小布衫），下身多为蓝单裤，如天气太热，上身穿白布领褂或只戴个兜肚，脚穿白布袜、黑布尖口鞋，如下地劳动就穿用麻绳纳成的千层底鞋，有的还将鞋帮也用线纳一半。

1905年的当地人

百姓女服平时一般为冬穿袄（大襟右衽）、裙，春秋为夹袄（大襟右衽）、裙；夏为单衣（大襟右衽）、裙。中老年妇女衣服颜色多为蓝、黑或古铜色，裙子多无花；青年妇女衣服颜色多为红、绿、粉色，裙子多有花，一般都戴耳环、银手镯、银戒指。上身内戴绣花兜肚，不外露。全部缠足，愈小愈好。青年妇女多穿绣花鞋，中老年妇女一般穿黑鞋。

小孩服饰与成人大致相同，只是在婴幼儿时期穿开裆裤、兜肚连袜裤，色泽艳丽，还有的孩子为了好抚养，从小全身穿红装，直到13岁；冬季，头戴虎头帽，夏季戴凉帽；有一些孩子在生日喜庆时，戴银项圈，女孩还要戴手镯、穿耳孔、戴耳坠；在穿鞋方面，男女小时候都一样，虎头鞋、"福"字鞋、蛤蟆鞋等，六七岁以后，男孩穿黑鞋，女孩穿绣花鞋。

辛亥革命后，服饰大有改变。

男礼服冬、春为长袍马褂，头戴礼帽，夏、秋着长衫或大夹褂，外可再套夹马褂或夹领褂，袜子为白布做的，少数人穿针织袜子或用毛线绾的毛袜，黑布尖口鞋，头戴草帽（有软、硬两种，形如礼帽）。

男便服与清末服饰基本相同。只是上衣安了领，且有了插手口袋；青年人穿对襟衣服，缀有自己绾的扣门、扣疙瘩，有的直接开扣门，改扣疙瘩为扁圆形、中间有2—4个小孔的扣子，又叫骨头扣。

外出上学的学生,头戴操帽(兵帽),身穿学生服(制服)。

女服变化不大。只是上衣有领,逐渐变短,裤管逐渐放宽。最显著的变化是"放足"。通过宣传发动,甚至强制执行,除中老年人因受封建思想影响,一则已形成习惯,二则心有余悸,不愿放脚外,青年妇女大都放了脚(当时叫"解放脚"),穿布袜(或针织袜、毛袜)、尖口绣花鞋。

小孩衣服变化不大,只是在针功、衣料上比以前更加华丽美观。

抗日战争、解放战争时期,男子为适应战争环境,渐无人穿长袍马褂,青年人大都穿八路军制服,戴没有帽徽的八路军帽或红军帽,穿圆口或尖口黑布鞋,一副军人打扮。青年妇女除一部分和男人着服一样外,大都穿合体大方的大襟(右衽)衣服或对襟衣服,不缠足,穿圆口或方口的一片帮鞋,不绣花。

新中国成立后的服饰,布料大都是毕几、卡其、华达呢、毛料、灯芯绒、平绒等;除棉袄、棉裤没有大的改变外,背心、汗衫、秋衣、绒衣、绒裤等基本普及,有的人还穿上了毛衣、毛裤。男穿西式裤、中山装,象征革命队伍纪律严明。女穿西式裤、列宁装,表示向往苏维埃,热爱社会主义。冬季男女都爱穿比棉衣稍大一些的翻毛领蓝色或黑色大衣,个别人还戴手表。幼童大都穿连体衣裤,冬季外出披斗篷。

"文化大革命"时期,衣服比较单调,除中老年人外,男女青年、学生大都穿草绿色解放军衣服(没领章),戴军帽(分单帽或火车头帽,没帽徽或缀个假帽徽),冬季外披军大衣。

1959年本地人合影照

随着改革开放的不断深入,人们的穿着也随之开放,服饰日新月异,不断翻新。男青年西装革履,脖系领带,脚蹬皮鞋或旅游鞋;女青年衣着更是花红柳绿,争芳斗艳。紧身裤、长裙、短裙、超短裙、高跟鞋、高筒靴、长筒袜等屡见不鲜;金项链、金戒指、金耳坠(称"三金")一样不缺;牛仔裤、喇叭裤、休闲服,谁都爱穿;保暖衣、羽绒衣、保暖裤代替了棉衣、棉裤。中老年人也越活越年轻。男的奇装异服,女的大红大绿,也习以为常。儿童服饰更是花样翻新,色彩鲜艳。

二、发型

辽金元明期间,男女留全发。清代强调男人留满发,即剃光头上前半部分头发,将后半部分头发梳成一条辫子垂于脑后。婚后,青年妇女在脑后梳成长髻,戴绣花;中老年妇女在脑后盘成圆头,外套方格黑网。大都插有银簪、钗等首饰。小女孩留全发,可梳两三个辫子;五六岁后,只梳一条辫子垂于脑后。小男孩在后脑勺留一部分头发梳成辫子,囟门前留直径6厘米左右的一片头发,垂于额前,待13岁时,剃去。

清代男子留长辫,女子留长辫。辛亥革命后男性剪长辫,姑娘们扎一小辫,结婚后的妇女盘头绾髻。

新中国成立后,男性大都留偏头或背头;女性有的留齐耳短发,有的仍留一条辫子垂于脑后,也有的分梳两条辫子垂于胸前。

改革开放以来,发型也随之改变。一是染发。老年人把白发染成黑发,青年人把黑发染成黄发,或红、绿、黄杂色头发。二是烫发(妇女烫头最多)。三是发型多样化,总称"新潮发型"。男式发型有光、平头,"前卫式""刘海式"等;女式发型有"中分式""燕尾式""自然式""卷发式"等。

三、食品

荒佃庄一带的人们有着传统的民间饮食文化,这里传统的饮食品种多样。尽管原料都是些米、面、油、醋、盐及花椒等,但做法

20世纪90年代赶大集的本地人

很讲究，刀功不一、下料不同、品味各异，独具特色。

1948年，人们过着"糠菜半年粮"的生活。粮食以玉米面、高粱面为主，辅以各种糁糠、蔬菜及野菜，很难吃到白面和小米粥。20世纪50年代，人们的生活水平基本属温饱。60年代初，国家遇到困难，大锅饭清汤寡水，汤里捞面。60年代中期到70年代中期，冬季为一日两餐。80年代，细粮日渐增多，白面、大米、小米等成为人们的主食。当时的白面制品有三类：水煮类有刀削面、饺子等；锅蒸类有花卷儿、馒头、包子等；油炸烧烤类有油糕、油

2022年赶大集的当地人

条、煎饼、火烧、烙饼等。隔三岔五全家人都要吃豆腐、肉食来改善生活。90年代，人们的生活水平再上新台阶，除主食白面、大米、挂面外，副食的消耗大大增多。一年四季各种新鲜蔬菜随吃随买，鸡蛋、豆腐、粉条、猪肉、啤酒等成为村民日常辅助食品。高粱面等粗粮食品成为村民稀罕的吃食。婚丧、满月、祝寿等宴席上的食品种类由原来的四盘四碟、八碗八碟等上升到十二冷盘十二热盘等。进入21世纪后，还有富有者购买进口腰果、韩国豆、人参果等，使宴席更加丰盛靓丽。

近年来，村民的吃食逐渐高档升级，烟酒也发生了很大的变化。过去抽的是自种的烟叶或从外地贩回的烟丝。其烟袋多为铁、铜、锡材质，常挂在脖子上。20世纪50年代到70年代，人们所抽香烟的品牌为黄金叶、哈德门等。如今为红河、云烟、红塔山、中华等。酒也由低档上了高档。汾酒、五粮液等也进入百姓家，上了家庭宴。

本地风味面食常见有煎饼、擀面、拉面。煎饼，用高粱面、玉米面、白面和水搅匀，通过发酵调成糊状，灶火放鏊子（一种摊面食的器具，铁制，平圆，

中间稍凸起),鏊子被烧到一定火候,搽油舀糊放鏊子上,用厨铲摊匀成圆形,焙熟即成。擀面,把和好的硬面用擀面杖擀成薄薄的面皮,用刀切成条状,放入锅里煮熟便成。拉面,用温水和白面调成较稀的面团,放面案上擀匀,切成圆条形,再一条条用手拉成细细的面条放到锅里煮熟。

四、民居

新中国成立前,荒佃庄多数村民居室简陋不堪,一般房屋地基石很少或无地基石,拦腰砖通常不到一米,屋墙全用泥坯砌成。屋内都垒有火炕,火炕通灶火,冬季可就灶做饭,并取暖。少数富有者的房屋墙上裱砖,院内地面也铺砖。宅院布局有三合院、四合院等。20世纪五六十年代有极少数村民建房用裱砖。70年代房屋的建筑质量提高,大多使用裱砖。80年代,建房从下到上、墙里墙外通体用砖砌,大梁、二梁、椽子等都很考究。裱砖、土坯房基本根绝。新建的屋宅一般都用石砸地基灌砂白灰,外勾水泥。地面装潢有水泥压面、水磨石面、地板革、彩砖等,墙外面则多用水泥、瓷砖贴面。90年代村民的新建屋宅美观讲究,呈多格式的房间结构。室外一律用瓷贴墙面。近年来,村民的居室逐步向城市化过渡。

五、行旅

民国以前人们行旅以步行为主。富裕户探亲访友乘马车。人们运载货物,用肩挑或手推独木车。民国初年荒佃庄一带始有自行车,但直到20世纪五六十年代,自行车尚少。80年代,村民家家都有自行车,少则一辆,多则三四辆,自行车成为村民的主要交通工具之一。80年代中期以后,汽车等陆续被购进村里。如今结婚用"豪华轿车",出门"打的"成为普遍现象,人们出行非常方便,外出旅游成为时尚,有的人还踏出了国门。

六、用具

民国时期的家具以大板红漆箱、平面柜等为主,富有者雕花镂兽,样样齐全,多数人只简单做一两件而已。20世纪50年代至70年代制作的家具有平柜、沙发、炕箱、立柜等。80年代有双人床、平柜、大衣柜、梳妆台、写字台等。90年代有立体组合柜、转角沙发、双人床等。如今,村民的家庭摆设与城市居民的没有两样,许多家庭甚至花巨资进行室内装潢,集厨房、餐厅、客厅、阳台、厕所、浴室、卧室于一体,新颖别致,不但实用,还美观大方,村民的室内摆设发生了根本性的变化。

岁时节日习俗

荒佃庄一带的岁时节日,是在人们的社会生活中约定俗成的,不仅记载着这里的祖先对自然规律的认识与把握,也显现出这里在各个不同的历史时期的社会经济、科技等发展的水平,同时,也反映了这里的民众张弛有度、应时而作的自然生活节律。

腊月二十三为送神节。传说腊月二十三是灶王爷和众神回天宫之日,人们多设供祭祀,为众神送行。这种祭礼在村内一直被奉行,且较为慎重。入夜后,各家把白馒头、水果等供品摆于祖先牌位、天地、门神、土神前,点蜡上香,酬送众神。后院三日内忌泼脏水,民间流传说灶神"嘴臭",如灶神三天内还未到达天宫就发现有人泼污水,会认为这是对他不敬而勃然大怒,并在玉帝面前添油加醋,胡说一通,玉帝若听信了,必降祸于人间。故祭祀后,村民常用面糊住灶神的嘴巴,并给灶神贴上写着"上天言好事,回宫降吉祥"的春联。如今,此节日已渐渐被人们遗忘。

农历正月初一为春节,又称"大年",是人们最隆重的传统节日。凌晨零点,鞭炮齐放。家家门前挂着大红灯笼、彩灯,门上贴着春联,男女老少皆穿新衣,见面互道吉利话。早上摆祭品,上香焚箔、祭奠祖先后,一家人团聚吃团圆饺子。饺子里包有硬币,吃出硬币者在新的一年会交好运。这一天,晚辈须向长辈拜年、问候、道吉祥,长辈赏压岁钱给后辈。青年人组织拔河、跳绳、赛跑、打篮球、打乒乓球等活动。正月初一妇女忌一切针线活。荒佃庄一带历代口耳相传的《过年歌》:"大年二十一,接闺女;大年二十二,送宝贝儿;大年二十三,祭灶的天;大年二十四,扫房的日;大年二十五,拉豆腐;大年二十六,砍年肉;大年二十七,宰年鸡;大年二十八,贴门花;大年二十九,糊香斗;三十儿,耗油儿;初一,磕头儿;初二,吊猴儿。"

正月初五也称"破五"。这一天要清扫院内外的角落,中午要吃蒸饺,寓意"蒸穷气,迎富裕"。

正月十五为元宵节。这一天,人们会组织秧歌队、锣鼓等活动。

添仓,即往家中添粮食财物之意。正月二十为小添仓,人们要用玉米、豆面等五谷面蒸馍。正月二十五为老添仓,晚上要摆水果、五谷饽饽等供品,焚香拜祭。

农历二月二是龙抬头的日子。传说这一日地上修炼多年的龙会脱掉一身的龙鳞,脱胎换骨直升上九天云霄。这一日,人们有吃千层饼、理发的习俗。

清明节,为传统的扫墓节。旧时,儿孙须带饽饽、香、酒、烟、锡箔、铁锹、纸钱、纸扎等给祖先上坟。纸钱要压于坟顶,饽饽要在天门、地门各摆一个,冥币、纸扎等要在中午十二点以前拜跪于坟前焚烧。用铁锹给坟添土,寓意是年年填新土,辈辈守相思。寻不到坟址或路途不便者,要在焚烧的冥物上写上死者的姓名、住址,一边祷告一边于野外大路旁焚烧。如今,荒佃庄的人在清明节一般不烧纸钱,只是买纸花插在坟头,以表达对逝者的思念。

农历五月初五为端午节。这一天被人们认为是不吉利的日子。旧时,家家户户门上贴门神、插艾蒿(又名驱瘟草),贴圆形或条形的五色彩纸,俗称避瘟纸。儿童手腕上缠五色线,眉间、鼻孔、耳孔点画五色线圈。凡此种种,意在除邪避难。早上,孩子们要给老人焚香磕头,家家给"磕头钱"。进入21世纪后,已经不讲究磕头了,长辈给晚辈的钱数也视家庭条件而定。

祝寿习俗

祝寿,俗称"过生日""做寿"。做寿的起始年龄有着严格的限定,到了60岁才可以开始做寿,有祝"六十大寿"之说。一般来说,人在60岁之前不举行任何庆生、做寿活动。六十大寿做过之后,只有在66岁生日时,方有隆重庆寿之举,取"六六大顺"之吉兆。

60岁做寿之日,在门上贴贺联,在屋中央悬挂大"寿"字或老寿星画像,两边挂"福如东海长流水,寿比南山不老松"之类的寿联。祝寿者随带的寿礼有寿面、寿果、寿衣、寿酒、寿烟等,此习俗曾在20世纪五六十年代时废止,后又在20世纪90年代复萌。

亲友祝寿送礼比较讲究,礼品必为面条、花生等,面条谓之"长寿面",花生谓之"长寿果",其余礼品不拘。已嫁闺女特别重视为父母庆寿。乡谚有:"六十六,闺女送一刀肉。七十三,送条鲤鱼猛一蹿。"因为有"七十三、八十四,阎王不请自己去"的说法,意即七十三、八十四是个"坎儿",老人在七十三、八十四这两个岁数时容易故去,闺女送条鲤鱼猛一蹿,就把这个"坎儿"迈过去了,以后就可以健康长寿了。

拜寿的程序是寿星拜天地祖宗后,再接受亲戚或晚辈的礼拜。入席后,老人先吃一口,然后大家开席。20世纪八九十年代后,人们已不再习守陈规,繁文缛节大都简化,儿孙只鞠躬,不用下跪,道声祝福即可。

新旧婚嫁习俗

自古以来,男子娶妻,女子嫁人,怕是每家每户的头等大事了。在荒佃庄,每有男子长到18岁,甚至更早,父母便开始省吃俭用,为家里的男孩攒钱娶媳妇。对于一些家境稍差的人家,为孩子攒钱娶媳妇的重任几乎在男孩呱呱落地那一刻就稳稳地担在了父母的肩上。

如今,在荒佃庄一带,随着现代农业、工业等的发展,人们的生活水平得到了极大改善,加之其他诸多社会因素的影响,老百姓的结婚习俗也较之前发生了很大变化,然而不管怎么变化,宗旨只有一个,便是创造各种条件,圆圆满满为孩子们办完婚姻大事,为他们之后和美幸福的生活作好铺垫。

一、认门

多年前,荒佃庄一带的人择偶主要以媒人介绍为主,自由恋爱的极少。那时候的男女双方经过一定时间的交流后,若双方情投意合,就正式确定恋爱关系。之后,在订婚之前,女方通常会先到男方家看看,俗称"踢门槛""相门户"或"认门"。这一天,应男方邀请,女方父母及其婶子、妗子等女性亲属到男方家做客,"考察"男方的家庭环境、家风家教、父母的品性、生活习惯等各个方面。男方为了给女方留下好的第一印象,要早早打扫庭前屋内的卫生,把里里外外布置规整,穿上齐整的衣服,精心准备招待客人的宴席。在接待女方亲属时,也要礼貌客气,耐心周到。会面时,双方父母各自介绍孩子的特点,一般谦虚低调,以表达对对方的尊重。宴席过后,女方一般不多作逗留,稍事休息后便返回。临行前,男方父母为表示对女方的满意,一般会给未来儿媳一笔钱。20世纪末,在荒佃庄一带,多数为一二百元。

二、订婚

相门户后即是订婚仪式,这一天,男方家要摆酒席招待女方及其父母和媒人,同时请来自家的亲友作陪。在男方家摆宴席,邀请亲朋好友,一般需要七八桌。席间,女方要给男方的长辈及亲友敬酒,而宴席散后,长辈、亲友要给女方钱物作为见面礼。这种礼是象征性的,可多可少。20世纪80年代中期至90年代,订婚时,男方父母给未来儿媳礼金199元,并给五彩线,后来又演变成给毛线。20世纪90年代中后期,礼金数额不断增加,大多为999元、1999元。生活富裕或讲究面子的男方家,通常还要给女方买首饰等物件。

三、押婚

20世纪80年代中期至90年代,经过一定时间的感情交流后,男女双方可正式确定婚姻关系,由双方家长出面互相赠送纪念品,有钱的人家还另给女方现款(多少不限),称之为押婚。婚礼前,男方要给女方聘礼,视男方家境而定,一般为500元至1000元不等。90年代后,聘礼的数额增加到1000元至2000元。90年代中后期,聘礼的数额增加到8000元至1.2万元。

四、过彩礼

所谓过彩礼,指的是男方父母为儿子结婚时所准备的物品等。结婚前,女方通过介绍人索要彩礼。在20世纪80年代,流行的是男方要准备"四大件",即手表、自行车、缝纫机、收音机;20世纪90年代,"四大件"成了电视机、冰箱、洗衣机和摩托车,即所谓的"三电一踹,金银首饰全身戴"。有的人家还送组合音响、照相机、高档穿戴,甚至还给女方一定数额的现金。到21世纪初,"四大件"变成了"两大件",即房子和汽车。

2020年前后,荒佃庄一带的青年们的择偶方式已从以媒人介绍为主变成了以自由恋爱为主。多数人家已取消了订婚、押婚等繁杂的程序,只留下了男女双方确定恋爱关系后的认门这一环节。认门时招待女方客人的宴席,很多都安排在当地比较有名的饭店,以留出更多的时间,让双方家庭深度沟通、快速建立感情。认门时男方给女方的现金,以2000元、3000元居多,个别条件好的也有5000元和1万元的。

认门后到结婚的这一段时间,男方要为女方过端午节、中秋节、春节等,就是邀请女孩到家里做客,并每次给女方500元至1000元的现金,让女孩买些喜欢的东西,以示对女方的尊重和喜欢。

2020年前后,在荒佃庄一带,结婚的彩礼一般在10万元左右,具体到某个村庄时,也会有所差异。比如在荒佃庄村,多数是10万元,而在南小营村,则多数是8万元。除此之外,男方还要负责准备婚房。随着城乡差距的不断减小,如今,荒佃庄一带的婚房几乎都是城里的楼房,其中,在昌黎县城购置楼房的约有80%,在秦皇岛市购置楼房的约有20%,婚房面积多以80平方米、90平方米的居多。女方的陪嫁一般在10万元左右,有的给现金,有的买车,有的负责新楼房的装修等,条件好点的,陪嫁会更多些。

五、婚前体检与结婚证的领取

所谓婚前体检,是指符合结婚条件的青年男女在举行婚礼前到医院做婚前身体检查。婚前体检是必要的,也是非常有益的。青年男女领到结婚证后,习惯拍结婚照以示纪念。拍结婚照时,男的穿西装,女的穿婚纱。随着时代的发展及人们生活水平的不断提高,如今,荒佃庄一带青年男女的结婚照风格也多种多样,比如传统中国风、日式小清新、韩式唯美风、青春学员风、欧式宫廷风等,新人可以根据自己的喜好决定拍摄哪种风格。婚纱照的费用一般在几千到1万元之间。

六、婚礼

现代婚礼与过去相比,虽然有了很大变化,但依然包含着许多旧时的婚姻观念和礼俗。结婚通常指男方对新娘的迎娶。20世纪80年代以后,人们结婚又开始讲究从数字上求吉利,如8或6,特别是18这一天,更是许多人选择结婚的时间,因为18的谐音是"要发"。到21世纪初,结婚时,农村绝大多数还是选择良辰吉日,同时也是在农闲时节;在岗的职工干部大多选择节假日。娶亲前一天,男方要在房顶上用高音喇叭放秧歌曲,为"吹门"。院门、房门、室门要张贴喜字和对联。

结婚这天,男方继续放秧歌曲或流行歌曲,以渲染气氛。一般都由男方租赁或借用轿车,并由新郎押车到新娘家接新娘子,俗称"接新亲"。2020年前后,接亲车一般为霸道、奔驰、奥迪等。在荒佃庄一带,接亲车主要有两种组合方式,一种是一辆奔驰花车带队,后面跟着奥迪,寓意为"奔你而来,环环相扣";一种是路虎带队,奔驰在后,寓意为"霸气无敌"。接亲婚车的数量,不包括录像车在内,一般是8辆或10辆,条件好点的12辆,差点的则6辆。上午9点至10点,男方带着"四彩礼"(鱼、肉、酒、糖,其中酒两瓶、鱼两条、糖两袋、肉6斤6两)、童男童女和嫂子、妗子等去接亲。在荒佃庄一带流传着一个说法,就是"姨不娶,姑不送",意思是姨不能去娶亲,姑不能去送亲,因为姨与"一"谐音,而"一"为单数,寓意不好,姑与"孤"谐音。嫂子和妗子都是男性直系亲属的媳妇,寓意为"生个大胖小子"。到女方家后,新郎要为新娘父母戴花、改口(此时女方父母要给新郎改口钱,2020年前后,改口钱为10001元,八九年前为1001元,再之前是101元),要为新娘穿鞋,然后新郎把新娘抱上车,驶向举行婚礼的地方。新娘大多穿婚纱,胸前放一小镜(意为照妖镜)和压兜钱。同时,女方要给娶亲的童男童女每人各100元至200元,有的给每个到女方家娶亲的人100元至200元。

之前,新娘家送亲的亲戚数量一般为8至12个(必须是双数),拿着"四彩礼"（鱼、干豆腐、粉条、葱）送亲，途中，如遇其他迎亲者，则互相扔顶针。2020年前后，送亲人数已不再限制，女方家亲属只要想去的，都可以去。婚前事先和新郎商量好，预备出酒席的数量。男方需要给送亲的人红包，有的只给孩子，挂门帘、抱镜子的孩子300元至500元，其他孩子每人100元至200元。有的则是按家，每家各几百元。只要双方事先商量好就行，倒是没有什么硬性的规定。

  整个婚礼过程中，均有摄影师、录像师跟随拍摄。到达目的地时，立刻鞭炮齐鸣，迎接新人的到来。21世纪初，时兴在举行婚庆的场所悬挂大红横幅，上面写"某某先生、某某小姐结婚典礼"。新娘随新郎同坐一车来到婆家或指定饭店门前时，婚礼进入高潮，放过鞭炮后，新娘下车，有人喷彩带，新郎和新娘到结婚典礼厅（室），举行结婚仪式。典礼厅由司仪主持婚礼程序，证婚人证婚，双方长辈简短发言，新郎、新娘喝交杯酒。之后，鼓乐喧天，宣布礼成。有些有钱人家还聘请歌舞乐队表演喜庆节目。在荒佃庄一带，结婚的酒席每桌的价格为500元左右；条件好点的每桌酒席的价格为700元至1000元不等。酒席上一般共20道菜或22道菜，其中凉菜6个或者8个，热菜10个，碗（片肉、鱼、鸡、小肘）4个。凡参加婚礼的亲朋好友都要上礼，很多亲属或乡邻都事先上了礼，也有在婚宴当天到接礼处上礼的，由专人执笔，在礼仪单上一一登记姓名、上礼款数。随着人们生活水平的不断提高，礼金也是逐年提高。2000年以前，一般在20元至50元，个别有百元以上的；2020年前后，一般乡邻都在100元至200元，关系稍微好点的数目会更多。在宴席中，男方亲戚也入席。新郎新娘及其父母在司仪陪同下逐桌敬酒，表示感谢。酒席毕，男方家人送新娘家人回家时，给女方父母带回"四彩礼"，熟猪肉（8斤8两）、一

农村婚礼仪式

袋大米、粉条和酒。

闹洞房是最活跃的内容,所以有"新婚三天没大小"的俗语。结婚当天晚上,新娘与新郎家人、朋友聚在一起吃饺子、饮酒、闹洞房。新郎的小辈、朋友,有的请他们讲恋爱过程,有的用线拴一个苹果,提高了让新郎、新娘背手对着咬等。有的新娘为了躲避,早早地去朋友家。闹毕,新娘要包饺子(7个或9个),切面条,煮熟后与新郎一起吃。睡前,由童男童女为新人铺炕,新郎、新娘吃红枣、花生、桂圆、栗子,含"早生贵子"之意。

七、回门

新郎在结婚后陪新娘回娘家,俗称"回门"。早先,荒佃庄一带的回门是有时间要求的,比如结婚的第二天或第三天。2020年前后,回门的时间已没有要求,男女双方互相协商,怎么方便怎么来。回门当天,新郎要为岳父岳母带酒、点心等礼品,还要给今后想继续走动的女方亲属家带礼品,一般是一包点心和两瓶酒。凡是在新娘结婚时送给过钱和物(俗称"添箱")的,都要请来参加回门宴席。晚上,要留新郎在家住宿,次日早餐后,新娘的父母再把新郎与女儿送走,俗称"送闺女"。

过去与现在的丧葬习俗

20世纪三四十年代以前，荒佃庄一带广泛流行大办俗称"发送"的丧事习俗。当时，大户人家无一例外，有些小户就算借债也要大操大办。其规模按"七"数来定，停灵七天为一"七"，大多人家是一至三"七"，有的人家甚至长达七"七"。一家有丧事，全村人都来帮忙，俗称"落忙"。因事主沉浸于悲痛之中，大事小情均由杠棚铺和"落忙"人具体操办。

按旧习俗，上有老人的丧事，一般都不宜大操大办。停灵一"七"，聘请专门承办丧事的杠棚铺来筹划安排和指挥。在院子里搭扎灵棚，以停放灵柩、吊唁和举行丧礼。灵棚庄严肃穆，五脊飞檐开有天窗，灵棚四周有用黑、白布做的花球装饰，两侧挂有挽联。棚内两边摆放有杠棚铺提供的金童玉女、金斗银斗、聚宝盆、发财树等纸扎品。在大门外搭两座乐棚，聘请两套吹鼓班子，轮流吹奏哀乐，超度亡魂。在院里搭席棚、锅灶，以便做饭菜款待前来吊唁的亲友宾客和各类聘请的人员，以及本村的"落忙"人。老人病危时，请木匠铺做"四五六"（即棺材板木底厚4寸、帮厚5寸、盖厚6寸）的松木大漆棺材。大门上挂白纱祭帐，房门上贴白纸对联。女"落忙"人，剪叠大量冥钱，即用冥纸剪成纸钱状，用金色和银色的纸箔叠成元宝形，并用线串成串儿，统称为阴锭；缝裁孝衫、孝帽、孝鞋。孝男孝女们全都穿上孝服，腰系孝带,男戴孝帽,女戴包头。凡是家族内和逝者至亲好友的晚辈们,每人都腰系白布孝带。

按照本地的习俗,待遗体整完容、穿好寿衣后,在其袖口内放入点心并扎紧袖口,在其口中放入铜钱,移到堂屋的专用床上,叫"停床",并在其脚下点一盏长明灯,为亡者"照路"。要有人轮流看守,不能让猫狗接近遗体,以防"诈尸"。等逝者的娘家人或其他直系亲戚做完最后的告别后,择吉日"入殓"。

从"停床"开始,孝男孝女们每天早晚到村头土地庙"送纸"两次,男女分别去送,来去都是边走边哭。孝男们回来后,孝女们再去。

入殓仪式更为隆重肃穆,将棺材抬入灵棚里,孝男孝女们将遗体抬入棺内,盖上寿被,撒上五谷杂粮。然后,孝男孝女们全都跪在灵柩前,由棺材铺来的人盖棺盖,钉棺钉。棺钉不能用铁钉,而是在四个角上事先凿好凹槽,用梯形木楔,钉牢棺盖。钉完棺盖后,焚香,烧纸,叩头,读祭文。一般人家办丧事,都请学堂的先生或其他有文化的人写和读祭文。逝者的祭文可由其儿子自己起草,并由其朗读。祭文的内容,主要是叙述逝者一生的艰辛和苦难。

读完祭文后,孝男孝女们跪在"灵柩"前的左右两侧,跪迎前来吊孝的亲友和乡亲们。入殓仪式一开始,两班吹鼓手就在门外站成相对两列,用喇叭吹奏哀乐。吊孝的人都是手拎一挂阴锭,一进大门就号啕大哭,大号喇叭高声配合,再加上灵堂里孝男孝女们的一片哭声,形成了一种撕心裂肺的哀悼气氛。待吊孝者到达灵柩前焚香烧纸跪拜时,哭声乃止,哀乐转入低沉。

从入殓起,乐棚里的哀乐就昼夜不停,白天用大喇叭吹奏,晚上"坐夜",用小唢呐、管子和笙等乐器吹奏戏曲,以送亡魂上"望乡台",过"奈何桥"。有请两个吹鼓班子的,两个班子轮流吹奏,相互竞技,每晚都有众多的本村乡亲和外村人来听他们吹奏,欣赏和评论他们的吹技。吹鼓手中若有当时远近闻名的"扁榔头"和"天下第一吹",则会更加引起人们的兴趣和热议。各门两侧和搭建的乐棚、席棚里挂着用白纸糊成、点着白蜡的大灯笼,彻夜通明,听坐夜的乡亲们,或坐或站挤满大棚。

出殡的前一晚上举行"送行"仪式,其含义是将逝者的灵魂送到西天,去拜见"瑶池圣母"。送行的队伍浩浩荡荡,用火把引路,火把用麻秆和陈旧秫秸捆绑而成,由两人各执一把,两把相对,合在一起,边走边烧。旁边跟着数名扛火把捆的人,以便火把不断接续燃烧。后面跟着高举纸扎品的队伍,除灵棚内摆放的金童玉女、金斗银斗、聚宝盆、发财树外,还有牛、马、猪、羊、车、轿、车夫、轿夫等纸扎品,以及幡幔、挽联等。接着是步行的孝男队伍和坐在车上的孝女们,他们依然是边走边哭。最后是吹鼓手们,边走边奏哀乐。队伍走到村外的十字路口空地上,将纸扎品堆在一起,摆上祭桌和祭品,孝男孝女们面对西方跪拜,用火把点燃纸扎品,同时燃放鞭炮,高声吹奏哀乐。待纸扎品全部化成灰烬后,送行仪式结束。

第七天早晨进行丧礼的最后一个仪式——出殡。出殡是将灵柩抬到墓地安葬。当时庄里规格较高的出殡仪式,采用的是32人抬的大杠。出殡前,先由众多的落忙人,从杠棚铺将大杠的组件运到大门口,在杠棚铺人的指挥下将大杠组装好,抬杠人各就各位站立等待。然后,由其他落忙人将棺材从灵棚里抬出大门,安放在大杠的基座上,罩上彩绘的布质棺罩。由阴阳先生选定吉时起灵,起灵前,孝男孝女们将逝者生前用过的枕头点燃焚烧,杠棚铺的人高喊"起灵了",抬杠人将扁担扛在肩上徐步前行,长子高举灵幡带领众孝男孝女们走在最前面,边走边哭,后面是送葬的亲友。大杠后是几辆大车,坐着送葬的女性亲友,吹鼓班子走在最后,用大号喇叭吹奏哀乐,队伍两侧是边走边燃放鞭炮的落忙人。出殡队伍走到村外后,抬杠人歇肩,但大杠不落地,而是用一根专用的顶棍顶着。至亲好友迎面摆上供桌和供品举行路祭,孝男孝女们闪在道路两侧陪祭。路祭后,孝女们登上后面的大车,孝男们仍在前面步行,哭声停止,但乐队和鞭炮等响声不停。到达墓地后,落忙人早就将墓坑挖好,阴阳先生进行检查认定,随后取下棺罩,用几根专用的大粗绳,称为"龙杠",从棺材底下穿过,众人手拽大绳,从大杠基座上将棺材兜住抬入墓坑内,阴阳先生将罗盘放在棺盖上,校正好角度和水平后,再把绳子抽出。长子铲入第一锨土,然后众人开始掩埋,堆成一个凸起的坟包,将灵幡插在坟包上。摆上供桌、供品,焚香烧纸,孝子们跪拜叩首。同时,乐队奏乐,鞭炮齐鸣,进行入土为安的祭奠仪式。至此,七天的丧事圆满结束。

后来抗日政府认为,当时流行的丧葬习俗是封建迷信活动,提倡移风易俗,简办丧事。从此以后,再也没有人家大办丧事了。

20世纪80年代以后,扎纸人、纸马的习惯发生变化,开始改扎现代的生活用品,如扎电视机、冰箱、洗衣机等,还有的扎大件,如汽车、飞机等物。

到21世纪初,家里有人去世后请人吹喇叭的越来越少,多是摆一台录音机,放录音带奏哀乐,这样既省钱又省事。人去世后以火化为主。在家里或殡仪馆举行完遗体告别仪式(即追悼会)后,则会送遗体去火化。城镇居民,特别是职工干部,有相当一部分人的骨灰盒被送到民政局开辟的公墓场埋葬;农村则将骨灰盒埋到本村的义地,也有的在遗体火化后将骨灰寄放在殡仪馆,还有的将骨灰埋掉,打成墓。打墓很讲究,有用水泥的,也有用石砌的。墓打好后再在墓前竖上一块墓碑,碑上刻上死者的名字和生卒年月等。

庙　　会

　　小时候,在我的心目中,庙会的热闹和隆重程度堪比过年。所以,在我的印象里,我们村每年可以过三个"春节",一个是真正的春节,其余两个分别是农历二月十九和六月二十四的庙会。

　　长大之后,我才知道每个村庄的庙会均是有来历的。庙会一般都和村里所建的庙有关,比如财神庙会、观音庙会、龙王庙会、天王庙会、关老爷庙会等,这些庙会都寄托着祭祀祈福等美好的夙愿。那些被我们小孩所看重的外在的热闹和吃喝,在庙会建立之初,是被剔除的。那些热闹的形式的核心,其实是虔诚的目光和笃定的心。时光无声地流淌,随着庙宇在历史中被尘封,很多庙会如被时光翻过的书页,渐渐积压在岁月中了无踪影,只有极少数被沿袭和保存了下来,并被现代化的生活大潮演绎得越发丰富、鲜活。

　　时常想起小时候老家农历六月二十四的庙会。六月二十四的庙会是财神庙会,俗称"馇馇节"。我小时候,那一天家家户户的主食都是豆馇馇,一大早,家里的主妇们就拿出面袋子发面,中午蒸一大堆豆馇馇,除了中午吃,还要给来访的亲朋好友带一些回去。随着生活水平的不断提高,豆馇馇已不是什么稀罕物品,而且正值酷暑,做起来费事,吃起来也没什么胃口,大家就用米饭取而代之,而把更多的财力和精力用在准备中午的美味菜肴上。

乡村的节日,是属于大人的,更是属于孩子们的。庙会前一天晚上,那些期待的亲朋好友,商贩售卖的风车、口哨、零食等已经在我的梦里和我见过一面了。那一晚的睡梦格外香甜,总有咯咯的笑声从我喉咙里发出来。第二天一大早,无论多么赖床的小孩都会早早起来,他们攥着爹妈给的几毛零钱,迈开的双腿如飞起来的风火轮,朝着大队中心那个热闹的庙会奔去。

沉睡的村庄被欢腾的孩子们叫醒了,紧接着醒来并且立即融入节日氛围的,是村中心的大槐树及附近的街巷,是小学后面的墙外大操场,然后是与它们相连的街巷,与那些街巷相连的街巷,还有那些被它们响亮的声音深深感染了的树木、柴垛……

村中心的主街,以及由它滋生出去的小巷子,成了一个丰富的集市。主街是贯穿邻村的柏油路,南北走向,路边主要售卖各种水果,香蕉、西瓜、梨、大棚里早熟的葡萄等应有尽有。拜访的客人从这家选个大西瓜,再从那家选盘香蕉,摊主个个笑脸相迎,耐心周到。主街中间及小巷的两侧,主要售卖各种蔬菜及副食品。散发着诱人香味的熟食被主人精心地摆放在洁净的玻璃方罩下,猪头肉、猪肝、猪心、猪耳朵、灌肠、牙签肉、鸡脖等,这些平日里需要从两公里之外的乡镇或是集市上才能买到的东西,如今可以轻而易举地成为村民餐桌上的佳肴。主街南面的鲜鱼卖场在那一天生意格外兴隆。主人买新鲜的鱼招待客人,客人买新鲜的鱼拜访主人,一时间,提溜着装鱼的塑料袋的人随处可见,鱼在塑料袋里活蹦乱跳,水花四溅。时不时就会有卖菜的商贩提醒买菜的人小心塑料袋里的鱼跑了,接下来就有忙着逮鱼的脚步和声响。

主街是大人们去的地方,孩子们才不关心这里呢。那时,他们正三五一群地在主街东侧的大槐树周围游逛呢。此刻,兜里揣着的零钱让他们有了更多的底气,他们个个神气活现,游走在不同的杂货摊点前,随心所欲地在自己喜欢的东西前逗留、摆弄,甚至将它们买下。冰激凌吃完了,来个棉花糖,棉花糖没有了,来袋奶油饼干。美食助长了享乐的欲望,不妨狠狠心,从衣兜底摸出一张卷巴着的一毛大钞,钻过围堵的人群来套圈处碰碰运气,不料十个套圈抛出后却收获空空,一边遗憾地对着喜爱的毛绒小熊悄声叹息,一边手忍不住又到装着卷巴零钱的衣兜里摸索。一番激烈的思想斗争之后,从拥挤的人群中钻出,调转方向,一溜小跑地向着小学操场上的秧歌场子去了。

而这时,小学的操场早已人山人海。圆圆的秧歌场子早已被围得水泄不通。不断有小孩挤过人群围到场子边上,不断有维持秩序的村干部在场子里清场。围观人群的最里层一般是年长的老人,女性居多。因为年龄大,家里的待客、做饭任务轮不上她们,所以她们尽管安心地看秧歌,一大早就带着马扎、方凳三五一群地来这里占好地方来了。老了老了,胳膊腿儿不方便,出不了远门看秧歌,好不容易这地道的秧歌扭到了家门口,她们非要从早晨的第一场看到晚上的最后一场不可。一边看一边用手指点着相互议论,这个"妞"扭得稳了,那个"扛"扭得活了,哪排穿什么衣服的"丑"滑稽可笑了……场子秧歌转圈扭,逢上自己喜爱的角扭过来了,就不说话了,眼睛长时间地盯着看,脸上跟着现出或羞或俏的表情,满脸老纹配合着做这样或那样的变化。越瞅这妞越美,越瞅那丑越逗,实在稀罕得受不了,索性敞开嗓子喊起来:"穿红裙的妞扭得好啊,好!"一旁的丑角闻此,马上对着老者瞪眼,作生气状,意思是对骚扰了自己心爱的女人表示不满。哄笑声便以这个老者为中心传开。哄笑声一阵接着一阵。不时有老人挤入秧歌场,伸胳膊、扭腰、踩点起舞。

老人外层是站立的观众群,中青年居多。节日当天,几乎所有的家务和待客任务都落在了他们身上,所以这层观众群很不稳定,会随时更换。上午忙着炖肉、炒菜、蒸馍,偶尔借着买菜、接客的空档来场子看上两眼,然后匆匆离开,只有到了下午,把客人送走,这精彩的秧歌场子才是真正属于他们的。精力旺盛的他们不仅在接客上是一把好手,在精彩纷呈、欢笑不止的秧歌场子上也是一把好手。穿上闺女的红绿大裙,蹬上一双黑布带鞋,拿起彩扇就从不远处扭捏而来了。也有操持着小木棍,抻着舌头,耸着肩膀,大步流星过来的,一过来就和大姑娘、小媳妇逗。大姑娘、小媳妇以彩扇遮面,不时将扇面移开,以挑逗的目光对他们做招蜂引蝶状。彩头又来了,笑声一浪高过一浪。

　　下午的人群越来越密集,来晚了的人们实在经受不住场子里精彩秧歌的引诱,纷纷从家里搬来高凳子踩上去看。推着自行车的老人扶着孙儿踩上后座看。利落的小伙子爬上操场的院墙看。操场附近的房顶、猪圈顶、院墙门上的粗柱子顶上全都站满了人。

　　秧歌越扭越起劲。喇叭越吹越来劲。上了年纪的男的不急着占场子看秧歌,而是急着找地方听喇叭。边看着喇叭手鼓涨的腮帮子边听,边踏着秧歌点儿劲爽的节奏边听,时而闭眼听,时而哼唱着听。一场秧歌将要结束,喇叭声撒欢了,一口气之上,追着,周旋着,挑逗着,就是不沉下来,让你的心旋着,揪着,耳朵却享受着。这时,那帮听喇叭的老爷子们就忍不住了,起身,大声喝彩着鼓掌,叫好,扭秧歌的也跟着节奏猛劲儿地扭。喧腾了好一阵子,真的是玩疯了,也累了,悬着的喇叭声才戛然止住。于是,扭秧歌的瘫在地上喘粗气,喇叭手拿出烟袋卷旱烟,观众趁机把手里的零食塞入嘴里。

　　至今,我对家乡的庙会都情有独钟。小时候喜欢是因为有好吃的、好玩的,长大了还喜欢却没有一个说得清楚的理由。只是每年早早地就翻着日历查看日期,寻思着庙会当日向领导请假的事情,琢磨着该为老家的亲朋好友买些什么东西。与此同时,老家热闹的街巷、拥挤的秧歌场、合不拢嘴的亲人的面孔,开始一遍又一遍地在我的脑海里浮现,甚至搅得我有些不安生。直至庙会那天清晨,我的双脚实实在在地踏上了那条熟悉的柏油小路,我的双耳实实在在地听到了那些热场的锣鼓镲的声音,我悬着的心才落了下来。

　　如今,我已离开老家多年,父亲过世后,母亲随我到小城定居,每逢老家庙会,我再无请假回家的理由,而那一幅幅活色生香的庙会场景图,也成为一帧帧宝贵的艺术品,天长日久,渐渐转换为一股亦淡亦浓的乡愁了。

民间传说

　　这些散发着深沉与古朴气韵的故事,时刻在解读着荒佃庄镇的独特和唯一。一次又一次,在静静的聆听中,思绪插上翅膀,越过时空,从现实追寻到遥远的过去,在沉静的万物中体验灵光四射,内心涌出一种温热的力量,在笃定的归属感中,仿佛对眼前的这片土地有了重新的认识,增加了更多的依赖,拥有了更深的感情,这,对于构筑幸福充实的思想体系有多么重要。

　　走近这些故事,就是走近一段段历史,就是再次浸润在荒佃庄镇的乡土文化中,都是熟悉的方言土语,都是眷恋的风情韵味。小时候,最期待的事情,不就是在夜深人静的时刻,爷爷燃起烟袋锅后,在烟气缭绕中绘声绘色地讲述一个个神奇的故事吗?

　　长大后,我才知道它们拥有一个共同的名称——民间传说。它们有的叙述人物,有的描绘景物,有的解释风俗,但不仅仅是这些,它们更能在不自觉间撩拨出我们对故乡的热爱,让我们发现那条一直藏匿于内心却从未曾意识到的名叫乡土情结的河流。

皇后寨的传说

皇后寨的传说,发生在很早以前。

那时候,滦河东岸有一户人家,三口人,哥哥、嫂子和妹妹。嫂子是个刁滑的人,一点儿也看不上妹妹,常打她骂她。妹妹受了委屈,就偷着跑到爹妈坟前哭。嫂子知道了,挺恼火,就对妹妹起了歹心。

夜里妹妹睡着了,嫂子就偷着解去她的裹脚布。没了裹脚布,妹妹的脚长得又长又大,常被笑话。妹妹长得俊俏,嫂子也有气。一天,哥哥下地去了,嫂子就发起疯来:"懒丫头,还不快给我烧洗脚水去!"妹妹赶忙烧完送去了。嫂子用手沾了一下,说:"水没开,你就送来!"妹妹又急着去烧。水开了,嫂子接过水盆,看也没看,就冲着妹妹大骂:"黑心丫头,你想把我烫死呀!"说完,就朝妹妹头上泼去。妹妹被烫得跌倒在地,顿时起了满头满脸的水泡,疼得直哭。嫂子又从灶膛里抓了几把灰,使劲按在她头上。没过几天,妹妹的头上就生满了秃疮,不多久,满头黑发就全脱光了。

也正是在这一年,皇帝做了个怪梦,他对满朝的文武大臣说:"我梦见了一个红脖鸟,对我说,顺着滦河,过一千一百一十一个村子,有一个村子,村头有个古庙,庙后头有一女子,她头顶瓦盆,脚踩石碑,本是皇后,正等着我去抬。"皇帝说完,一位老文臣说:"帝王是真龙天子,梦境定是苍天感应,想来此乡必有天姿国色。"皇帝听了,挺高兴,就派这个老文臣领着人马去寻。他们走了一村又一村,过了一千一百一十一个村子后,前边果真有个大村庄,老文臣下令把轿停在村口,让吹鼓手奏乐。

村里的老百姓都跑出来瞧热闹。村头这一家的哥嫂都去了,妹妹想去,又担心自个儿长得丑,出不了门。可她稳不住心,就顺手抓起一个瓦盆顶在头上,跑出去了。她不敢到人堆里,就悄悄地走到庙后边,登上石碑瞧起热闹来。

正在留神观望的老文臣一眼就看见了她。妹妹站在庙后,头顶盔,脚踩碑,正合皇帝的梦,于是老文臣就令人请她上轿。老文臣他们回去的路上,坐在一个村口歇着。轻风把轿帘掀开,老文臣一看,顿时惊呆了,皇后头上的瓦盆不见了,满头的黑发像缎子般明亮。又进了一个村子后,老文臣亲自给皇后送茶。当他敬茶时,看了看皇后的脚,不知啥时已变成三寸金莲了。回到国都,皇帝一见皇后美若天仙,乐坏了。

为了纪念这次寻皇后的事,后来人们便把她出生的村庄命名为"皇后寨";把她换头发的村庄叫作"换头轿",后来人们叫顺了口就叫成了"黄土庙";把她换脚的村子命名为"尖角"(尖脚)。在寻皇后的路上,曾隆起过一条南北伏卧的大土龙,直到现在,在皇后寨往北的几个村边上,还有着一些断断续续的土岗。

双阳塔

在昌黎县荒佃庄镇陈青坨村村南,有一座塔,塔高七层。这座塔建于明代,原来是双塔,又因建在朝阳庵内,得名"双阳塔"。据说这两座塔是为纪念一位有名望的老人修的。大约在清光绪二十三年(1897年)前后,西塔倒了,现在就只剩下一个东塔了。

关于双阳塔,当地流传着这样一个传说。

在很久很久以前的一个深夜,狂风大作,电闪雷鸣,大雨下了起来。忽然,从天空中降下两个巨大的黑色物体,发出了震耳欲聋的轰响,顿时风止雨停。

第二天,乡亲们出门一看,只见村东和村西一夜之间各长出了一个大土岗。说来也怪,时间一年一年地过去了,两个本来相距五六公里的土岗逐渐距离越来越近了。乡亲们不知是什么原因,几个老人一商量,想请位风水先生看一看,到底是怎么回事。

这一天,风水先生被请来了,他问了土岗的一些情况,然后围着两个土岗分别转了三圈,说:"不妙!不妙!"乡亲们听后忙问:"先生,为何口称不妙?"

"众位乡亲有所不知,这两个土岗原来是在天执事的一条龙,只因它触犯了天规,玉皇大帝一怒之下,命天兵天将将其斩为两段,抛于此处,变成了两座土岗。"

"为何两岗会向一起移动呢?"

"此龙乃是天上神灵,虽被斩为两段,可灵根未灭,经过几年养息,便渐渐地恢复了元气。据我推测,不到十年,此龙将会首尾合一,乡民必受其害!"

乡亲们听了,一个个又惊又怕。这时人群中走出一位老人,他向先生躬身施了一礼,说:"先生,你能看破其中奥妙,想必定有治它的良策了。"

"只要在两岗之间造宝塔两座,一塔镇首,一塔镇尾,此龙便永世不得翻身,可保万年太平。"于是,乡亲们就推那位老人为首,修造宝塔。

那老人姓赵,是一大户人家的后代,祖上给他留下了不少家产。只因他知书达理,乐行善事,常修桥补路,周贫济穷,乡亲都叫他"赵翁"。他变卖了大部分的家产,备好砖石灰瓦,选了村南的朝阳庵内为塔基,请来了工匠,开始造塔。

整整用了七七四十九天,两座宝塔才造好。因塔建在朝阳庵内,便取名为"双阳塔"。为了纪念赵翁造塔有功,两塔的第二层的正面镶了石牌,石牌上刻上了"赵翁宝塔"四个字。从此,两个土岗就再也没有移动过。

时至今日,西塔已不复存在了,可东塔的方石牌上,"赵翁宝塔"四个字还隐约可辨。

黄土庙古槐

昌黎县荒佃庄镇有个黄土庙村,村里有棵老槐树,它已有几百年的历史了。关于这棵老槐树,有一个古老的传说。

黄土庙这一带,很早以前是渤海湾的浅海区。后来,海水慢慢退了下去,才露出这一片土地来。有一年,一对年轻夫妇从远处赶来,在这儿落下脚,安了家。他们在荒滩上搭了间小草房,在房门口栽了棵小槐树,并开始翻地、造田、拉犁、撒种。两年后,妻子生了对龙凤胎。两口子乐坏了。丈夫抱着儿子喊:"大儿子,快让爹看看!"妻子搂住闺女叫:"大女儿,让妈亲亲!"从此,这一户人家生活得更快活了。

门口那棵小槐树,有大碗口那么粗了。这对龙凤胎也已长大成人,跟爹娘下地干活了。一天,突然刮起大风,刮得天昏地暗。大风中,出现了一个风沙婆。风沙婆一边用手扬白沙,一边从嘴里吐大风。大风吹倒了庄稼、草房,白沙压住了土地。风沙婆闹了三天三夜,白沙压地三尺三寸。只有门口那棵小槐树,让风沙婆吹打得变大了。

儿子气急了,扯过一把大斧子,要去找风沙婆算账。他爹一把拦住他说:"你还年轻,在家好好种地,我去找那魔怪!"爷俩争来争去,最后还是他爹去了。他爹顺着风沙婆的去向,直向渤海边走去。

丈夫走了，妻子领着儿子和女儿，重新在大槐树下搭起了草房。月儿圆了一次又一次，半年过去了，门前那棵大槐树又开了花，地里的庄稼齐腰了，丈夫还没回来。妻子没落泪，没灰心，她嘱咐儿子和女儿好好侍弄庄稼，她去寻风沙婆算账。她刚要上路，大槐树忽然弯下腰来，折下一枝花枝，递到她的手里。妻子拿着这支槐树花枝，顺着丈夫的去向，朝海边走去。

她朝渤海边走啊走，饿了，就摘几把槐花充饥；渴了，就喝几口雨水润嗓。当她登上一座大沙岗时，只听见脚底下呼呼作响。眼前就是大海了，风沙婆跑到哪儿去了呢？丈夫又在哪儿？她焦急地四下张望着。忽然，她在海边的一座沙岗上，看到了一个熟悉的花布袋。她忙跑过去一看，这花布袋正是她丈夫丢下的，里面还装着槐树果。顿时，她伤心透了，忙拾起布袋。不料，布袋下有一个小洞口，她朝里边一看，原来那个风沙婆，正在洞里呼呼地睡觉呢！妻子一见，挥着槐花枝，冲进洞里，向风沙婆狠命打去。只听见风沙婆惨叫一声，就再也不见了。那散落的槐花，掉在沙岗上，瞬时就长出了一棵棵小树。从此，沿海的沙岗上，长满了槐树，那风沙婆再也不敢出来作恶了。

六月六的传说

相传很久以前,荒佃庄镇小营村这个地方,地势平坦,土壤肥沃,先民勤劳善良,年年风调雨顺,庄稼收成稳定,少有灾害发生。庄户人家,虽有贫富之分,有田地多少之别,但也都各有栖身之所。路不拾遗,夜不闭户,家无不孝之子,村无不良之辈,人人和睦相处,相协互助,生活平淡,却也安逸自在。

天有不测风云。有一年的农历六月初五,夏至刚过,天气晴好,金黄的麦子堆满了院子,准备碾压入仓,苞米扬花,高粱孕穗,眼看丰收在望。为防气温高、土地潮湿引发杂草疯长,家家开始锄地。人们从早饭后就钻进庄稼地里,一直干到晌午,才纷纷从闷热难耐的庄稼地里出来,用手抹一把脸上的汗水,径直走向水桶,舀一瓢清凉的井水一饮而尽。解渴后,人们席地而坐,有的人从裤腰带上解下烟袋,有滋有味地抽了起来,不时还吐个烟圈慢悠悠地从人们面前飘过。也有的人三五一伙坐在路边的马兰花上或破草帽上唠闲嗑儿,大家尽情地享受着这短暂的清闲和难得的凉爽。忽然有人喊:"你们听,啥声音?"人们静下来仔细一听,一种前所未有的沙沙声由远而近,声音越来越大。于是大家警觉地站起来四处张望,这时他们惊异地发现,从西北方的天上滚来了一大片"乌云",泰山压顶似的压了过来。开始有人说:"好像要下暴雨了吧?赶紧回家!"人们捡起大锄头拔腿就跑,没跑多远,响声就已到头顶,紧接着就有东西落到庄稼上、草丛里和人们的身上。人们醒过神来一看,哎呀!原来是密密麻麻的蚂蚱。

这可怎么办哪?轰走它们!于是人们折下树枝拍打起来。刚打死了几只,又来了一群,根本无济于事。有人又想到了用烟熏的办法,可烟离得远了熏不到蚂蚱,近了又怕把庄稼烤死。后来人们又拿来锣鼓叮叮咣咣地敲打起来,可不管敲锣打鼓的声音多大,那些蚂蚱依旧我行我素,边吃边拉。那时候也没有农药,眼睁睁地看着好好的庄稼即将被毁,人们心急如焚。万般无奈的人们想到了乞求神仙帮忙。于是男女老少来到村南的大庙,也不问供的是哪路神仙便拜,上香祷告,乞求神灵赶走蝗虫。人们相信,只要是神仙就有法力,就能消灾弥难。还有的人干脆到自家地头摆上香烛贡品,边叩头边虔诚地祷告:"老天爷快把这帮害虫赶走吧!可怜可怜我们吧!这庄稼都是我们泥里滚、水里爬地换来的,不容易呀,千万别毁了庄稼让我们挨饿,帮我们渡过这一劫吧,我们一定记住神灵的大恩大德,年年为您上香进贡。"说罢便以头触地,放声大哭起来。

说来也巧,或许是人们的乞求呼号感动了上天,朗朗乾坤忽然狂风骤起,乌云四合,雷电交加。这时有人喊:"天上来神仙啦!"顺着他手指的方位看去,果然在云层里影影绰绰地有一位气宇轩昂、顶盔贯甲、腰悬宝剑的大将军。见此,人们纷纷跪拜叩头。伴着雷声,大将军朗声说道:"草泽蝗类,尔等听了,吾乃百虫之王是也,奉上天之命驱尔等速去。此处百姓恭敬天地,不曾失仪,尊老恤幼,无悖人伦,辛勤耕种,不曾懈怠,克勤克俭,不曾奢靡,不该遭饥馑之灾。尔等速去,不得延宕!违者必诛。"说罢隐身而去。顷刻云散风息,等人们到地里再看,无数的蚂蚱已不知所踪。因为时间短,庄稼受灾并不严重。此后,人们便传颂着虫王显灵赶走蝗虫的传奇故事,自发地要求设定一个日子,以纪念虫王以慈悲为怀,造福一方,为百姓守护庄稼的大恩大德。最后商定每年农历六月初六为"虫王节"。各家根据经济状况设虫王神龛,或虫王牌位,上书"大德虫王之神位"。每年六月初六这一天,人们都会在午饭前烧香上供。晚上,人们还在打麦场扭秧歌,表达喜悦之情。

六月初六年年过,但如今已很少有人烧香上供了,简化成了"丰收节""饽饽节",吃喝成了主题,但虫王的传说一年一年传了下来,虽说版本不一,说法各异,但却让人们永远记住了这位体恤民生、护佑庄稼的大神——虫王!

赤崖古井的传说

赤崖老村原有古井九眼。现在仅存一眼,位于西街张家老宅院内。井口封盖着磨盘,两个磨盘眼内穿锁着拽不尽的铁链。

关于此井的说法颇多。

一是说远古时,大禹治水来到碣石山下的滦河边,只见洪水滔天,都淹到碣石山的半山腰了。大禹通过勘察地形,认为只有将滦河疏通开了,将洪水引入大海,洪水才可能退去。于是,他带领一干人马来到滦河边,开始疏通河道。晚上,大家都累了,便在大船上打盹休息。第二天,大禹睁眼一看,昨天疏通的河道不知道又被谁糟蹋得不成样子了。

原来,滦河住着一条蛟龙,它巴不得滦河年年发大水呢,怎么甘心看着大禹把河道疏通开呢。知道了原因后,大禹大怒,于是奋起神力,将屡次闹水患的蛟龙抓住,用铁链捆起来,随手投入井内,再盖上磨盘,使其永世不得翻身。

二是说井东侧烧锅的主人发了大财,起了贪心,怕伙计们分红多,为了封住账房先生的口舌,和账房先生闹翻了脸,在一个漆黑的夜晚,谋害了账房先生,将其投入井内。隔了没多久,主人便编造理由说此井多有不祥,于是弄来了磨盘和铁链把井口封住。

账房先生是外地人，他的家属来找他，烧锅的主人就说账房先生有了外遇，喜新厌旧，携款远走高飞了……

据说，赤崖古井曾经井水甘甜，泉眼丰沛。1946年深秋，国民党92军21师61团"围剿"解放区赤崖，团长陈寿荣率军驻在赤崖50多天，硬是吃干了此井。如今，赤崖村的这眼古井已被重新修复，以老式的、复古的青石搭建，呈现出一派原汁原味的古朴风貌，为村庄增添了无限风味。

张家坟的传说

从前,滦河边上有一个王各庄,庄里有一个人叫张发,他家生活富足,不愁吃穿。张发吃斋念佛,乐善好施,有"张善人"之称。他们家的坟很高大,滦河发水时,河岸塌到张家坟时,就不再塌了。传说有人听到河里有声音说:"躲着张发家的坟。"

这件事还得从头说起。滦河龙王有一个小女儿,聪明伶俐,娇俏可爱,龙王甚是喜欢。有一天,小龙女在龙宫听父王说滦河之水是流到渤海的,她突发奇想,打算到渤海一游。于是她瞒着父母,变作一条金色鲤鱼,顺流而下,来到渤海,看到渤海水势浩渺,广袤无边,比洪水时期的滦河大多了。小龙女年龄小,贪玩,又很少出宫,到她想回宫时,却忘记了来路。于是她便乱闯,结果游到了水浅的地方,被一位打鱼的用网给捞了上来。看到这尾漂亮的金色鲤鱼,打鱼人乐坏了,心想,到集市一定能卖个好价钱。于是他不再下网,带着金色鲤鱼就去赶集了。

这一天,张发外出散心。远远地,他看到渔夫满脸喜色,问道:"老兄,这么高兴,想必是今天渔获颇丰吧?"渔夫说:"今天确实运气不错,打了一尾金色鲤鱼,应该能卖个不错的价钱。"说着,就捞起鱼篓里的金色鲤鱼给张发看。张发看到金色鲤鱼满身漂亮的鳞甲,甚是好看。因为离开了水,金色鲤鱼的小嘴一张一合,呼吸甚是困难,尤其是那小眼睛,一眨一眨的,好像在向他求救。于是张发花了五两银子买下了这尾金色鲤鱼,并且把它放归滦河。小龙女入水以后,从自己的身上摘下一片鳞甲说:"我是滦河龙王的小女儿,因贪玩被捉,多亏您救了我,无以为报,送您一片鳞甲,他日滦河洪水,您把我的这片鳞甲放在祖宗的坟头,可保全家平安。"说完,小龙女便游进深水中不见了。

　　过了几年,滦河果然发生了大洪水,无数良田被淹,无数房屋倒塌,无数坟墓被毁。眼看自己家的坟地也要被洪水冲走,张发想起了那日小龙女的话,就把那片龙鳞放在了最高大的祖坟头上。说来也奇怪,洪水一到张发家的祖坟就马上改道,而且有人听到河里有声音说:"躲着张发家的坟。"

会君坨的故事

相传在昌黎县荒佃庄镇灰堆坨村有户李姓人家,家中有个姑娘叫李三娘。李三娘父母早逝,跟着哥嫂度日,但是经常受哥嫂虐待。李三娘的哥哥李洪信在村子东头种有一片瓜田,不知什么原因总是闹鬼,丢瓜的事也常有发生。于是李洪信雇了个长工看瓜。长工名叫刘高,也是穷苦人出身,为了有一口饭吃才受雇看瓜。当他看到李三娘受哥嫂的气时,很是同情她。李三娘很感激刘高的关心,一来二去,与刘高产生了感情。后来背着哥嫂与刘高私订了终身,结成了夫妻。哥嫂见生米已成熟饭,便将李三娘赶出了家门。李三娘与刘高便在村外盖了一间草庐居住。

后来边关打仗,刘高应征入伍。彼时三娘已经怀孕,分别前自是一番叮咛嘱咐。刘高承诺仗一打完马上回来,那时候孩子应该都会叫爹了!

刘高在军中十分勇猛,屡立战功,同时也步步高升,最后升至中军元帅,掌握了兵马大权。时运来临,刘高做了皇帝。

此时李三娘还在灰堆坨家中。当年刘高走后不久她就生了一个男孩,由于没人管她,李三娘临盆时只好自己接生。孩子生下来没有剪子剪脐带,李三娘就用嘴将脐带咬断,孩子遂取名为咬脐郎。

咬脐郎生来五官端正,气度不凡。邻居里的一位同宗的老人说,看孩子的面相,将来必成大器。李三娘养不起孩子,更不想耽误孩子前程,于是托人将咬脐郎送至刘高处,希望孩子在父亲的教导下长大成人。咬脐郎来到父亲身边后,改名为刘承佑。刘承佑学文习武,一天天长大。

转眼十几年过去了,一天,刘承佑出门打猎,见一白兔,一箭射中,但是没射死,白兔带箭逃跑。刘承佑一路紧追,追至灰堆坨真武庙前的井沿处,正好遇到李三娘出来打水。白兔跑到李三娘身边后便不走了。随从上前逮住白兔送给刘承佑。

李三娘见这孩子唇红齿白,很是漂亮,便想起自己的儿子咬脐郎,默默掉泪。刘承佑问三娘为何流泪,三娘问承佑多大年纪。承佑言15岁。李三娘说自己有个儿子与承佑同岁。承佑问,那您的儿子在哪儿、做什么?三娘答,送至山西孩子爹爹处了。承佑问,三娘的儿子叫什么名字?三娘答,咬脐郎!

承佑回家后将所见之事说与父亲听,称遇一妇人见到自己就不停地哭,还说想念自己的儿子。说到动情处,承佑自己也哭了。刘高问承佑是在何处见到的妇人,承佑说在灰堆坨。刘高回想起当年的事,沉吟了半晌说:"孩子,那就是你的母亲啊!当年我答应她打完仗就回家跟你们娘俩会和,怎奈世事难料,你在我身边生活了十几年,我也没有接你母亲来团圆,惭愧啊!"遂命其子马上返回灰堆坨,将母亲接来。承佑遵父命,将李三娘接回,一家人团聚。

后来刘高驾崩,承佑继位。为纪念母子相见,改灰堆坨村村名为会子坨,再后来改叫为会君坨。

据说,在李三娘与承佑相见的八角六棱井台上,还留有刘承佑战马的马蹄印。

北坨村曾有个二郎坨

因北坨濒临滦河,地理风貌独特,在当地人眼里是一处难得一见的景致。据老一辈人说,很早以前,这一带滦河年年发大水,河道时常改动,这里的土地以沙土为主。传说,有一年滦河又遇到大水,这一带百姓流离失所,十室九空。玉帝便派二郎神下界查看灾情。

二郎神来到滦河下游一看,见这里大雨如注,浊浪滔天,河两岸的庄稼被毁,百姓在水里挣扎,牛羊在水里呼号。见此情景,二郎神实在不忍,来不及上天向玉帝汇报灾情,便挽起裤腿袄袖,连鞋也顾不得脱,就跳进洪水里,大发神通,把百姓救上高岗,将牛羊救上堤坝。然后,二郎神又挥动三尖两刃刀,将堵塞的河道疏通开来。洪水一泻千里,直入大海。百姓得救了,两岸的土地露出水面,那正是"水归故道,龙入旧渊"。二郎神坐在河岸上,正在为自己的成果高兴呢,突然觉得鞋里有什么东西直硌脚,他脱鞋一看,原来鞋里有好多滦河河道里的沙子。于是他脱下鞋子,随手一磕,把鞋里的沙子倒了个干干净净。倒完沙子,二郎神摇身跃上云霄,直奔天庭。与此同时,他从鞋里倒出来的细沙,突然变成一个巨大的沙坨。

后来,这个大沙坨便被命名为二郎坨。据北坨村村民秦城回忆,当时二郎坨的底部是黄土,村民建房打地基时,多数从这里取土。当时二郎坨顶部以东曾有一个用砖垒砌而成的小庙,一米多高,占地约两三平方米,内供着小石像。这庙是否与二郎神有关系,现在已经不得而知了。

姑娘坟的传说

王各庄村东有一座孙家坟,在孙家坟的南面,有一个池塘。在这个池塘里有一座孤零零的坟墓,相传就是姑娘坟。

古语云:"荞麦不当粮,姑娘不养娘。"过去的女人"婚前从父,婚后从夫,夫死从子"。未婚女子死在娘家是不能入祖坟的,假如埋在祖坟会影响家族财运和风水。一般有条件的家庭会买一块墓地,把死去的女儿埋在离祖坟不远的地方,远远守着父母;没条件的家庭就直接把死去的女儿扔到乱葬岗了。

据说,在很早的时候,王各庄这个地方还没有人家居住,到了明朝永乐二年,才有山西移民王、张、孙、史四姓人家到此地落户建村,因王姓户主年长,村名遂被称为王各庄。后来王各庄分成了两个村,居南的称前王各庄,居北的称后王各庄。

孙家的这一户人家,只有一位母亲带着她的小闺女艰苦度日。四季变换,日月如梭,渐渐地,闺女长到了十六岁,出落得像花朵一般。说媒的人踢破了门槛,可任凭人家磨破了嘴皮子,闺女就是不答应,说自己要伺候母亲到老。母亲那个急呀,闺女大了不出嫁,过了年岁可就剩在家里了。

一晃又是十年过去了,母亲的身体一天不如一天,终于带着对闺女的惦念归了西。闺女也和别人家的儿子一样,在母亲的坟前搭了一个小草房,给母亲守起孝来,这一守,就是三年,也彻底错过了出嫁的年龄。在那个年代,一个独身老闺女,根本没有办法生活下去。所以,在第三年母亲的忌日那天,闺女把自己浑身上下收拾利索,毫不犹豫地跳了池塘。

家族的人感念她的孝道,便把她埋葬在了距孙氏祖坟不远的池塘边上。由于人们取土盖房,渐渐地,池塘越挖越大,但是人们都主动躲着姑娘的坟取土。

更为奇特的是,池塘的地势虽然低洼,但是无论下多大的雨,即使滦河发大水,姑娘的坟头也永远不会没入水里,从来没被水淹过。人们认为,这是一位善良孝顺的姑娘,即使她死后不能进入祖坟,但是她依然心系家族,依然充当着家族兴旺发达的守护者。

对哑诗

传说唐朝的时候,国富民安,兵强马壮,邻国都惧怕大唐的威势,年年都来进贡。

有一个叫胡勒的小国不肯进贡,却派来了一名使臣,说要跟大唐对诗。使臣说,如果大唐胜了,就来进贡;如果输了,大唐要为他的国家进贡。

皇帝一听挺生气,一个小小的胡勒也敢和大唐比高低,真是不知道自己几斤几两。他越想越气,一名大臣赶紧劝阻他说:"皇上请息怒,我们大唐是诗歌之邦,对诗有什么难的?还是答应他吧,不然有失咱们大唐的体统。"皇帝一听,觉得也是,就对来使说道:"请出题吧!"胡勒使臣眼珠一转,说:"那好吧,我还有一个条件,只许打哑语,不许说话。"

大唐皇帝说:"好!各位爱卿,哪个来和他比试?"大臣们你看看我,我看看你,谁也不敢站出来,都觉得对诗没问题,打哑语还从来没试过,不想去冒这个险。

这时,一位老臣对皇帝说:"皇上,请不必着急。重赏之下,必有勇夫。我看还是张榜招贤吧,一定会有能人与他比试。"

皇帝一听,就下令出榜招贤,要是谁能战胜胡勒来使,就赏银千两。

第二天,皇榜贴出,好多人围着观看,可就是没一个人敢揭,都小声嘀咕说:"要是胜了还好说,弄不好,可是要掉脑袋的呀!"这时候,大街上过来一个杀猪的,见前面人山人海,不知出了什么事,就挤了进去。这个杀猪的没念过书,榜上的字一个也不认得,就向别人打听。别人把皇榜上写的念给他,杀猪人一听,心想,我杀一辈子猪也挣不来一千两银子,这可是一桩好买卖,上前就揭下了皇榜。看护皇榜的兵过来一看,见是一个屠夫,心想,满朝文武都没人敢比试,他能行吗?管他呢,人家敢揭皇榜,想必一定有点能耐,就领着杀猪人进了殿。皇帝吩咐人为杀猪人换了装,传下圣旨,召使臣进殿对哑诗。

胡勒来使进殿一看,对诗的人原来是个平民百姓,就没把他放在眼里。

"对诗开始!"执事官刚喊完话,来使就傲慢地上前一步,冲着杀猪人伸出一个手指。杀猪人一见,不慌不忙伸出两个指头。来使一惊,一指变成了三指。只见杀猪人把手往前一推,二指变成了五指。来使又是一惊,忙把手抽回,再把双手往怀里一抱。杀猪人见了,冲着来使摇了摇头,把两手猛地往后一甩。这时,只见胡勒来使脸白得像纸一般,"扑通"一声跪倒在地,连声说:"输啦,输啦,我输啦!小国愿在大唐之下称臣纳贡,望大唐天子恕罪!"

大唐战胜了胡勒,皇帝吩咐摆宴庆贺,赏杀猪人白银千两。

酒宴上,皇帝问胡勒来使:"你们方才比划的是什么?"使者答道:"我伸一指是说我是当朝一品,他伸二指分明是在讲和合二仙。我伸三指是说的三皇主事,他伸五指说的是五帝为君。我双手抱怀是说怀抱日月,他一甩手是讲甩手乾坤。胜我一等哇!"左右大臣们一听,这才醒悟过来。皇帝又问杀猪人:"你是这个意思吗?"杀猪人哈哈大笑道:"我一个穷宰猪的,哪懂得那些!我见他伸出一指,以为是说,卖你一头肥猪,我伸二指说,两头也行。他伸三指说,三两银子一头,我跟他讨价说,五两银子两头吧。他双手一抱是说给我一副小肠,我想一副小肠还能卖两贯铜钱呢,把手一甩说,那可不中!"说得皇帝和大臣们哭笑不得。

老财主钉橛子

从前有个李财主,爱财如命,对长工挺狠的,鸡叫头遍就叫长工们下地,日头偏西才送午饭,太阳落山才让收工。

这个老财主的胆子还挺小,夜里走路不敢回头,夜里上趟茅房也得叫老婆陪着。可他在众人面前,从不说自个儿胆儿小,不管大伙儿如何与他分辩,他都不服输,还自吹是"李大胆"。

长工们每天起早贪黑,累死累活,不光工钱不多,还吃不饱。提起老财主,大伙儿气得牙根儿疼。于是,大家商量就利用老财主胆小好胜的心理,捉弄捉弄他。

这一天,鸡没叫长工们就起来了。老财主一见挺欢喜,说:"你们每天都这样,晚上再多干一会儿,到时候我就多给你们工钱。"长工们说:"老爷,不是我们不想多干,只因村北坟地里一到晚上就闹鬼,晚了我们害怕呀!"财主一听,摆出"李大胆"的架势说:"那怕啥?我从来就没怕过鬼呀神呀的!"这时有一个长工说:"老爷,要是有人敢在坟地里待上一夜,不出事,我们就不怕啦。"财主心里一动,可一想到鬼,到嘴边的话就又咽了回去。长工们一看老财主刚才的表情,便齐声说:"老爷,你是有名的'李大胆',你去一趟吧!如果没事,我们不光多干活,就是少给半年工钱我们也乐意!"老财主一听这话,心想,这可是个有利可图的好机会呀!就对长工们说:"你们说话可算数?""算数!"长工们说,"可是你得把这个木橛子钉在坟地里作个凭证。""好!"老财主满心欢喜,就以少给长工半年工钱为条件,双方立下字据。

天黑了,长工们收工回了家,找到老财主说:"老爷,不早了,该去啦!"老财主心里挺害怕,可还是说:"去就去,几个小鬼有什么可怕的,谁不知我是有名的'李大胆'呀!"说完,抓起木橛子和锤子就上坟地里去了。

坟地越来越近,老财主的心越跳越厉害,一着急绊在了长工们早就设下的石头上,"啪"的一声摔在地上。他的脸皮被树根扎了个大口子,可手中的木橛子始终没扔。"这可是十几个长工半年的工钱!"他挣扎着爬起来,连滚带爬,总算到了坟地。他急急忙忙拿出木橛子,身子一蹲,慌里慌张就往下钉。突然,眼前一亮,从前面坟头上冒出一股蓝火,老财主以为鬼来了,抽身就想往回跑。可是,越用劲越跑不动,衣服像被什么东西死死抓住了一般。这下子可真把老财主吓坏了,老财主汗毛倒竖,虚汗直流,连哭带嚎:"鬼来啦,救命啊!鬼老爷饶命啊!"声音比夜猫子叫还难听。就这样,老财主不知在原地折腾了多久,坟地里才渐渐没了声响。

第二天,长工们路过坟地一看,只见老财主趴在地上,张着嘴,瞪着眼,早就断气了!长工们憋不住笑了起来。原来,老财主夜里在慌忙中,把自个儿的长袍大襟钉在了地上,他在坟头上看见的鬼火,是长工们划的火柴的光亮!

荞　麦

从前有个聪明俊俏的姑娘,名叫荞麦。她嫁给了邻村老实厚道的小伙子傻柱儿,两个人感情挺好,小日子过得和和美美。

有一天,傻柱儿爹把傻柱儿叫到他房中说:"你明儿把咱家的羊赶到集上卖了,换了米以后再用羊驮回来。"

傻柱儿一听,就愣住了,忙问:"爹!把羊卖了,还咋用它驮米呢?"

傻柱儿爹笑了笑说:"你回去好好想想吧!"

傻柱儿回到自个儿屋,眉头拧成了个疙瘩,闷着头不吱声。荞麦见了,忙问:"啥事,把你愁成这个样?"

傻柱儿"唉"了一声,把爹让他卖羊买米的事儿说了一遍。荞麦听完,笑了笑说:"这还用发愁?"

傻柱儿忙问:"咋不愁?"

荞麦递给傻柱儿一把剪子,说:"爹这是让你到集上把羊毛剪下来卖了,买了米再用羊驮回来。"

傻柱儿听了,一拍脑门儿说:"你看我咋就没想到呢!"

第二天,傻柱儿到集上,把羊毛剪了下来,等待买主。这时,一个鹰鼻鹞眼高颧骨的人走过来说:"你这羊毛我买了,可我没带钱来,等下个集给你,行不行？"

　　傻柱儿是个老实人，当下就说："行！"临走他又问那个人："大哥，你家在哪儿？姓啥叫啥呢？"

　　那人眼一转说："北风吹来冷又凉，我家有院没有墙，要问我的名和姓，寒露过后就知详。"说完拿着羊毛就走了。

　　傻柱儿回到家里，把集上的事儿跟爹一说，爹气坏了，说："你呀，真傻！咱这儿哪有什么冷呀凉呀的庄名。再说他的名字你也没打听清楚，这钱算是白搭了！"

　　傻柱儿听爹一说，才知上了当，只好耷拉着脑袋回到自个儿屋。荞麦见傻柱儿回来了，笑着问道："米买来啦？"傻柱儿说："上当了！"接着，他把集上的事儿从头到尾又说了一遍。

　　聪明的荞麦一听，又笑了，她说："这个人是谁，我知道。"傻柱儿急问："他是谁？"

　　荞麦说："北风吹来冷又凉，这不是说'寒'字吗？这'寒'跟'韩'音同字不同。我家有院没墙，这不是寨子吗？连在一起不是'韩寨子'吗？后两句是说他的名字，寒露过后就知详，当然指的是'霜降'了。"

　　傻柱儿一听觉得有理，笑着对荞麦说："你呀，真是我的好媳妇！"

　　过了几天，傻柱儿来到韩寨子，一下子就找到了霜降的家。霜降一看傻柱儿真找上门来了，马上把他让到了屋里，摆了桌席，请傻柱儿喝酒吃饭。酒席间，霜降跟傻柱儿说："老弟，你真聪明啊，一下子就找到了我！"傻柱儿说："哪里是我聪明，你的话是我媳妇荞麦解开的。"霜降一听邻近村里还有这么聪明的女人，心里嫉妒，在傻柱儿讨了钱要走的时候说："老弟！你真有福，娶了个这么聪明的媳妇。为表示我的敬意，请你把这篮子礼物捎给她吧！"忠厚的傻柱儿哪知道这里有鬼，道了声谢就回家了。

　　到了家他把钱交给了爹，就回到自个儿屋。没等荞麦问话，他就高兴地说："你猜得真对，到那儿就找到了，他还请我吃了顿饭呢！"说着，又把那个篮子递给荞麦说："人家还给你带了礼物呢！"荞麦忙揭开篮子盖儿，只见里边盛着几个死面蛋饺,饺子上边放着几根葱花。荞麦心里马上明白了,这是霜降骂她:"聪花儿配了死蛋儿。"她气得大哭,收拾了个小包,就回了娘家。

傻柱儿一看急了,连忙跑到韩寨子去找霜降。霜降听傻柱儿一说,奸笑了几声说:"老弟,不用着急,你回去找匹马,备上两副鞍子去接她,我保准你能把她接回来。"

傻柱儿急得没法儿,只好照他的话,备了鞍马去接荞麦。荞麦正在娘家生气,一见傻柱儿牵马来接,马上还备着两副鞍子,知道这是在说:"好马不备双鞍套,好女不嫁二夫郎。"心想,准是傻柱儿误会自个儿了,上了马就跟傻柱儿往回走。谁知走到半路上,霜降忽然迎马走来,把手里的大鞭子一甩,喊道:"好马不吃回头草!"烈性的荞麦听这一喊,再也受不了了,马上就气昏过去,一头栽下了马。幸得傻柱儿手快,才没跌坏。可是回到家里以后,荞麦就病了,怎么调治也不见好,没几天就含恨死去了。

傻柱儿哭得死去活来,可又有啥用呢!只好和家人一起选了一块景致好的地方,埋葬了这个聪明善良的好媳妇。

说来也怪,第二年夏天,荞麦的坟旁,忽然长出了一片红秆绿叶开白花的庄稼。起初,村里人谁也不知道这叫啥,后来有人听见从这片庄稼地里飘出来的一支歌:"叶儿绿,花儿白,姑娘最怕霜降来。红红秆,开白花,人们快把我收到家。"这才知道,原来这庄稼就是荞麦的化身。后来,人们为了保护聪明的荞麦不再受冷酷的霜降欺负,年年寒露一过,就把荞麦收到家里。

智斗老财迷

从前有一个庄,庄里有个大财主,外号"老财迷"。这人对穷人很歹毒,大家伙都恨死了他。这一年冬天,穷人们都揭不开锅了,大伙儿找来一个外号叫"吹破天"的人给想办法。吹破天这人心肠好,穷人有事求他,没有不答应的。他来了就给大伙儿出了个好计谋。

大家就按吹破天说的办了,凑了十几两银子,买了匹瘦马,把剩下的银子全塞进了马的屁股眼儿里,用棉花套子堵住。吹破天就拉着这匹瘦马来到老财迷家里,对老财迷说:"这两天我到牲口市场上转了转,买到了一匹宝马,能拉银子,真把我乐死了!"老财迷一听,眼珠子都馋红了,说:"卖给我行不行?"吹破天说:"那你出多少银子?"老财迷想得"宝马"心切,就问:"出三百两咋样?"吹破天说:"行。"老财迷怕挨骗,让吹破天试试"宝马",看是不是能拉银子。吹破天就让老财迷拿来毯子,端来盘子,趁老财迷不注意,偷偷把堵着马屁股眼儿的棉花套子拽出来。那马便尾巴一撅,连银子带屎一块儿拉了出来。老财迷见了大喜,花了三百两银子把"宝马"买下了。吹破天走之前告诉老财迷说:"我这匹宝马得顿顿喂大豆,饮凉水,要不就不灵验了。"老财迷说:"行!我一定照办!"吹破天回去后,就把从老财迷那儿得来的银子分给了穷乡亲们。

老财迷得了"宝马"后,欢天喜地,按着吹破天走之前告诉他的,给"宝马"喂了大豆，饮了凉水。隔了没多久，就听"宝马"的肚子里咕噜噜直响。老财迷心里痒得难受，心想，这是"宝马"在肚子里给我长银子呢！就端着盘子守在马屁股后头。老财迷等啊等啊，一直等到后半夜，才见那"宝马"抬起尾巴。老财迷赶紧端着盘子去接，只听"扑哧"一声，拉出来的全是屎，喷了老财迷一脸，臭得他吐了一地，盘子也掉在地上摔碎了。他想到那被吹破天骗走的三百两银子，他气得又哭又骂，发誓非要找吹破天算账不可。

第二天，老财迷就打发家里的人把吹破天抓来了，扒掉了他的外衣，只给他留了一件小布衫，关在一间磨坊里。到了黑夜，冬天的西北风一刮，吹破天在磨坊里冻得要命，他就在里头瞎摸起来，摸着摸着，摸到一根磨杠，说："有了，这回可冻不死我啦！"他就操起磨杠拉起磨来。

天亮了，老财迷心想吹破天肯定冻死了。可打开磨坊一看，大吃一惊，吹破天不仅没冻死，脸上还直流汗，小布衫上热气直冒，嘴里叫着："好热！好热！"老财迷忙问吹破天这是怎么回事，吹破天告诉他说："我穿的这件小布衫是祖传的火龙衣，越是冷的天穿着它越热乎。"老财迷赶紧把吹破天请进屋里，问他的"火龙衣"卖不卖。吹破天说："要是别人的话，多少钱也不卖。今天大老爷您要买，就给我五百两银子吧。"老财迷就花五百两银子买下了"火龙衣"。

老财迷自从得了"火龙衣"后，整天乐得不得了，老想找个机会试试。这一天，老财迷的老丈人做寿，请他去。老财迷心想，我何不穿着"火龙衣"到老丈人家夸耀夸耀？他就把衣裳脱光，穿着那件"火龙衣"去了。

刚出家门的时候，天儿还挺暖和，老财迷走在路上，心里美滋滋的，挺得劲儿。没多久，就变了天，刮起了西北风，下起了鹅毛大雪，把个老财迷冻得上牙打下牙，浑身直哆嗦。他猛地抬头看见大道旁边有棵老树，树身烂了个大窟窿，就抱了一捆柴火钻了进去，在树洞里烧起火来。烧着烧着，把老树烧着了，活活把个老财迷烧死了。老财迷的妈看着被烧死的老财迷，一边哭一边念叨："儿呀儿呀，放着绫罗绸缎你不穿，偏偏要穿'火龙衣'，烧死你不要紧，还把老树烧了一多半。"

傻子见客

以前,滦河东岸有个老财主,人们从他年轻时就叫他"鞋(邪)拔子",因为他动不动就把人"邪"上。这个财主都五十多了,才有个儿子,还是个傻儿子。二十多岁了,来了客人连辈分都不会论。

二月十九的庙会快到了。老财主寻思,怎样才不会让客人不笑话他的傻儿子呢?他灵机一动,把屋子摆设得十分古雅,教给傻儿子说:"等客人来齐,吃饭的时候,人家指着咱屋的摆设,你就说一个'古'字。"傻儿子连连点头说:"行!"

二月十九这一天,老财主家的客人真不少,七大姑八大姨都来凑热闹。开席了,三杯酒下肚,大家顿时来了兴致。其中一个人指着墙上的画说:"这画不错!这画……"傻子接过话头说:"古画。"大家挺惊奇,心想,傻子怎么这么聪明了?接着,大家就七嘴八舌地议论起这幅画来。一会儿,有个人换了话题说:"这瓷瓶不错!你看这瓷……"傻子接过话头说:"古瓷。"人们又一惊,心想,傻子真聪明了。接着,大家七嘴八舌地说起这只瓷瓶来。一会儿,又有一个人转换了话题说:"柜子上摆的《孟子》这书不错!这孟子……"傻子接过话头说:"古人!"人们在心里惊呼:"傻子大概是他的小名吧!怎么这么聪明啊！"大家七嘴八舌地说起孟子来，还没转换话题，傻子的小姨子端着盘子添菜来了。她因为怀孕，肚子鼓着。傻子指着小姨子的肚子说："古（鼓）肚！"人们笑得前仰后合，独有傻小子被笑愣了，像根柱子一样立着。老财主气得直翻白眼。这正是：财主邪拔子，有个傻儿子，一心卖关子，丢人现眼子。

老头和狐狸

王各庄的孙家是人丁兴旺的大户人家,其祖坟面积有近百亩。坟地里树荫婆娑,冷风飕飕,让路过的人不禁脖颈子冒凉气。

坟地里住着一只狐狸,据说已经修炼了几百年。人们时常看到它在傍晚的时候,对着月亮做吐纳之功,那丹火上上下下,足有成人的拳头一般大小。

渐渐地,它因为吸收日月精华,已经有了灵性,也可以隐去身形了。可不知道为什么,就是不能幻化成人形。时间长了,狐狸很着急,它琢磨来琢磨去,以为像人类一样吃喝,就能化成人形。但是,它又没有办法弄到饭菜,于是它就采用恶作剧的方式混吃混喝。它如果看到年老体弱或是独自经过这里的人,就施展自己多年修炼的功法,用骚臭的气味让人呕吐,然后它就把呕吐物吃掉。人们对此十分厌恶。

有一次,一位抽了多年老旱烟的老头从这里经过,狐狸依然像先前一样让这位老人呕吐。老人也曾听人说过这里发生的怪事,他吐完走后又回来看个究竟,结果发现地上躺着一只狐狸。老人本来想杀死它,但想到狐狸虽然可恶,但毕竟没有杀人害命,于是拿烟袋把狐狸敲醒后,警告它让它离开这里。狐狸千恩万谢后就走了。

从那以后,再没有发生过人们路过会呕吐的事情。

滦河絮语

滦河岸边,总有一些低语轻诉,它们和灵魂离得很近。

它们是眼睛,是耳朵,是喉咙,是嘴巴,是体态,是舞动的心音。它们集体表达着对荒佃庄镇一草一木的敬意和礼赞。眼睛凝视在哪里,哪里就有一片清新的绿色迎接你;脚步停驻在哪里,哪里就有一捧亲切的黄土给你力量;身影依恋过哪里,哪里就为你留存一帧独特精致的剪影。疲惫的时候,孤独的时候,困惑的时候,迷惘的时候,总有一排排秀丽的村庄在你身后站成一列,这些熟悉的和不熟悉的门扉,时刻向你敞开,让你觉得有枝可栖;这些认识的和不认识的脸庞,时刻对你微笑,让你感觉到生命里的温暖。一年三百六十五天,与它们相关的丝丝缕缕,总会以物质或精神的形式,蛰伏在一个又一个游子的深深浅浅的梦里。

无论何时,走过这片土地,内心总是难以平静,说不清是为什么。

古槐开花

过去的人们有一个偏好,就是十分喜欢国槐,我们在对农村实地考察的过程中,几乎在每个村庄都能够发现国槐的影子。国槐老了,也就成了老槐。如果是明清时期的老槐,也就可以称为古槐了。昌黎的村庄大多数是在明清时期建的村,这样说来,古槐应该很多,基本上每个村子都有,只可惜在20世纪五六十年代,大多数古槐都被砍了,有的做了凳子,有的做了门窗,有的还做了水筲,还有的做了棺材板。

大营村有三棵古槐,两棵年老一点的在村委会门口,一棵小一点的在村委会的院子里面。大营村在明朝前期由山东的苑姓移民到此落户建村,原名苑坨营,后因村庄发展较快,人口越来越多,村庄越来越大,遂改称大营村。两棵老槐树到现在至少已有600余年的历史了,那棵小一点的槐树,据说也已经历了300年的风雨。

我向来喜欢绿色的植物。草,庄稼,树,我但凡见了就有一种心旷神怡的感觉。我居住的县城很小,跟个精致的盆景差不多,北边有碣石山,南边有大海,西边有滦河,山上松翠果香,海边的防风林绵延百里,还有看不尽的庄稼,赏不够的芦苇,春、夏、秋三个季节,花香、果香、草香,满心满眼的绿色,让人享受不尽。就是到了寒冬,碣石山上也是满眼青翠。唐代岑参的

《感遇》中有句:"君不见拂云百丈青松柯,纵使秋风无奈何。"在故乡,秋风或许太柔了,寒冬也奈何不得碣石山上的青松翠柏,越冷越青翠怡人。

钟情绿色,便爱树。知道古槐来自遥远的年代,携带着历史的密码,便更爱古槐树。大营村的这三棵古槐,我已经去过很多次了。记得我在文联工作的时候,带了几个地秧歌名角,到大槐树下扭秧歌,大杆喇叭一响,秧歌调在老槐树的枝杈间活蹦乱跳,可着劲儿往高处钻,惹得整个庄里的村民看热闹。

看古槐最好的季节是仲夏。今年去的时候,正是古槐的花开得正浓的时候,带着蜂蝶,张扬香气,花雨翻飞,芳菲缠绵!三棵树相互呼应,将一段夏演绎成盛世长卷。古槐的下面,三五个老者或下棋,或闲谈,脚下踩着由槐花铺就的花毯子。还有的坐在自带的小马扎上,靠墙而坐,眯了眼睛,享受日光按摩,任由那槐花落在身上,落在头上。

三棵古槐,最西边的一棵已仅剩下一块树皮,树心中空,是遭了雷击,还是遭了火烧,已不得而知。一根干枯的枝杈伸向半空,映在地上的影子,呈现出龙头一般的模样。有树皮的那半边,依旧枝叶婆娑,花香四溢,生命力昂扬如歌,没有丝毫的矫情老态。倒是有人出于保护的心理,用铁管子做了根拐杖,硬塞到了它的手里。东边的一棵体态矫健,身躯挺拔,形体俊朗,顺着一道不大的河沟,将一树花肆无忌惮地挥洒向东。它的脚下,是几块残碑砌就的河岸和一座小桥。院子里的一棵,看起来明显年轻了许多,树冠高大,枝杈健壮柔顺,一团团的蜜蜂在花间缠绵,在花间肆意,嗡嗡地吟唱着⋯⋯

除了这大营村,除了这仲夏,除了这万丈花开盛典,一切关于花开的故事和传说,都显得孱弱无力。你有莺飞草长,你有荷塘万顷,你有秋风金菊,你有冬梅傲雪,而我,可以踏着一路的清爽的风,掠过松软的田埂,将冀东平原这灿烂的古槐花开呈现给你,用它们所承载的几百年岁月来应对。

现今的世界太拥挤了,当所有的生存空间只能被压缩到一间书房、一间办公室大小的时候,原本鲜活的生命一点一点被吞噬掉。更为悲剧的是,这种吞噬,却是很多人心甘情愿的。而我在毫无心理准备的情况下,误入这漫天飞花的古树小村时，才发现我原本固守的一切是那么微不足道。我到此刻才恍然大悟，我原属于这场盛典，属于古槐中的一员，600年前，我们本来就是一伍，只不过被栽种到了不同的地点，使我和古槐一下子错过了几百年。每次的见面，都是兄弟相逢，每次的牵手，都是百年的邂逅，只不过，在一次又一次的轮回当中，我反复睡去醒来，挥霍着短暂的生命，而它们，就在相同的位置，以相同的姿态、相同的花开仪式，一次次迎接我的到来。

生命原本属于大地，原本属于自然。我坐在古槐树下，享受这场花开盛宴。任何人都不能长久地听不到大地的声音，都不能得不到植物的抚慰。我不再相信别人描绘的季节，只在这仲夏一刻，看星云流转，看生命如水般漏过我的指缝，砸在地上，浸入泥土，我不恐惧，我有百年后与古槐的相约。

走近滦河

四月的春风,有些暧昧,有些暖,像极了恋人的一张脸。在这样的风的吹拂下,滦河防护林带的杨树都绿起来了,起初,绿是一抹抹的,有些幻化,仿佛这绿是在梦中,醒来定睛专注的空儿,就有可能不见了。渐渐地,这绿就变得一层一层了,仿佛初夏穿在女人身上的香云纱裙,微风拂过,氤氲在树冠的绿意也跟着风的动向,一圈一圈,小心地荡漾开去。

防护林带的杨树树龄整体偏小,有三五年的,有刚刚栽下尚未来得及吐出一枚欣喜的叶片的。它们个个笔直着身体,仿佛待检阅的士兵。要我说,春天里,最讲究情调的就是杨树了。你看,春天,几乎所有的树木,都最先被一枚动情的叶片叫醒,之后,满树的叶片形成整齐划一的集体,它们一起在阳光下舒展,铆劲儿调集水分和养料,让自己一天天地水润光鲜。等叶片们调出了最好的情绪,花儿们才会姗姗登场。花儿是爱情,是结晶,按理说是需要如此这般千呼万唤始出来的。可杨树偏偏将自然界这个规律打破,趁着别的树木花苞紧闭的时候,它们欣然绽开自己的花苞,将一场白雪般的花絮洋洋洒洒绽放在天地之间。

此刻,映入我眼帘的这些滦河岸边的杨树,正是刚刚经历过一个如此浪漫的过程,它们的身上,那些润泽得仿佛流出水来的新叶,正面对春天绽放出一张张明媚的笑脸。

四月,滦河河岸,多风沙。风卷着河岸的细沙,时而喊着口号,时而转换着路线,向这一排排守护的杨树进行挑衅。宽约500米的滦河防护林带里,那些相互间早已熟稔为兄弟的速生杨,时刻手挽手、肩并肩和来势凶猛的风沙作着斗争。风沙一次次败下阵来,它们有的惭愧地销声匿迹,有的将属性变为温良,小心而安静地拭过一片片杨树叶。而那周身散发着英雄气质的杨树林,一边现出宽容的微笑,一边继续以舒展的叶片、密织的枝丫,组成一堵铜墙铁壁。这些杨树以一张张自信昂扬的脸庞,代表着它们的策划与种植者的意识形态,使得滦河附近的居民,减少了对肆虐的风沙与泛滥的洪水的体验,取而代之的,是庄稼的丰收,硕果的压枝,生活的顺遂及社会的和谐。

刚刚,在防护林的那一头,我站在滦河岸边,便遭遇了一番裹挟着细沙的四月风的侵袭。风吹着尖刺的口哨,不断地向我发起进攻。我紧闭双眼,头发凌乱。人在这样的情况下,未免焦虑,欲转身抬脚离开,还好无意中瞥到滦河别样清瘦的面孔,不觉间忽视了风沙,走下河岸,踩着形状各异的坚硬沙洲,首次近距离接触这滦河的春水。曾见过汛期的滦河,那时的她肆虐、薄情、疯狂咆哮,失去底线。相比于七八月份的汛期,四月的滦河,则是沉静而有理性的。瘦弱单薄的她,不见了之前的膨胀臃肿,不见了之前的凶险杀气,那几分我见犹怜的病态之美,骤然间会令人走近和亲近。掬一捧滦河的水,心中顿时升腾出一种复杂的情绪,一开始是激动和喜悦,继而由于历史的介入,划入一种暗远的长思。此刻,我手捧的这滦河水,曾漫卷过哪些沟谷、滋润过哪些绿植、孕育过哪些生命,之后,经由我的手,又将流到哪里?在这个地球上,我们又将于何时何地、以何种方式重逢?

由沙洲返回高岸,驻足北望,下面是瘦的滦河水,水中嵌着形状各异的沙洲,目光上移,开阔的视野里,有不断旋转着的白色风力发电风车,两岸的速生杨林带,集体穿着一件名叫初春的绿衫。虽然调皮的风沙把原本湛蓝的天空搅拌得有几分浑浊,但春天的主题依旧非常鲜明。多年来,我的足迹几乎踏遍了家乡的山山水水,如此散发着黛玉病态美的瘦滦河还是第一次看到。此时,身边的人们纷纷把相机或手机镜头对准我遥望的方向,只有我依旧缄默不动,因为我觉得,如此绵延的动态的滦河特景,是不适宜用生硬的相机镜头片段截取的,我只需记住白色风车在广阔天地旋转的潇洒,记住清瘦的滦河被风沙从一个方向卷起的衣襟,记住一棵年轻的杨树努力把枝丫伸向遥远的天空,就足够了。

防护林的另一头,春风款款。林带里的杨树,拍出沙沙的掌声,欢迎着我们这群客人。不觉走进它们庞大的仪仗队伍,抬头仰望,阳光透过叶片的缝隙,洒落在脸庞。低头,脚底是新翻的泥土。为了给这些防沙固堤的勇士们提供营养,早有人顶着尚且料峭的春风,早起晚归,披星戴月,在这林带的树行间犁地施肥了。轻移步子,偶有一两粒露在地面的肥料映入眼帘,它们圆滚滚的小身体,颜色深赭。我急忙蹲下身子,为它们盖上黑色的土被子。

滦河大坝的坝坡上,放置着一堆堆白色的工形水泥砖,颜色是很耀眼的白,极衬这秀美的春天。工人们在忙碌着。借助于一双双粗壮有力的巧手,每两块水泥砖凹凸对接,两两相嵌,合为一个牢固而美丽的整体,被工人依序固定在大坝斜坡上的一点。由一个点向四面延伸,无限扩散,这好看的白色水泥砖的面积越来越大,它们文艺的一面便呈现得越发淋漓起来。站在坝底,驻足向北,绿林、白坡、高坝、风力发电车、附近整齐的平房、花树掩映的农家小院,无论是色彩、形状,还是神韵,在我眼里,都堪称一绝。

作为河北省第二大河的滦河,是渤海独流入海的河流,古名濡水,濡、滦音相近,唐朝时演化为滦,元朝时,滦河又称"御河"或"上都河"。滦河发源于河北省丰宁满族自治县,流经沽源县、正蓝旗、多伦县、隆化县、滦平县、承德县、兴隆县、宽城满族自治县、迁西县、迁安市、卢龙县、滦县、昌黎县等地,在乐亭县南兜网铺注入渤海,河流全长约888千米。

滦河是家乡的母亲河。在我想象无法抵达的时代,作为生命的发祥地,滦河在典型的温带大陆性季风气候中,锻造着春、夏、秋、冬四个季节的轮回。滦河在冬季和春季水量很少,三四月份由于融冰及融雪形成不大的春汛,五六月份因干旱出现历时不长的枯水期,七八月份出现洪峰,冬季是枯水期。

　　温度、湿度、养分，一切的结合都那么恰到好处。渐渐地，越来越繁茂的生命在这里衍生。有流动的，有跳动的，有飞翔的，有游弋的，有奔跑的，有穿梭的，有爬行的；有黑色的，有白色的，有绿色的，有红色的，有紫色的，有色彩斑斓的；有喜欢黑夜的，有喜欢阳光的；有只开花不结果的，有只结果不开花的，有又开花又结果的；有群居的，有独处的；有喧闹的，有无声的……它们都在各自的世界里精彩着，很多时候，拒绝人类的入侵和冒犯，却在不断对人类的拒绝中，与人类越来越密不可分地融为一体。丰满的生命、丰富的生活孕育出了文化。文化让原本活色生香的万物有了被言说的权利，也给一切的表达镀上了高贵的金边。

　　滦河，我们的母亲河。余生我要竭尽所能，一次次走近你，融入你，讲述你精彩的故事，构筑你我共美的愿景。

家乡有座石拱桥

我家在大营村的西部,也许是因为在这里陆是大姓,本地人都管这里叫陆营村。在陆营村与韩营村的交界处,有一条很长很长的河,到现在,我也弄不清这条河是从哪里发源,又到哪里结束的。我很小的时候,就知道这条河除了串联着陆营村、韩营村和大营村,还串联着许多村庄,串联着许多石拱桥。有一次,我沿着河岸以北的林坝走,走了很远很远,临近晌午,肚子都咕咕叫了,只看到了一座它串联的石拱桥,却没有见到它串联的其他村庄。每一个人的童年里都藏着无数神秘的故事,在我童年的神秘篇章里,这条河、河串联的石拱桥和村庄,占据着极其重要的部分。

那次探险未成后,我和小伙伴们就联合动起了更大的野心。一大早,我们带上干粮,沿河出发,天黑了还没到家,急得家长们打着手电筒沿河不住地吆喝。回家后,我们几个孩子的屁股上,各个都有笤帚疙瘩跳舞。因为村子不大,几个孩子的哭声几乎连成了一片。我们几个人的探险,足以称得上村里一件翻天覆地的大事了。可是,我们的探险依旧无果。自此之后,我们便不再探求河的长度了,但却也因为好奇,更加离不开这条河和河上的石拱桥了。

稻子沟石拱桥

临近我们村的石拱桥名叫建设桥。长约30米，宽约2米，有几个圆拱，圆拱上有不知为何留下的小洞。每年春天，鸟儿们就会在这些小洞里堆上小树枝和厚厚的茅草，造一个暖暖的家，之后在这里生儿育女。鸟儿们叽叽喳喳的欢笑声很快引起了我们这些少年侦察兵的注意。于是我们便组织人员，商量对策，如何给这些小鸟抄家，取鸟蛋。桥下有水，不是很深，有人便卷起裤管，蹚水下河，站在桥墩旁，另一个体轻臂长的踩在"地基人"的肩背，脑袋便刚好处在鸟窝的位置，迫不及待地将细长的手臂伸入小石洞，手出来一次，若抓出来的是厚厚的茅草，围观的我们便异口同声地发出个无奈的"唉"字；手伸进去，再出来，又是一个异口同声的"唉"字；第三次，长臂的少年突然眉心闪亮，伴随着一个响亮的"啊"字，几个光滑的鸟蛋夹杂着细软的茅草映入我们的眼帘……

小鸟很快就被我们捣鼓走了。临走时，它们一定心怀对我们这群小屁孩儿的深深恨意。可是，我们才不会考虑这些呢。我们照样天天来到这石拱桥上玩。我们坐在石拱桥平坦的水泥面上，观看河里的游鱼，或者做些其他的游戏。我们忘了时间，忘了一切，咕咕叫的肚子是我们唯一的计时器。

冬天，河里的水结成了冰。我们在拱桥下的冰上滑冰，尖叫，欢笑声在桥洞内回旋，直到喊得嗓子破了，直到踩得脚跟疼了，才不得不消停下来，懒懒地回家。

长大后，求学，工作，似乎再也没有多余的时间和精力关注这条小河，陪伴这座拱桥。只是每次回家，吃饱喝足后，偶尔带孩子来这里散散步，消消食。孩子对这条河似乎没有太大的兴趣,每次都急着说要离开,而我却每次都是依依不舍。我的目光沿着桥整个的立体轮廓来回地拂过,在小河的各个地方不断地驻留,石墩、石洞、河里的一弯水草、几丛芦苇,总会在我脑海里快速牵扯出无数的画面、一段段往事。或许是年纪大了,或许是生活环境变了,我是那么地愿意沉浸在对往事的回忆里,愿意回味儿时那透彻的笑声,那哇哇的哭声,艳羡儿时那幸福的期待与神秘。当一个人在生活中,长久地不能够透彻地哭笑,长久地失去了期待和对神秘事物的幻想时,还有什么滋味呢?而当一个人结束了童年,经历了中年,即将步入老年岁月的时候,除了以物为凭,引泪牵魂,其他亲近往昔的方式又有什么呢?

　　此时此刻,我又一次踏上了家乡这座石拱桥。我远眺茫茫青田,俯瞰水中游鱼,聆听鼓噪蛙鸣,感受林涛阵阵,好不轻松惬意,好不畅快淋漓!

乡路协奏曲

十多年前,每次回老家,尽管总是迫不及待地,但内心却也总是涌起一种难言的忧伤。原因就是,从筹划回家的那一刻,脑海里就情不自禁地浮现出接连家乡的一条小路。那是一条年久失修的柏油路,长两千米左右,虽为柏油路,却特别坎坷,小沟小坎密密匝匝,大沟大坑接连密布,车子行驶于其上,颠簸不已,不时有底盘被摩擦的声音,钻到耳朵里,心便跟着紧揪一下。逢上雨季,坑坑洼洼里便蓄满积水,车在接连的水坑里穿梭,高低起伏,身体随着车体的晃荡不断晃动,时前时后,时左时右,一会儿便头晕目眩,身子似乎要散架一般。每次回家,这样的感受就必然要体会两次,紧跟在原本明媚温暖的情愫的前后,不容逃避,更无可选择。

那时,不仅是我,很多人都和我有过同样的经历和体会。每当和女儿闲聊,说起这段经历时,她总是困惑地瞪大双眼,任我如何解释,也不会理解,一条路,竟然会对一个人的身心造成如此严重的影响。这也不难理解,凡事唯有亲历才会有悟。00后的女儿这代人,从自己有能力驾驶交通工具开始,无论是穿梭在乡村的原野,还是行进在城市的街巷,几乎处处都是平坦的水泥路和柏油路,尤其是春夏两季,周围绿树环抱,彩花献锦,她们心情简直好得不能再好,纵是共情能力再强,想象力再丰富,又怎么体会得到周身颠簸得要散架,甚至头晕目眩、眼冒金星的人的感受呢。

　　这一年以来的文化调研活动,让我着实感受到荒佃庄镇的变化有多大。一条条或平铺、或交错在其间的平坦的路,它们有水泥的,有柏油的,有的宽阔,有的稍窄,在漫天碧野之间穿梭,在家家户户门前延展,路边有树,有花,小猫小狗在路上懒懒地游走,在花树间好奇地穿越。我不得不说,走在这样道路上的我是幸福的,我从来没有想到,我的家乡,有一天能够美到步步皆景的程度,随便拿出手机,点开相机,框住一个镜头,总会有平坦的路、美丽的街、干净的庭院等竞相入镜,仿佛路、树、花等都成了抢镜头的明星。1988年,我上初中前,有一次,父亲吃完早饭后,舒展着脸上的皱纹对我说:"小梅,你说你命多好,轮到你去乡里读书了,咱们村通往乡里的马路偏偏给修上了,下雨时,再也不用踩着泥坑、推着被泥箍住轱辘的自行车上学了。"我记得那条路是一个发达后不忘回报故乡的人投资修建的,当时修建一条这样的路,别说是在十里八村,即便是在全县来说也是罕见的。一时间,这条路吸引了无数人羡慕的目光,需要经过这条路去中学读书的我,也自然成了被艳羡的对象之一。

　　可是,这条路之所以如此被羡慕,从另一个角度也反映出了当时老百姓的生活环境有多么差劲,他们周围,全是下雨就泥泞不堪、寸步难行的土路。那时,每到秋收,老百姓最怕的就是下雨,因为积满

乡间小路

雨水的道路会严重影响秋收的进程。有时为了躲避一场预报的大雨,老百姓甚至不顾庄稼还没有彻底成熟,明明知道会减产,也依旧选择提前秋收。我上小学时,在一个周末的早晨,我还在睡梦中,就被父亲的一双大手从被窝里给揪了出来,迷迷糊糊地听到父亲给我下派指令:"预报明天有大雨了,我和你妈得趁着路面能赶车,赶紧把地里的苞米给收回来,饭菜在锅里热着,你吃完赶紧到地里帮我们干活,别磨蹭啊,千万别磨蹭啊。"父亲脾气暴躁,自然对我威慑力十足,但凡家里这种对我的指令性"文件",全由他一人起草并传达。我一边快快地穿衣服,一边不住地嘟囔:"都是那破路惹的,害得我又得赶着晚上做家庭作业了。"不过转瞬我就理解了父母,因为去年有一次父亲赶着毛驴车往家里拉苞米时,正是大雨过后的第二天。当时虽然已经晾晒了一天,道路还是非常泥泞,父亲担心掰下来放在地面上的苞米焐出芽,急着往家里运。没想到车刚出地头,有一个轱辘就陷在了一个积水的大泥潭里,父亲将皮鞭在毛驴屁股后甩得脆响,我和母亲推车推得浑身大汗,车也没有出来。后来,好不容易快要出来的时候,车身又一歪,多半车玉米掉在了泥泞的地面上。那时我还不知道这世界上还有水泥路和柏油路,我只是期待着,要是运送粮食的土路有一天都变成石子铺的路该多好啊,这样下雨的时候就不会积水了,走在上面的时候,脚和车轱辘也不至于陷进去很深了。

一条柏油路的寿命能有多久,应该跟道路的质量和维护都有关系吧,这个问题,需要专业人士才能给出答案。我只是记得,那条曾经被无数人羡慕过的家乡柏油路,后来渐渐地,不知不觉间,路面破裂

绿茵婆娑的乡间小路

了,车子行驶在上面就会不停地抖动,扶着车把的手臂不久就会又酸又麻,感觉像是触电。再后来,这条路除了地基坚硬,暴雨时不至于使车体下陷之外,和寻常的土路也没什么区别了,就成了开头我所描述的那番样子。

可是,2022年,当我再次踏上这条熟悉的小路时,它却变得那么平坦,干净。路边是栽种了几年的长势正旺的速生杨,它们顺着新柏油路的弯转而不断弯转着,枝枝相携,叶叶相望,头向蓝天。夏季,它们缔造天然的阴凉;初春,它们氤氲无限诗意;秋天,它们给独行的旅人以温暖的陪伴;冬天,它们撩拨起人们对生机的期盼。老家大营村以西和桃园村连接的那条路,也不知何时变成了平坦的水泥路了。这样,我每次途经那条路为亡故的父亲烧纸时,就不必再经历一番崎岖与颠簸了。这种沿着平坦的乡村路顺利地行走的感觉,父亲是没有机会体会到了。不过我相信,他一定会因他的后人能生活在这样一个和谐优美的环境中而有所慰藉,有所骄傲,有所自豪的。

如今在荒佃庄新建和维修的一条条平坦的路,也会持久地参与到家乡人的精神世界里,家乡人与它们相关的一切回忆,一定会沾染着浓浓的幸福味道。撸起袖子加油干、风雨无阻向前行。我想,家乡的这一条条平坦的路,抵达的不仅是一个个以地理位置为标志的物质的目的地,更是一个个以和谐幸福生活为标志的精神的目的地,在全面推进乡村振兴、加快建设农业强国的进程中,它们不仅是积极的参与者,更是幸福的见证者,在不久的将来,更会是一个个具有里程碑意义的经典坐标。

童年的引滦河

我出生在滦河下游的一个小村庄,村旁有一条人工开凿的引水渠,自滦河引流而来,人们称它引滦河。是它,陪我走过了一个个春秋冬夏。

看那河边的柳梢越来越绿,春天迈着轻盈的脚步走来了。哪怕是还带着点冷风,我也忍不住去河边走走。摸摸这一棵,瞅瞅那一棵。哎呀,都够不着诶!那就只好爬树了,爬树我是不在行的,只能挑小树爬。费了九牛二虎之力终于爬了上去,就为了掰下几根树梢。然后"噌"的一下滑了下来,裤子都被划破了,乐呵呵地拿着柳枝回家让父亲做柳笛。父亲找一段光滑没有杈的树枝,把它的两头切断,把树皮拧下来,再把树皮一头削薄,一个柳笛就做成了。长的、短的、粗的、细的,每一支都能发出不同的声音。拿着走在上学路上,"嘟——嘟——嘟——"吹个不停,十分自在!

等柳树长出了叶子,就不能做笛子了。这个时候也是最干旱的季节,河水总是很少很浅。水浅当然要去水里玩一玩了,三两个小伙伴便张罗着摸鱼。挽起裤腿,光着脚丫就下水了。其实很少摸到鱼,倒是经常摸到河蚌,大大的河蚌一只手都拿不过来呢。在这青黄不接的春季里,拿回家就能做上一顿美味。我只会用手摸,有的小伙伴会用脚踩,踩到了再用手抓出来。结果总是我摸到的最少。不过没关系,大家摸到的都平均分。因为经常有孩子在摸河蚌的时候被扎破了脚,然后都跑到我家找父亲免费包扎换药。

下过了几场雨,河边的青草节节长高。每天早上我都顾不得睡懒觉,早早起来去河边溜达。有时候是在草丛里捉蛤蟆,有时候是顺着河边捡鸭蛋。蛤蟆不好捉,那小东西太机灵了,听着叫声走过去,你刚到跟前它就不叫了,等你仔细搜寻终于发现了它,未待你下手,它早已"扑通"一声跳下了水。鸭蛋还是很好捡的,当然,也有鹅蛋。村边大约每家都养鸭或鹅,总有鸭或鹅把蛋下到河边或河里。每回我捡到了拿回家,都让父亲做一碗鲜美的蛋羹。不过有时候眼看着鸭蛋就在不远处的河水里,但就是够不着。一点点往前凑上去,等摸到了鸭蛋,双脚也陷在了泥浆里。只得拔出脚来,鞋子不要了,光着脚跑回家。父亲并不责备我,只笑着说:"人回来就好,以后小心。"

放暑假了,河水大涨。柳树上的蝉鸣声一阵高过一阵。酷热难耐,小伙伴们纷纷跳到河里游泳。我不会游泳,也不敢下水。不过我有我的乐子,那就是钓鱼,不是用钓鱼竿,而是用罐头瓶钓鱼。钓鱼竿钓鱼太费时了,我等不及,还是用罐头瓶钓鱼来得直接。拿一个空的玻璃罐头瓶,里边放点剩饭,在瓶口拴上绳子,放到河边浅水处,然后离开。约半小时后,里边就有满瓶的小鱼。小鱼看到了人想游走,但是情急之下找不到出口。这时候我早就拎起了瓶子,乐呵呵地拿回家,追着父亲问这些不同种类的小鱼的名字。

空气中有了一丝丝凉意后,再去河边,又是另一番景象。河水少了,水平如镜,清澈透明,能清清楚楚地看到水里游动的小鱼,甚至能看到河底有几块石头。每到周末,闲下来的孩子们又来到河边,去寻找夏天掉落在河里的东西。不过大多时候是找不到的,因为它早就被河水冲走了,但是也会有上游冲下来的其他物品。孩子们手持竹竿,顺着河边走来走去,发现什么物件就用竹竿挑起来看看。一群孩子,偶尔有人捡到一个好玩的东西,可能就会一哄而上争抢。这时我总是默念父亲的话:"不是你的不要抢,抢了准保见阎王。"

几场秋雨过后,秋霜如期而至,河边的柳叶变黄。每到这个时节,父亲总是带着我去修剪树枝。修剪下来的树枝大多留作柴火,其中有稍粗一些

夏季的滦河

的,父亲会把它们挑出来,晒到半干,再用火烤,然后制成各种有造型、有曲度的骨科夹板,留着给骨折的病人包扎用。我有几次想偷偷地解开父亲绑在木板上边的用来固定的绳子,想看看弯曲的木板还会不会弹回去,结果每次刚伸手就被一只大手重重地打屁股。一边打,父亲还一边说:"树不修剪不成材,孩子不打是祸害!今天少了一块板,明天有人少条腿!"

北风呼啸,柳叶早已落光。似乎一夜之间,河面就结冰了。孩子们放了寒假,河面上每天都有很多人来玩,有的滑冰车,有的甩冰猴。冰猴就是陀螺。小伙伴们比赛,看谁的冰猴转得时间长,看谁的冰车滑得快。冰猴我不爱玩,我就喜欢滑冰车。所有的孩子都滑不过我,因为我的冰车很好用,是父亲亲手给我做的。他们的冰车,都是大点的孩子自己做的。有的孩子有了冰车也不敢拿回家,因为他们是家里的独苗,父母害怕他们掉进冰窟窿,不允许他们玩冰车。在这一点上我的父亲倒是很开明,也许是嫌我在家里碍事吧。在这天寒地冻的季节,总有摔伤胳膊、摔伤腿的人来找父亲看病,家里总是有很多人,伤病治好了的人,一般都会拿礼品来致谢。我很期待有什么好吃的东西,于是时不时趴在门外,对那些空手而来的人怒目相向。父亲一边装作要打我,一边喊道:"走开,滑你的冰车去!"

　　下了大雪,父母都不让孩子再出去跑,但我们趁父母不注意的时候就跑到小河边去了,看着一望无垠的银装世界,不由得欢呼雀跃。我们有的打雪仗,有的堆雪人,嘻嘻哈哈,玩得热火朝天。这时父亲扫完了自家门前的雪,就来河边找我,带着我去给无儿无女的爷爷奶奶扫雪,顺便给他们送点年货。我对这种费力花钱不讨好的活儿深恶痛绝,于是便躲在小河边的灌木丛中不露面。父亲知道我躲着,迟迟不离开。本已大汗淋漓的我在草丛中越来越冷,直到打了喷嚏才明白再也躲不下去了,只好乖乖出来缴械投降。

　　多少年过去了,长大后的我来到城市读书工作,离引滦河越来越远。教我做人做事的父亲,已去往另一个世界了。我的耳边总是回响起父亲的教诲,在梦中我无数次忆起童年的引滦河,是它给了我欢乐。

儿时的年

淳朴的味道最浓郁。所以,每逢过年,我记忆深处总是会浮现出儿时老家过年的情景。

"二十七,宰只鸡;二十八,把面发……"的童谣声,终于把那个我最想念的名字叫作年的老朋友喊来了。那么我便有理由,牵着母亲的手,到一周一次的荒佃庄大集上扯花布做新衣了。集市摊点上的花布可真多,它们远远美过我课本上的彩色插页,可每年的选择,我都恪守着一个同样的审美标准:水红水红的底色上,嵌着一小朵一小朵的紫花或颜色更浓烈的花,有的含苞待放,有的悄然吐蕊,有的争妍斗艳。自从母亲从集市上扯下了这花布,它们就成了我眼里最美丽的色彩。每隔几天,我都会踮着脚,从西屋的柜子里将它拿出,在大炕上铺展开,数那水红的花布上嵌着的花,有多少含苞待放的,有多少吐出花蕊的。欣喜激动之余,我还会把花布披在身上,到镜子前认真欣赏在水红花布映衬下的自己的那张脸。总之,自从那花布放在西屋,有事没事,我总爱到西屋去转转,有时即便不看花布,也总觉得在那里待上一会儿是一件美好的事情,仿佛花布上那缀着的一朵朵花是真的花,仿佛屋子里真的弥散着花香,仿佛我多待一会儿,就有可能看到花蕾悄然吐蕊的精彩瞬间。每当这时,我总会低头看看自己身上这件穿了一个冬天的褪色的布衫,再狠狠想象一下自己穿上这件水红花布衫时的情景,不知不觉中,就会咧开嘴笑起来。

母亲接连熬了好几个夜晚,伴随着缝纫机有节奏的踩踏声,一件水红色的花布衫渐渐成了形。可直至衣服完工,母亲也不曾让我试一次,她早就从我那装满欲望的双眼里觉察出,一旦我穿上新衣,便很难再脱下来。趁我夜里熟睡,母亲把做好的花布衫叠得平平整整,偷偷压在西屋枣红色的柜子底下,然后把柜子锁好,钥匙压在柜子上的茶缸底下。

母亲原本以为这一切做得天衣无缝,其实早已被我接连几天的假睡侦探到了实情。于是趁她出门不在家,我就一溜烟似的蹿到西屋的柜子旁,踩着小板凳,从茶缸底下取出系着红头绳的柜子钥匙,熟练地打开柜锁,用脑袋瓜及肩膀顶着柜子的盖,双手在柜子里使劲翻腾。待把柜子里的衣物翻腾得七零八乱,我也折腾得气喘吁吁时,才终于拿到这早已令我眼红的水红花布衫。来不及脱掉罩在棉袄外的旧衣,我就迫不及待地往身上套,慌乱中,扣子自然都错了位,从上面的衣领系到下面的衣摆时,不是扣子找不到扣眼,就是扣眼配不到扣子。我才不管扣子和扣眼们的感受呢,反正那时我的心情是说不出的好。我穿好新衣,踩着板凳,爬上柜子,端坐在柜盖上,对着墙上的那面大镜子就美滋滋地照起来。镜子里突然间就多出一个年画般的小姑娘来,胖乎乎的脸蛋,因慌乱和激动越发显得粉嫩,黑白分明的大眼睛滴溜溜地转着,加之那件花布衫的衬托,一时间我竟忘了被母亲发现的恐慌,对着镜子凝起神来。我那时才上小学,离懵懂的青春尚远,却突然感觉到一颗心在凝神中不知不觉间跳动了起来,紧接着,脸颊上就挂了两片红云。

其实母亲早已发现了我的秘密,却从未揭穿。直到大年初一拜年,我穿上这件花布衫,故作惊喜地尖叫一声时,母亲才投给我一个意味深长的目光。我才知道事情的真相,却"嘿嘿"傻笑两声表示回答。之后,这花布衫上的一朵朵花,就迫不及待地被我在村里的每一个角落展示,在村里每一个人前展示。

一件新年的花布衫,不仅装饰了我的容颜,也拉近了我与青春的距离,开启了我内心更加丰富而神秘的体验。也许正因这份对于成长的初探,在我的精神世界里,它永远占据着很重要的一席之地,无可替代,无法磨灭。

小时候的年,吃也是一道美丽的风景。那时家家的生活水平远没有现在的高,乡亲们只有借着过年的光才能好好过一番嘴瘾。要说那时过年勾人魂魄的美食,却只有两个字:一个是甜,一个是香。

甜,来自糖果。

每年的大年初一,是糖果的天堂。在农村,这是小辈人给老辈人大拜年的日子。那一天,不分血缘,无论亲疏,但凡一个村的,小辈人,尤其是小孩子,尽可以家家户户去给年长的拜年。每到初一的清晨,我总是早早从热乎被窝里钻出来,来不及吃饱饭,一抹嘴巴就挨家挨户给村里的老人们拜年去了。我本性是腼腆害羞的,可那天,我却变得格外大方,甚至一年见不了几次面、说不上几句话的,我都一一入门,咧开甜嘴,"过年好""过年好"地说个没完。小孩子的心思简单明了,一句"过年好"道出,保准能收到几块塑料纸包装的糖果。而且逢上哪家拜年的人多的时候,几乎不用开口说话,只要脸上笑一笑,主人就毫不吝啬地把糖果给塞入衣兜里了。这时我便什么也不说,调转头就飞奔着冲出门,去拜访隔壁另一户人家。不久,我两个衣兜就被色彩绚丽的塑料皮水果糖塞得满满的,不得不返回家放一次。半天下来,小腿小脚累得酸疼,可午饭时看到一大纸盒的糖果,心里早已乐开了花。在之后的很长一段时间里,我的日子都会是甜津津的了,而且,这色彩缤纷的糖果纸,成了一扇扇小窗,通过它们,我认识了金丝猴,和大白兔交上了朋友,知道了我平时不怎么喜欢的高粱米,竟然可以神奇地变成我最喜欢的饴糖。

香,来自肉类。

小时候,鸡、鸭、鱼肉,但凡跟肉沾上边的,都是我的最爱。平时过日子紧巴巴的母亲,临近过年,手却格外松起来了。买肉,买鱼,买虾,临近过年,父亲每次赶集回来,竹篮里都会有些和肉有关的收获。最热闹的要数腊月二十七了,那天午饭后,借着满院子温暖的阳光,家家户户都会传来鸡飞人喊的喧闹声。大人追鸡,小孩追大人,在院子里高高低低、隐秘又平整的地方划着轨迹,鸡"咯咯咯"地叫着,伴着警觉而可怜的眼神,那么让人心疼,可既然碰上了过年这个日子,就谁也顾不得那么多了。磨刀霍霍向鸡脖,听起来有些残忍,大人们却无一不是微笑着完成的。杀完的鸡用开水烫,褪毛后挂在院子里晾衣棍的顶端,第二天一早,一准儿冻得结结实实,下垂的鸡爪子上,挂着一溜冰碴。腊月二十九,过了晌午,一股股肉香便从家家户户的厨房里飘出来。鸡肉、猪肉,放在一起用大锅煮,煮完的老汤用淀粉熬成又香又软的焖子。这个时候孩子们基本是不跑出去玩的,我们围着灶台闻香味儿,一遍遍询问父母肉煮好了没有,一次次咽口水等着美味入口,那焦急又幸福的神态,使每个春节都充满着一种快乐的魔幻色彩。

香和甜,是被我们的味蕾感受到的。过年时还有一种味道,则是被我们的心灵感受到的,那就是幸福的味道。

除夕之夜,鞭炮刚刚在夜空闪烁,母亲就系好围裙,准备起年夜饭要吃的饺子了。母亲和好面,剁好白菜和肉馅,放上葱、姜等调料,手握着筷子在馅儿盆里飞转,不时停下来闻闻味道。包饺子的时候,我成了不折不扣的小捣乱,说是要帮母亲,可擀出来的饺子皮不是厚就是扁,包出来的饺子个个咧开大嘴嘲笑我,我气鼓鼓地噘着小嘴,惹得父母笑得前仰后合。母亲一边笑,一边将一枚洗净的硬币藏入一个鼓着肚子的饺子皮里。我立刻不再耍气,着急地等着饺子快点出锅。尝第一个饺子时,因为太热太急,我基本上是吃了好几口之后才尝出这饺子的味道的,但我却不怎么热衷于饺子的味道,而是眼睛直勾勾地盯着露出的饺子馅,期待着饺子馅里有奇迹发生。每年除夕,那个硬币饺子总是被我吃到,我惊喜地尖叫着:"看,又被我吃到了,又被我吃到了。"每到这时,父母总是商量好了似的,相视一笑,异口同声地说:"小梅的运气当然是最好的。"我咬了一口香香的水饺,里面有浓浓的爱的味道。

如今,人们的生活好了,一年三百六十五天,只要想穿新衣,哪天都可以买来穿在身上,只要有什么想吃的,哪天也都可以获得味蕾的享受。不过,物质生活是好了,可却很难再体会到儿时过年的那番幸福了。不知是因历经磨砺,一颗心变得渐渐麻木,还是丰富的物质世界冲淡了精神世界的纯粹,生活和日子失去了本真的味道。人或许就是这么贪婪,在享受当下、憧憬未来的同时,又深深地眷恋着过去,虽然明知昔日岁月已经一去不再复返,心里还总是滋生出失落和哀愁。管它什么原因呢,就这样往前走吧,或许唯有痴痴的忆念,才能赋予当下和未来更加丰富的意义,才能深深唤起我们心中那份名叫珍惜的情愫吧。

我与村庄

当我是个孩子的时候,村庄也是个孩子。那个时候,它是简单的,单纯的,爱哭,又爱笑。哭起来没完没了,笑起来声音清脆。在夏季,它身着芳香的槐花衫,脚穿绿色的大草鞋,牵着我们的手在小溪里一玩就玩到晌午。闲暇的傍晚,它挽着裤脚,和我们一起坐在石桥上搓泥蛋、摔泥瓦。在冬季,它和我们折腾在天然的滑冰场上,滑冰、甩陀螺,在雪后初霁的宽大庭院里套麻雀、堆雪人、打雪仗。童年的时光欢快又简单明了,童年的村庄和童年的我们一样,没有心事,没有城府,任由时光在流畅轻松的旋律中一泻千里。浸润过童年的时光滩涂上,没有凹凸,没有坑洼,只有光滑的鹅卵石和一些叫不出名字的彩色石子,它们也光滑。

青年的时光短暂而忙碌,那个时候我深陷在繁重的学业中,没有精力去关注我身后的村庄。没有时间在槐树林里疯跑,村庄就没有了芬芳的槐花衣衫;不再蹚水捉小虾,村庄就没有了流淌着的欢笑;不再玩陀螺,村庄就再也旋转不出惊喜,再也不会生发出御寒的热量。那时,村庄好似一抹悠远的凝重,紧随我的身后,却不再表达什么,只是成为我的背景。我沉默的时候,它沉默;我疲惫的时候,它沉默;我卑微的时候,它也是沉默。除了沉默,它仿佛只有一个表情,就是对我的注视,可这注视却是浅淡的,白开水一般的,没有什么可供品味的内涵。而当我结束紧张的学业,在美丽的大学校园,对一抹隐晦而朦胧的情感产生好奇和紧张时,它却薄烟似的从我的身后消失了。

对村庄的记忆,因为我的求学历程,曾经模糊而中断了好几年。那时,站立于城市的一隅,我艳羡的目光掠过高大的建筑,再掠过阔大的榕树叶、古朴的路边街灯、扎眼的街道。浮躁的青春和繁华的街市一拍即合。冲动、虚荣,这些青春的孩子在繁华城市的怀抱里孕育,然后就没完没了地生长了起来,紧跟着这些而来的,是空虚。空虚是一张四处蔓延的可怕的网,当它将整个人、整个校园、整个城市笼罩起来的时候,一个人能做的,就只有维持生命的呼吸了。

庆幸的是,当我做了母亲的时候,我有幸又回到了村庄。抱着女儿踏入村庄的第一感觉,就是亲切。即便当时看到的不是翘首盼望着我的母亲,而是一棵村头的古槐和一排我并不熟悉的青砖红瓦房。青砖红瓦房全是新盖的,周边砌着精致的瓷砖,它们成排地挺立在村庄的边界,既气派又美观。这些年,村庄积蓄起了力量和实力,拥有了丰富的底蕴和宽大的气度。它在我心中已不再模糊,不再隐晦,而是异常清晰与真切。女儿咿呀学语,对着池塘里的蝌蚪瞪大了眼睛,它便亲切地瞅着她,眼睛笑成了一道缝;女儿在两棵大槐树之间的秋千上尽情地荡,咯吱咯吱的笑声冲天,它便拍拍她的肩、捋捋她被风吹散的发帘……村庄成了我和母亲带孩子的好帮手。春天,它招来返青的草、吹柳笛的少年、鸣唱的布谷鸟、轰鸣的播种机;夏天,它放出成群的白鹅,在清澈的池塘里游泳,再现出"红掌拨清波";秋天,它唤来吐着金牙的玉米、耷拉着脑袋的高粱、举着小伞想心事的蒲公英;冬天,它和灵动的雪花一起舞动、嬉戏,并把房屋上的粮屯、树枝上废弃的喜鹊窝、干玉米秸垛、蜿蜒的小土路,顷刻间变成童话故事的神秘发源地。

可是,最近几年,村庄却变老了。

村庄的变老,和父亲的病有关。父亲终日坐在沙发上,面无表情,沉默如一尊雕像。他一页一页撕日历的神态,总让我想起秋季的黄叶从树枝上凋落的情景。村庄的变老,和母亲的白发有关。说不清母亲的白发是从什么时候骤然增多的,仿佛是一夜之间。母亲白发的增多,和田里的庄稼无关,和菜园里的菜无关,和我的心事无关,却和父亲的病有关,和庭院里那棵老去的榆树有关。是一种叫作年轮的东西,载着她、父亲和那棵老榆树,一起滑入了一种旷古的忧伤里,也把我带入了一种力所不能及的遗憾和无奈里。

村庄的变老,也和意想不到的一些人的离世有关。

他,我的小学代课老师,身材魁梧,声音洪亮,上课时一身的霸气咄咄逼人,总是让班里那几个调皮的男生望而生畏。几年后,他离开了学校,凭着补房顶的稀缺手艺盖起了新房,过上了殷实的日子。那次"五一"假期我遇到他,见他精神矍铄、身材发福,和他聊小学的同学,聊那些发生在小学里的往事。可第二天清晨我从他家门口散步路过时,却发现那里哀乐不绝,门口车辆聚集,一打听,他竟然于昨夜心脏性猝死了。

他,我的一个在本地钢厂上班的二叔,患了肺癌,晚期……

这样的事情越多,我就感觉村庄越来越老。

村庄的变老,让我悲伤的同时,更让我惶恐和诧异:我尚处中年,为什么村庄却已老去?

傍晚,走在村庄里的路上。落日的余晖透过林叶间的缝隙,洒在身上,身后是那片和弟弟的死有关的池塘。虽没有下过雨,耳畔却满是聒噪的蛙声。我这样走着的时候,村庄的一个小侧面正好映入我的眼帘:绿树、红房、青烟、蓝天……

那一刻,这些明亮的色彩,让我隐晦的内心,突然生发了一丝光亮。

我开始相信,世上有很多事物,是永远不会老去的,是永远伴着日出日落、四季轮回而充满着生机的,比如,我的村庄。即便一场暴雨毁灭了村庄里的所有庄稼,即便父母已经变老,即便那么多人突然地离去,村庄也依然精神矍铄,身影矫健。

而我,也会时刻和村庄相知、相守、相互祝福,和村庄里的绿树、红房、青烟、蓝天一起,见证一种心心相印的赤诚,见证一种血脉相融的永恒。

附录:荒佃庄人物谱

张国祥

张国祥(1543—1619),字太和,明代昌黎县赤崖村人,后迁居昌黎城内北街路(今属昌黎镇)。幼失怙恃。父昂,上元主簿,殁,遗妾王氏十九岁。张国祥奉事如礼。他师昌黎县知县孟我疆,后又师杨贞复,以理学鸣于时,在西关建孟公祠,置祭田。万历年间被选为拔贡生,初任丰润县训导,致使当地文风大振,后升任甘肃渭源知县,其门生陈大诰绘《送别图》,并作序。革驿弊,减杂徭,除奸保良,改变其地不习文教之风。有番里曰南川,不习文教。张国祥择其子弟朱际昌,劝课读书,荐入泮,以鼓吹送归里中,番人聚观者塞山野,文教以兴。卸任还乡后囊无长物,唯以琴书自娱,耕读课子,受到县内文人的推崇,数举乡宾,府道举乡贤。著有《明经遗文》。

民国二十二年版《昌黎县志》有传。

张宏

张宏(生卒年不详),字宥涵,清代昌黎县赤崖村人,后由赤崖迁入城内。张元复之族侄。康熙十二年(1673年)被选为拔贡生,授官为肃宁县教谕,掌管文庙祭祀,教导生员。历九载后升任浙江新昌知县,张宏只带了一辆车赴任。新昌衙署日用消费开支全部取之于民,百姓贫困不堪。张宏说:"百姓贫苦,我怎能独自享受?"遂下令禁止由百姓承担官府开支。新昌田地大多荒芜,张宏命令农民开垦,免去赋税,发给农民耕牛和种子,准许农民世代耕种,于是使荒田变成了肥沃的土地,农民世代都可以得到种田的好处。在新昌任职五年,张宏卒于任。因崇祀名宦,县内人为其建生祠。

民国二十二年版《昌黎县志》有传。

周耕夫

周耕夫(1909—1946),原名刘太连,又名刘若愚,荒佃庄镇皇后寨村人。1944年加入中国共产党,任联村经济委员。解放战争初期,任昌黎县一区区委书记。他积极参加党组织领导的各项革命活动,发展党的基层组织。1946年3月22日,县工作团和区、村干部10余人到崖上村召开群众大会,研究整理村财政、减轻群众负担和发展生产等问题。因消息泄露,会场被伙会包围,30多名伙会闯进会场,打伤村民。周耕夫组织区委干部掩护群众撤退,他自己却被伙会逮捕,虽经受严刑拷打,始终严守党的秘密,后被敌人杀害。年仅37岁。

2009年版《秦皇岛人物志》有传。

郭述祖

郭述祖(1915—1994),笔名田凤,昌黎县荒佃庄镇北坨村人。

1931年毕业于昌黎县乡村师范,1949年加入中国共产党。历任中共秦皇岛市委宣传部干事,山海关二中总务副主任,秦皇岛市一中教导主任,市委宣传部文教副科长,市文联副主任,市一中校长、副校长,市教师进修学校副校长,山海关文物保管所所长,市文化局副局长兼文保所所长,市委党史办主任,市政协常委等职。中华人民共和国成立后,从事教育、文化、宣传和史志研究工作,任中国长城学会理事、秦皇岛市党史学会顾问和《秦皇岛市志》总纂顾问,为山海关长城保护和开发、秦皇岛市文物保护事业、山海关旅游业作出了突出贡献。著有《工校一月记》《山海关长城志》《秦皇岛旅游大全》《历史名城山海关》和《长城抗战第一枪》等。

2009年版《秦皇岛市志》有传。

张祥

张祥(1924—1949),昌黎县荒佃庄镇东腾远村人。

1940参军,同年2月加入中国共产党。1949年6月,在宜昌三峡"宜沙战役"时,解放军攻占小溪塔、南津关后,镇镜山成为攻城至关重要的目标。解放军139师占领望洲岗后,以415团担任主攻,417团配合,向镇镜山之敌发起攻击。经过4个多小时的激战,摧毁了敌人的部分工事,当日深夜,受到重创的敌军仓皇逃跑,解放军占领全部阵地。在这次镇镜山战斗中,包括时任47军415团3营政治教导员的张祥在内,有133名解放军指战员牺牲。张祥牺牲时,年仅25岁。

任香亭

任香亭(1924—),荒佃庄镇前王各庄村人。

1941年参加革命工作,1944年加入中国共产党,1945年1月至10月任抚昌联合县各界人民抗日救国联合会第一区武装大队大队长。

1951年5月参加抗美援朝战争入朝鲜,任香亭带领的高炮营在朝参战两年零七个月,打下了22架美军飞机。回到祖国后,任香亭又参加了支援福建前线的防空作战,并取得了首战击落一架敌机的战果。

中华人民共和国成立后,任香亭任中国人民解放军某部师长。1955年被授予少校军衔。1981年离职休养。

董文正

董文正(1925—2000)，荒佃庄镇新桃园村人。

1945年参加工作，1946年加入中国共产党，1947年参加中国人民解放军。先后任121师供给科科长和广州军区42军125师375团后勤处处长等职。1955年，董文正被授予解放奖章，1962年被授予大尉军衔。

林向荣

林向荣(1928—2008)，西南政法大学教授，荒佃庄镇大营村人。

1948年9月，考入台湾大学哲学系读书。1958年10月，研究生毕业后被分配到西南政法学院工作，先后在刑法教研室、政策法律教研室、国家与法权理论教研室、国家与法权历史教研室任教。1965年11月至1977年12月，在西南政法学院语文教研室任教。1978年1月后，到法制史教研室任教。1986年被评为教授。1980年被评为重庆市劳动模范，1983年被评为四川省劳动模范。林向荣教授曾是四川省第六届人民代表大会代表、常务委员会委员，四川省第七届人民代表大会代表、常务委员会委员，中国法律史学会、外国法制史研究会副会长。1986年4月被任命为西南政法学院法学研究所所长，1996年8月离休。2008年9月27日在重庆市新桥医院去世。

法学家林向荣教授

张国胜

张国胜(1931—1966)，昌黎县荒佃庄人。

1948年8月参军,在辽沈战役中表现得英勇顽强。1950年又赴朝鲜作战,多次荣立一、二等功,成为一级英雄。1952年回国,被部队送到石家庄步兵学校上学。1956年8月于军校毕业,被分配到铁道兵部队。1966年6月20日,铁道兵某部12连连长张国胜,带领1排战士进行手榴弹实弹投掷训练。由于新战士投弹发生意外,张国胜为掩护战友牺牲。

赵先贵

赵先贵(1934—1966),昌黎县荒佃庄镇北坨村人。

1955年3月入伍,后任中国援越部队后勤31支队"北空探照灯2团"副连长,1966年11月3日在抗美援越战场牺牲,葬于越南明山抗美援越烈士陵园。

田克盛

田克盛(1940—),昌黎县荒佃庄镇信庄村人,美术家。

1965年于中央美术学院油画系毕业,现为深圳画院国家一级画师和教授、中国美术家协会会员、深圳市文艺界联合会委员、深圳油画学会会长和深圳市美术家协会顾问。他的《党的委托》《凯旋》《鹤归图》《蓝天的女儿》等14件作品参加了全国美术展,并被日本东京上野美术馆、中国美术馆、中国历史博物馆等收藏。2011年,田克盛创作于1974年并于当年入选全国美术展的作品——《党的委托》又被挂进了上海美术馆,并被编入了人民美术出版社出版的大型画册《万山红遍》。

高淑华

高淑华(1946—1986),昌黎县茹荷镇棉花坨村人。

1970年,高淑华与荒佃庄镇信庄村农民李广尊结为夫妻。1986年9月30日,高淑华正在自家的责任田里种麦子,见同村一妇女落入了滦河,不顾自己不识水性,奋力跳进河里救人。但由于水深流急,河水吞没了两人,夺去了两人的生命。

1987年6月25日,中共昌黎县委召开了31万人参加的追悼会,号召全县共产党员和人民群众向高淑华学习,并报请中共河北省委、河北省人民政府追认高淑华为中国共产党党员和革命烈士。

钟秀会

钟秀会(1956—),昌黎县荒佃庄镇冷各庄村人,河北农业大学骨干专家、博士研究生导师。

1993年任河北农业大学动物科技学院副院长,2001年任河北农业大学中兽医学院院长。发表学术论文70余篇,其中,在国外学术刊物发表论文10余篇,国家一级学报论文10余篇,部分论文被SCI收录。出版著作21部,其中有7部为钟秀会主编。主持和参加了多项研究课题,获得科研成果7项,省级以上奖励3项,主持获得河北省科技进步奖1项,河北省自然科学奖1项。主持科研项目6项,其中国家自然科学基金项目2项。1987年、1989年被评为中国畜牧兽医学会中兽医学分会青年优秀科技工作者,2003年被评为河北省优秀畜牧兽医科技工作者,2005年被评为河北农业大学"优秀共产党员"。1994年赴韩国讲学,1999—2000年赴美国合作研究。

李春华

李春华(1959—),女,荒佃庄镇东腾远村人。

1993年,被县教育委员会授予先进工作者称号。1995年,她所写的《小草》一文刊登于《小学生学语文》,同年,她所写的《如何进行低年级的写话训练》一文刊登于《河北教研》,同年12月15日,她所撰写的《素质教育是自然教学中的根本任务》一文,被评为市级优秀论文。1996年,她所写的《自然教学与素质教育》一文刊登于《河北教研》,同年,她所写的《该不该有"、"》

一文刊登于《小学生语文学习》，所写的《正确使用冒号》一文刊登于《小学生语文学习》。1999年11月15日，被河北省人民政府授予河北省特级教师称号。

蒋雨江

蒋雨江(1961—)，昌黎县荒佃庄镇荒佃庄村人。

现任昌黎县新和铸业有限责任公司董事长、昌黎佳朋皮草开发有限公司和昌黎皮毛交易市场董事长兼总经理、河北省皮毛产业协会副会长、昌黎县皮毛产业协会会长、秦皇岛市人大代表。

2008年被河北省人民政府授予河北省农业劳动模范称号。

曹福强

曹福强(1963—)，昌黎县荒佃庄镇后王各庄村人，画家，2002年至今就职于河北大学艺术学院美术系，现为河北大学副教授。

1991年9月参加由河北省书法家协会和保定市书法家协会主办的"保定十二青年书法联展"。1992年，其作品及简历入选《中国民间名人录》上卷。1994年，他的水墨作品《白族少女》被广州美术学院国画系收藏。他的书法作品《百转千声》《唐诗一首》《鲁迅诗一首》《古人诗句》及水墨作品《春晖》等分别发表于《美术大观》。1999年10月，《静溢秋山》水墨作品入选"河北省建国五十周年美术作品展览"，同年，入选美术作品精品展。2000年9月，《野山秋色》水墨系列作品(六幅)入选日本名古屋"国际艺术潮展览"。 2001年10月，《晨光》水墨作品入选"河北省建党八十周年美术作品展览"。2001年12月，《晨曲》《林间》两幅水墨作品入选"迎接新世纪河北中国画作品展"。

后　　记

　　这本《品味荒佃庄——一个有传说与梦想的地方》的编写，历经了一年的时间。去年的春天，伴着花开似锦，我们走进荒佃庄镇，在了解荒佃庄的过程中，在与这里的每一位基层干部、每一位朴实的农民接触的过程中，才懂得了荒佃庄的历史之悠久，才体会到了荒佃庄的文化之深厚，才感受到了荒佃庄村庄之温度。我们用心感受、用心丈量这里的三十个村庄及多家企业，不敢说真正了解了这里的每一个人、每一座养殖场、每一片庄稼，但起码可以说，我们看到了这里的生机勃发，我们感受到了这里的日新月异，这是一片每一天、每一个小时、每一刻都在诞生着奇迹的沃土。

　　如此深入地走进一个乡镇，这是我们新的尝试。当我们大口呼吸着乡村绿色空气的时候，我们才发现，在我们原本的记忆深处，尚存着那一支与乡村相连接的血脉，这是荒佃庄的沃土对我们的宝贵馈赠，这是荒佃庄的百姓对我们的无私奉送。由于时间仓促，这本书也许有这样或那样的缺陷，但我们也确实把所有的回馈存蓄其中了。

春风一度杨柳绿,窗外田畴已成金。春华秋实,夏耘冬藏,在四季的轮回中,祝荒佃庄镇的百姓富庶安康。

编者

2023年12月29日